Starphilosoph
Voltaire, leicht
schrullig ein-
gefangen von
Jean Huber.

Mark Twain reitet um
1868 auf einer Kröte zum
Vortrag in Brooklyn ein.

Ernest
Hemingway,
der alte
Mann als
eine Art
Teddybär.

Casanova, das Fabel-
wesen der Erotik, in
einer Karikatur des
18. Jahrhunderts.

Selbstporträt des Urkommunisten
Friedrich Engels beim Müßiggang:
»Hängematte, enthaltend mich selbst«.

Michael Korth
Schieb die Sorgen froh auf morgen

MICHAEL KORTH

SCHIEB DIE SORGEN FROH AUF MORGEN

Wie man 100 Jahre heiter durchs Leben kommt

Allegria

Zur Erinnerung an meine liebe Mutter,
deren Weisheit dieses Buch erfüllt,
und an Ingo, dessen feiner Humor
in meinem Herzen fortlebt.

Allegria ist ein Verlag der Ullstein Buchverlage GmbH
Herausgeber: Michael Görden

ISBN 978-3-7934-2089-7

© 2012 by Ullstein Buchverlage GmbH, Berlin
Umschlaggestaltung: Geviert – Büro für
Kommunikationsdesign, München, Christian Otto
Umschlagillustration: © Mark Ulriksen
Lektorat: Marita Böhm
Satz: Keller & Keller GbR
Gesetzt aus Baskerville
Druck und Bindearbeiten:
CPI-Clausen & Bosse, Leck
Printed in Germany

Inhalt

Arbeite, als würdest du das Geld nicht brauchen.
Liebe, als wärst du niemals verletzt worden.
Tanze, als würde dir niemand zusehen.
Singe, als würde dir niemand zuhören.
Lebe, als wäre es der Himmel auf Erden.

Irische Lebensweisheit

WAS IST ÜBERHAUPT EIN GELUNGENES LEBEN?

*Alle Tiere wissen es, nur der Mensch nicht,
dass das höchste Lebensziel Freude ist.*

Samuel Butler

Prolog DIE LEBENSKUNST DER KATZE

Freunde,

ein heiter-gelungenes Leben – das sollte das Ziel eines jeden Menschen sein. Aber was ist ein gelungenes Leben? Katzen führen ein gelungenes Leben. Sie sind Individualisten, die es geschafft haben, sich nicht vom Menschen domestizieren zu lassen. Im Gegenteil: Die Katze ist das einzige Tier, das den Menschen domestiziert hat. Ich erinnere mich an Katzen, die plötzlich vor der Haustür standen und mit einem Blick Essen forderten. Sie bettelten nicht. Sie forderten es, und wir bedienten sie wie einen gern gesehenen alten Freund. Manche verschwanden nach der Mahlzeit wieder. Andere zogen wie selbstverständlich ein. Sie hatten sich Haus und Bewohner ausgesucht. Versuche, sie wieder loszuwerden, scheiterten am Charme oder an der Willenskraft der neuen Mitbewohner. Sie blieben, ließen sich streicheln, schnurrten und wählten sich ihren Lieblingsplatz hinter dem Kachelofen oder im Bett des Hausherrn. Versuche, sie von dort zu vertreiben, wurden von ihnen so lange ignoriert, bis der Besitzer des Bettes resigniert zur Seite rückte. Mit der Zeit gewöhnte er sich an seine Bettkatze wie an seine Ehefrau. Dort schlief sie bis zu zwanzig Stunden am Tag. Und nach dem genüsslichen Schlaf widmete sie sich ihrem Jagdvergnügen. Ein rundum gelungenes aristokratisches Leben ohne Arbeit, ohne Sorgen um überzogene Bankkonten, zermürbenden Berufs- und Freizeitstress oder Zukunftsangst. Die Katze ist die Entspannung in Person. Kein Wunder, dass die alten Ägypter sie als weises, magisches Wesen verehrten.

Wenn wir uns wie die Katze auf das Einfachste beschränken würden, lebten wir paradiesisch.

DIE PHILOSOPHIE DES SPASSBAUERN

Nun gibt es tatsächlich Menschen, die ihre Bedürfnisse so auf ein Minimum reduziert haben, dass sie dem Katzenglück nahekommen. Gottfried Stollwerk ist ein solcher Philosoph der Bedürfnislosigkeit. Er lebt nahezu autark auf seinem abgelegenen Bauernhof im niedersächsischen Hiddinghausen – ohne Wasserleitung, mit etwas Strom für das Telefon, einer einzigen Glühbirne sowie von den Biofrüchten aus eigenem Anbau. Im Sommer bearbeitet er Feld und Garten und hält Haus und Hof instand. Im Winter genießt er das Leben, indem er mittels eines Romans in die Südsee oder ins Mittelalter reist. Der Arbeitstag im Winter ist auf drei Stunden begrenzt. Der »Spaßbauer«, wie sich Stollwerk selbstironisch bezeichnet, steht um fünf Uhr auf und heizt den gusseisernen Ofen. Danach holt er Wasser aus dem Bach. Morgens und abends versorgt er seine Tiere mit Heu: zwei Kühe, zwei Kälber, neun Schafe, elf Lämmer und eine Ziege. Dann füttert er seine Hühnerschar und seine Katze. Die Tiere kann er mit seiner Muskelkraft ernähren. Einsam ist er nicht. Seine Freundin sorgt ebenso für Unterhaltung wie die Disteln hinter dem Hof, »die sich nachts in mannshohe Geister verwandeln«. Sonntags strampelt Stollwerk zehn Kilometer auf dem Fahrrad zur nächsten Kirche. Denn der Gottesdienst wird ihm immer mehr zum seelischen Bedürfnis. So führt der Spaßbauer ein gelungenes Leben, das er auf keinen Fall mit dem eines Angestellten, Managers oder Beamten tauschen möchte. Viele halten ihn für einen Spinner, andere sind fasziniert von der Freiheit des Aussteigers. Er selbst ist mit sich und seinem Leben zufrieden.

Meine verstorbene Freundin Christiane Thurn sagte einmal den bemerkenswerten Satz: »Jeder kluge Mensch schneidert sich seinen Beruf zurecht.« Darüber habe ich oft nachgedacht. Der Spaßbauer hat eine Lebensform gefunden, die ihm guttut. Wenn Weisheit nichts anderes als beständige gute Laune ist, wie Michel de Montaigne meint, gehört Gottfried Stollwerk zu den Weisen dieser Welt.

DAS VORBILD DER NATION

Im Gegensatz zum Spaßbauern diente Goethe ganzen Generationen als Vorbild für ein gelungenes Leben. Aber ist ein Leben, das in den Augen anderer als ausgewogen erscheint, auch im Selbstverständnis des Bewunderten tatsächlich gelungen? Goethe hatte seine Zweifel, als er zu Eckermann sagte: »Man hat mich immer als einen vom Glück besonders Begünstigten gepriesen. Auch will ich mich nicht beklagen und den Gang meines Lebens nicht schelten. Allein im Grunde ist es nichts als Mühe und Arbeit gewesen, und ich kann wohl sagen, dass ich in meinen fünfundsiebzig Jahren keine vier Wochen eigentliches Behagen gehabt [habe]. Es war das ewige Wälzen eines Steines, der immer von Neuem gehoben sein wollte.«

Goethe erinnert hier an den Stein des Sisyphos, den die Götter dazu verdammt hatten, zur Strafe einen Stein immer aufs Neue bergauf zu wälzen. Kaum hatte dieser die erlösende Bergspitze erreicht, rollte er zurück, und Sisyphos musste von Neuem beginnen. Dieses Gleichnis menschlichen Tuns interpretierte Albert Camus als Glück. Denn seiner Auffassung nach führen Menschen, die nicht täglich mit Herausforderungen kämpfen müssen, ein ödes Leben.

Was würde wohl eine weise Katze dazu sagen – falls sie darauf überhaupt antworten würde?

Goethe beklagte sich jedenfalls über den Leistungsstress und die Fülle seiner Aufgaben. Denn im »Nebenberuf« war er Minister des Herzogs von Weimar, Theaterdirektor, Leiter der Bergwerkskommission, der Kriegs- und Wegebaukommission und der Zeichenschule. »Mein eigentliches Glück war mein poetisches Sinnen und Schaffen.« Auf diesem Gebiet führte Goethe tatsächlich ein gelungenes Leben. Er wusste genau: »Hätte ich mich mehr vom öffentlichen und geschäftlichen Wirken und Treiben zurückgehalten und mehr in der Einsamkeit leben können, ich wäre glücklicher gewesen …«

Goethe gibt zu, dass eine angesehene Position und ein klangvoller Name zwar nützlich, aber auch hinderlich sind, weil man aus Rücksicht auf andere und seine eigene Position nicht mehr frei die Meinung äußern kann. So betrachtet, ist der fröhliche Bauer Stollwerk gegen Goethe ein wahrhaft freier Mensch.

WAS LÄSST EIN LEBEN GELINGEN?

Hier stellt sich jetzt die Frage: Was sind überhaupt die Voraussetzungen für ein gelungenes Leben? Denn Gottfried Stollwerk würde sich auf Goethes Ministerposten ebenso unwohl fühlen – wenn nicht sogar unglücklich – wie Goethe als Spaßbauer in Niedersachsen.

Der Psychiater George Vaillant beobachtet seit Jahrzehnten die Lebensgeschichte von 268 Menschen, um diesem Rätsel auf die Spur zu kommen. Begonnen wurde diese »Grant-Studie« von Forschern der Harvard-Universität, die seit 1937 die Entwicklung von 268 Harvard-Absolventen der Jahrgänge 1939 bis 1944 durch alle Lebensbereiche verfolgen. Seit mehr als siebzig Jahren geben die Probanden regelmäßig Auskunft über ihr Leben, werden zusätzlich alle paar Jahre von Psychologen interviewt und im Fünfjahresrhythmus medizinisch untersucht.

Im Laufe seiner Arbeit stieß Vaillant auf die verblüffende Tatsache, dass »Glück« für den Einzelnen nur eine untergeordnete Rolle spielt. Denn Glück zu haben bzw. Glücksmomente zu erleben ist für die gesamte Lebenslänge nebensächlich. Das Wichtigste ist die ausgewogene Beziehung zu anderen Menschen. Das heißt, erfolgreich lebt, wer seine Mitmenschen freundlich behandelt und von ihnen dafür geschätzt, verehrt oder geliebt wird. Das können Charismatiker wie Nelson Mandela oder Mutter Teresa sein, die Millionen Menschen begeistern, liebevolle Großmütter, die von ihren Enkelkindern vergöttert werden, Vorgesetzte mit großem Herzen oder auch hilfsbereite Fremde, die einem in Notlagen spontan mit Rat und Tat zur Seite stehen. Einfühlsame Menschen führen nach Vaillant ein erfolgreicheres Leben, weil ihr Frohsinn und die Freundlichkeit, die sie anderen entgegenbringen, auf sie zurückstrahlen.

Allerdings ist die Definition, was überhaupt ein gelungenes Leben ist, wie wir an den Beispielen vom Spaßbauern Stollwerk und Geheimrat Goethe gesehen haben, gar nicht so einfach.

Wer mit fünfundneunzig als Grantelgreis verbittert stirbt, nachdem er sich und seinen Mitmenschen das Leben zur Hölle gemacht hat, sieht das eigene Leben wahrscheinlich kaum als gelungen an.

Wer dagegen, wie der Dramatiker Georg Büchner, bereits mit vierundzwanzig Jahren stirbt, aber so unsterbliche Theaterstücke wie »Dantons Tod« etc. gedichtet, ein wissenschaftliches Meisterwerk, »Über das Nervensystem der Fische«, verfasst und die erste sozialistische Kampfschrift in deutscher Sprache, »Friede den Hütten, Krieg den Palästen«, geschrieben hat, der hat ein zwar kurzes, aber wahrhaft erfülltes Leben geführt.

Nun könnte man sagen, Menschen dieser Art sind Lieblinge der Götter und bekamen das Glück der Begabung in die Wiege gelegt. Das Glücksgefühl, ein wunderbares Musikstück komponiert, einen bewegenden Roman geschrieben oder ein stimmiges Bild gemalt zu haben, ist sicher nicht zu unterschätzen. Doch sobald ein Kunstwerk fertig ist, beginnt der Kampf um die Form aufs Neue. Die Zufriedenheit mit sich und seiner Arbeit währt nur kurze

Zeit. Außerdem sind die bewunderten »Glückskinder« ebenso Schicksalsschlägen, Geldsorgen oder Krankheiten unterworfen wie andere Menschen auch. »Entscheidend sind die Schutzmechanismen, also die Art und Weise, wie man unbewusst auf solche Situationen reagiert«, betont Vaillant. Menschen, die bereit sind, aus Krisensituationen zu lernen, bekommen Schicksalsschläge und ihr Leben besser in den Griff. Sie suchen die Schuld nicht bei anderen, sondern versuchen stets, das Beste aus allem zu machen. George Vaillant und seine Mitarbeiter fanden zudem heraus, dass negative Lebensgewohnheiten wie erhöhter Alkoholkonsum, Nikotinsucht, schlechte Ernährung und Bewegungsmangel viele Lebensläufe erstaunlich negativ beeinflussen: »Alkohol spielt offenbar eine viel dominantere Rolle, als man lange angenommen hat.«

Denn Alkohol löst viele Probleme erst aus und steht oft am Beginn des Abstiegs. Vielen Menschen raubt er Zeit und Energie zur vernünftigen Pflege und Weiterentwicklung des bisher Erreichten.

DER MIT HUMOR GETRAGENE ZERFALL EINES DICHTERS

Ein Beispiel dafür ist der irische Dramatiker Brendan Behan, der trotz krank machenden Alkoholkonsums nie den Humor verlor und noch kurz vor seinem Tod herrliche Bonmots wie »Wasser ist nicht zum Trinken da, sonst hätte Gott nicht so viel davon gesalzen« erfand.

Behan wuchs in den Slums von Dublin auf. Die wichtigste Person im Leben des kleinen Brendan war die Großmutter, von der er die Kunst des Fabulierens als auch die Begeisterung für Whiskey erbte. Mit sechzehn trat er in die IRA ein und wurde in Liverpool sofort mit einem Koffer voll Sprengstoff erwischt. Drei Jahre im Jugendgefängnis waren die Quittung für die Heldentat. Kurz nach seiner Freilassung 1942 wurde er wegen Mordversuch an zwei Polizisten zu vierzehn Jahren verurteilt. Als ein milder Richter den jugendlichen Straftäter frühzeitig entließ, wurde er kurz darauf in Manchester erneut eingesperrt. Mit vierundzwanzig hatte Behan ein Drittel seines Lebens hinter Gittern verbracht.

Nun hatte er vom Terrorismus die Nase voll und wollte Dichter werden. In den Dubliner Pubs las er seine Gedichte vor, prügelte sich und brachte beim Rundfunk seine Hörspiele unter. Vom Erfolg beflügelt, schrieb er das Theaterstück »Der Spaßvogel«. Zwei Jahre später war es ein Welthit und in der Übersetzung von Heinrich Böll auch in Deutschland ein Renner. Aus dem Exterroristen war ein Weltstar geworden. Trunksucht und Diabetes brachten Behan immer wieder ins Krankenhaus. Kaum wieder auf den Beinen, schwang er die Flasche und ließ sich in Talkshows feiern: Genau so stellte sich das Publikum einen versoffenen irischen Dichter vor. Je mehr Tantiemen Behan einnahm, umso mehr trank er. Wenn er richtig in Stimmung kam, schmiss er Lokalrunden. Und so löste sich Behans ganzes Vermögen in Guinness und Whiskey auf.

Vom Tod und vom Alkohol gezeichnet, schrieb er das Stück »Richards Korkbein«, das jedoch erst postum uraufgeführt wurde. Seinen Humor bewahrte Behan sich bis zum bitteren Ende. Auf dem Sterbebett sagte der Einundvierzigjährige zu der Nonne, die ihn pflegte: »Danke, Schwester. Mögen Sie die Mutter eines Bischofs werden.«

BINDUNG UND VERANTWORTUNSGEFÜHL
MACHEN ZUFRIEDEN

Nach der »Grant-Studie« hat überraschenderweise eine unglückliche Kindheit wenig Einfluss auf die Zukunft, wie Vaillant betont: »Viele der Teilnehmer mit psychischen Problemen erholten sich im Laufe der Jahre, bald waren die Spuren der Kindheit verschwunden, statistisch gab es keinen Einfluss mehr auf Zufriedenheit, Gesundheit und Lebenslänge.« Das ist natürlich ein ermutigendes Forschungsergebnis. Danach kann jeder jederzeit das eigene Leben positiv beeinflussen.

Viele der Untersuchten der Grant-Studie hatten im Alter zwischen vierzig und fünfzig Jahren große Verantwortung zu tragen, mussten sich um die Erziehung ihrer Kinder kümmern, waren als Führungskräfte gefordert oder mussten zudem für pflegebedürftige Eltern sorgen. Dieses Für-andere-da-Sein wirkte sich positiv aufs eigene Leben aus. Sie waren auch unter widrigen Umständen zufriedener als andere Menschen. Das ist ein weiterer wichtiger Beleg für die positive Auswirkung von Bindung und Verantwortungsgefühl.

TROTZ TRISTER KINDHEIT EIN
RUNDUM GELUNGENES LEBEN

Ein Beispiel dafür ist Anton Tschechow, der wie kein anderer Autor die Tragik im Kleinkram des Lebens analysierte und nach dem Motto »Arbeiten muss man, alles andere hole der Teufel« lebte. Tatsächlich musste er bereits als kleiner

Junge im Kolonialwarengeschäft seines Vaters schuften. »Als Kind habe ich keine Kindheit gehabt. Jeden Morgen beim Aufwachen war mein erster Gedanke: ›Werde ich heute Prügel bekommen oder nicht?‹« Der fanatisch religiöse Vater tyrannisierte die ganze Familie. Anton schaffte kaum die Schule, weil er ständig im Geschäft auf Trab gehalten wurde. Nach der Arbeit musste er im Kirchenchor mitsingen, wo die Proben manchmal bis spät in die Nacht dauerten: »Wir haben uns gefühlt wie Sträflinge.« Gottlob machte eines Tages das marode Geschäft pleite, und der Vater suchte das Weite. Als die Mutter mit den kleineren Kindern dem geflüchteten Gatten nachreiste, blieb der Gymnasiast Tschechow allein zurück. Das war sein Glück. Mit Nachhilfestunden hielt er sich finanziell über Wasser und wurde durch Disziplin und Fleiß ein guter Schüler.

Drei Jahre später hatte er den Abschluss und reiste nach Moskau zum Medizinstudium. Hier hatte sich inzwischen der Rest der Familie versammelt. Zu zehnt hauste man in einem feuchten Keller und lebte von Kohlsuppe und Wodka. Nach der Uni arbeitete Tschechow rastlos bis tief in die Nacht, um Geld durch Zeitungsveröffentlichungen zu verdienen.

Seine Kurzgeschichten hatten bald Erfolg, und dies gab dem Studenten Selbstvertrauen. Als Arzt behandelte er die Armen umsonst. Die Arbeit als Mediziner schärfte seinen Blick für die Abgründe der Psyche und den Horror des Alltags. Seinem Bruder versicherte er: »Du wirst keine einzige Krankheit finden, von der ich nichts verstehe.« Nur die eigene beginnende Tuberkulose nahm Tschechow auf die leichte Schulter. Abgesehen davon ging es ihm blendend, denn ganz Russland lachte über seine urkomischen Geschichten. Mit den üppigen Honoraren

machte er den Traum seines Lebens wahr und kaufte ein
»213 Hektar großes Gut« mit Park und Herrenhaus: Aus
dem Enkel eines Leibeigenen war ein Gutsherr geworden.

Trotz des Aufstiegs vergaß Tschechow nie, wo er her-
kam. Mit aufopfernder Nächstenliebe half er armen Mitmenschen, organisierte bei Hungersnot und Epidemien
Hilfe und rief in Briefen zu Spenden für Katastrophen-
opfer auf. Sein Herrenhaus wurde zum Treffpunkt kul-
turbegeisterter Freunde und Bekannte, die er großzügig
einlud und wochenlang bewirtete. Obwohl seine Tuberkulose immer schlimmer wurde, ging Tschechow nicht
zum Arzt. Doch langsam wurde ihm klar, dass er sein
Leben ändern musste. Er erwarb eine Villa im milden
Klima der Krim und gab seinen Arztberuf auf. Plötzlich
wollte er die wenigen Jahre, die ihm noch blieben, in
vollen Zügen genießen. Für Amouren hatte er in seinem
arbeitsreichen Leben bisher keine Zeit gehabt. Nun jedoch verliebte er sich in eine junge Schauspielerin, aber
nach der Heirat nahmen seine Kräfte zusehends ab. Besorgt reiste er zur Kur nach Badenweiler. Der Lungenspe-
zialist, der ihn untersuchte, hob resignierend die Hände.
Tschechow richtete sich im Bett auf und sagte gefasst:
»Ich sterbe.«

Als der Arzt nach einer Sauerstoffflasche rief, winkte
Tschechow ab: »Jetzt ist doch alles umsonst.« Stattdessen
ließ der Arzt eine Champagnerflasche kommen. Tschechow lächelte glücklich: »Ich habe so lange keinen Champagner mehr getrunken.« Er trank das Glas aus, drehte
sich um und starb.

Dieser Tod mit einem Lächeln auf den Lippen war der
Abschluss eines rundum gelungenen Lebens. Denn
Tschechow hatte nicht nur in seinen Berufen als Arzt
und Schriftsteller überragenden Erfolg. Er wurde wegen

seiner Menschlichkeit von Patienten, Verwandten, Freunden und seinen Lesern geliebt und verehrt.

Wenn ein gelungenes Leben in erster Linie aus guten Beziehungen zu seinen Mitmenschen besteht und man zudem trotz Rückschlägen in seinem Beruf erfolgreich ist, dann gibt es zweifellos Methoden, dieses Ziel zu erreichen. Denn wer anderen Gutes tut, tut sich selbst etwas Gutes. Der Weg dorthin ist gar nicht so schwer.

Teil 1

Die zwölf
Säulen der Heiterkeit

Seiner Natur gemäss leben – der sichere Weg zum Erfolg

Die Philosophenschule der Stoiker führt jede erfüllte Lebensform auf eine einfache Grundformel zurück: Jeder Mensch solle seiner Natur gemäß leben. Was aber heißt das? Wenn zum Beispiel ein musikbegeisterter, aber musikalisch nicht sehr talentierter Mensch täglich Geige übt, um ein Star zu werden, wird er höchstens Mittelmäßiges leisten und niemals sein Ziel erreichen, weil seine Begabung zum Virtuosen nicht ausreicht. Im Gegenteil: Es besteht die Gefahr, dass er eines Tages verbittert im Orchestergraben verschwindet oder ein frustrierter Musiklehrer wird. Beides Berufe, in denen man glücklich werden könnte – sofern man sich nicht als Versager fühlt, der einst nach Höherem strebte.

DER JAZZGITARRIST MIT DER VERKRÜPPELTEN HAND

Beim legendären Jazzgitarristen Django Reinhardt verlief die Musikerkarriere anders. Der Junge besaß das verblüffende Talent, sich spontan Melodien merken zu können. Als der Zwölfjährige ein sechssaitiges Banjo geschenkt bekam, übte er sich die Finger wund und spielte zur Verblüffung der Siedlung bald souveräner als gestandene Musiker. Mit achtzehn machte Django seine erste Aufnahme, heiratete, und eine kleine Karriere begann. Da geriet der Wohnwagen des jungen Paares in Brand. Django konnte sich schwer verletzt aus den brennenden Trümmern befreien und verlor beinahe sein linkes Bein. Von seiner linken Hand retteten die Chirurgen Daumen, Zeige- und Mittelfinger, die anderen Finger blieben verkrüppelt. Trotzdem gab der junge Gitarrist nicht auf. Sechs Monate lang übte er trotz Schmerzen im Krankenhaus und entwickelte für seine verkrüppelte Hand eine eigene Technik. Er überwand nicht nur den Schmerz, sondern er siegte im Kampf um seine wahre Natur und wurde tatsächlich ein weltberühmter Star. Fast jeder andere hätte in dieser Situation aufgegeben. Wer seine Begabung auf sein Ziel hin prüft und feststellt, dass seine Kraft dafür nicht ausreicht, sollte sich ein leichter erreichbares Ziel suchen.

DAS ECHO DER GUTEN LAUNE

Jemand, der nie den geringsten Selbstzweifel an sich hatte, war die Schauspielerin Mae West. Sie spürte bereits als Kind ihre Berufung und setzte sich über alle Schwierigkeiten hinweg. Ihre freien Ansichten zum Thema Erotik waren den Moralaposteln der Dreißigerjahre ein Gräuel. Mae war berühmt für ihre frechen Sprüche wie »An orgasm a day keeps the doctor away«, womit sie ihren Lebensgefährten Tammany Hill in Rage brachte. Manchmal hockte er kochend vor Eifersucht mit dem Gewehr an ihrer Garderobentür, um Rivalen über den Haufen zu schießen. Weil sie das ahnte, huldigte sie ihren Seitensprüngen hinter seinem Rücken vor, zwischen oder nach den Bühnenauftritten. Überhaupt war ihr ganzes Leben Theater. Mit acht war sie ein Profi, der in der Rolle der Little Eva in »Onkel Toms Hütte« das Publikum zu Tränen rührte. Als sexy Teeny riss sie mit ihren lasziven Bewegungen und ihrer vor Erotik vibrierenden Stimme die Männer buchstäblich aus den Sesseln. Mit zwanzig verdiente sie dann auf dem Broadway bereits die enorme Summe von 750 Dollar pro Woche. Mit einunddreißig schrieb sie ihr erstes Bühnenstück und sorgte danach mit »Sex« für Skandale, denn Sex war ihre Frohbotschaft. Ob Heteros, Homos, Lesben – sie brachte die schrillsten Typen hinreißend komisch auf die Bühne und wurde damit so berühmt, dass sie wegen frivoler Dialoge und eines »unzüchtigen Bauchtanzes« für zehn Tage Gefängnis wanderte.

Als die Neununddreißigjährige nach Hollywood kam, ließen ihre Kurven und ihr wogender Busen jede andere Filmdiva wie ein magersüchtiges Model aussehen. Wenn Mae die Hand auf die üppige Hüfte legte, bekamen nicht nur Milchbärte Herzklopfen. Trotzdem lehnten Filmstudios wie Twentieth Century Fox und Warner Brothers sie ab. Aber Paramount gab ihr einen Vertrag. Mit ihrem zweiten Film, »Sie tat ihm unrecht«, eroberte sie auch die Leinwand. Der Megaerfolg bewahrte den Produzenten vor dem Verkauf der Firma an MGM und machte die Diva zur bestbezahlten Frau in den USA und damit der Welt. Nun wurde sie richtig reich und kaufte Hunderte Hektar Land in der Gegend von Los Angeles.

Und warum hatte Mae West solch umwerfenden Erfolg, wurde sie einmal gefragt. Weil sie das fleischgewordene Prinzip der »Power of Positive Thinking« war. In einer Zeit, wo mächtige Banken zusammenkrachten, Weltkonzerne Bankrott machten und verzweifelte Börsianer sich eine Kugel durch den Kopf jagten, schien Mae

West die einzige Person zu sein, die völlig gelassen blieb und darum innere Selbstsicherheit ausstrahlte. 1977 war die Diva zum letzten Mal an der Seite von Tony Curtis und Ringo Starr als Verführerin in »Sextette« zu sehen. Kurz vor ihrem Tod im Jahre 1980 wurde sie für ihr gelungenes Leben zur »Frau des Jahrhunderts« gewählt.

ABSTIEG IN DIE HÖLLE

Jede dieser drei unterschiedlichen Lebensformen – des Spaßbauern Stollwerk, des Dichterfürsten Goethe und der Diva Mae West – ist auf ihre Weise gelungen. Im Gegensatz dazu gibt es Menschen, die, trotz aller Erfolge in den Augen anderer, ihr Leben als wenig gelungen empfinden oder gar für gescheitert halten. Für einige ist das Dasein tatsächlich die Hölle auf Erden.
Wenn der bedeutende Dramatiker Christian Dietrich Grabbe, von Existenzangst gepeinigt, aufschreit: »Was soll aus einem Menschen werden, dessen erstes Gedächtnis das ist, einen alten Mörder in freier Luft spazieren geführt zu haben!«, dann klingt das nach abgrundtiefer Verzweiflung.

Grabbe wuchs als Sohn eines Gefängniswärters im Gefängnis auf. Der Lebensweg des alkoholkranken Dichters war das reinste Inferno, aus dem ihn weder seine überragende Dichtkunst, sein Amt als Militärrichter noch die Protektion einflussreicher Freunde retten konnten. Was nützte Grabbe sein postumer Ruhm, wo doch sein Leben eine Kette selbstverschuldeter Katastrophen war?

Zusammenfassung des Kapitels
»Seiner Natur gemäß leben«

1. Bevor man sich für einen Berufsweg, einen Ehepartner oder eine große Aufgabe wie den Aufbau einer Umweltorganisation entschließt, sollte man prüfen, ob man von seiner Konstitution dafür geschaffen ist. »Die Hälfte aller Sorgen in der Welt wird von Leuten verursacht, die eine Entscheidung treffen wollen, ehe sie genug Wissen gesammelt haben, auf dem diese Entscheidung basieren kann«, sagt John Hawkes.

2. Lassen Sie sich Zeit, Ihr eigenes Wesen zu ergründen. Alle nicht gründlich erwogenen Entscheidungen führen zu seelischem Chaos oder in eine finanzielle Katastrophe.

3. Bedenken Sie, dass man nicht auf mehreren Hochzeiten tanzen kann. Goethe hatte sich mit Aufgaben überhäuft, die ihn von seiner wesentlichen, ihn befriedigenden Aufgabe, dem Dichten, ablenkten.

4. Hören Sie auf Ihre innere Stimme, achten Sie auf die Warnzeichen Ihres Körpers und nehmen Sie sich Urlaub von Ihrem Leben, wenn Ihre Schulden plötzlich immer mehr werden, die Arbeit nur unter größter Anspannung erledigt werden kann oder Ihre sozialen Kontakte immer verwirrender werden. Dieser Entzug schmerzt zunächst, klärt aber Ihre Situation.

5. Analysieren Sie das Problem, indem Sie alles aufschreiben. Sollte das schwierig werden, schildern Sie es einem guten Freund. Das klärt oft vieles. Stellen Sie sich die Fragen: Was ist die Ursache? Welche Lösungen gibt es? Danach wägen Sie ab, was für Sie optimal sein könnte.

6. Fällen Sie eine Entscheidung. Es ist besser, eine falsche Entscheidung zu treffen als gar keine.

MUT –
die Leiter zu allen Tugenden

Wie kann es trotz einzigartiger Begabungen, bewunderter Karrieren und beneideter Triumphe zu Lebenskatastrophen wie der des deutschen Nationaltorwarts Robert Enke oder des Dramatikers Grabbe kommen? Manche werden, wie Mae West, von Geld und Ruhm geradezu beflügelt und schweben gelassen über alle Höhen und Tiefen des Lebens hinweg. Andere Erfolgsverwöhnte wie Billie Holiday, Grabbe, der Popstar Falco oder auch bewunderte Freiheitskämpfer wie Che Guevara zerbrechen am eigenen Höhenflug. Ihre Kräfte reichen zum Verkraften ihres Erfolges nicht aus. Sie haben sich entweder überschätzt oder nicht bedacht, dass alles, besonders der Erfolg, seinen Preis hat. Und wieder andere stellen zu große Erwartungen an das Leben und verzweifeln, wenn sich ihre Illusionen in nichts auflösen.

Für andere werden Misserfolge zur Feder des Ansporns. Dazu gehören Menschen wie Henry Ford, den jeder Rückschlag stärker machte, bis er eines Tages zum Autokönig der Welt aufstieg. Andere Glücksverwöhnte, denen oft alles im Leben auf Anhieb gelang, verlieren plötzlich Sicherheit, Kreativität und Vermögen so wie der geniale Rudolph Diesel, der Erfinder des nach ihm benannten Motors, und begehen Selbstmord.

Niemand weiß, was Gott mit einem vorhat. Warum wurde der Krimiautor Andrea Camilleri erst vor ein paar Jahren zum Bestsellerautor, obwohl er seit Jahrzehnten dieselbe Art Bücher schreibt? Wie erklärt sich der Megaerfolg von Joanne K. Rowling, die als alleinerziehende Mutter von Sozialhilfe lebte, während sie an ihrem ersten Buch arbeitete, und nach Jahren der Ablehnung mit »Harry Potter« wie durch Zauberei plötzlich zur reichsten Frau Großbritanniens wurde? Oder der der schottischen Hausfrau Susan Boyle, der ein einziger Auftritt zu Weltruhm verhalf?

Allen dreien gemeinsam war der Glaube an sich selbst und die Zuversicht, auf dem richtigen Weg zu sein, den sie niemals aufgeben durften, um nicht zum Verräter ihrer selbst zu werden. Wer bei jeder kleinen Schwierigkeit sofort aufgibt und sich ängstlich in ein Mauseloch zurückzieht, gerät schnell auf die Seite der Verlierer.

DIE ÜBERWINDUNG DER ANGST

Der Extrembergsteiger Alexander Huber erklärt das Problem der Angst in einem Alltagsbeispiel: »Ein kleines Kind hat noch keine Angst vor dem Straßenverkehr, weil es die Gefahr nicht kennt. Es könnte völlig sorglos über die Straße laufen und wäre auf Glück angewiesen, um dies zu überleben.« Der Erwachsene dagegen hat Angst, von einem Auto überfahren zu werden. Daher ist er vorsichtig und vergewissert sich, ob keine Gefahr droht. Die Angst ist also überlebenswichtig für den Menschen. Wer Gefahr spürt, konzentriert sich. »Ich muss mich mit dem Risiko, mit der Todesangst auseinandersetzen. Damit versichere ich mein Leben«, sagt Huber. Und zugleich überwindet er mit dem Analysieren der Gefahr seine Angst. Die Voraussetzung dafür sind al-

lerdings die genaue Kenntnis der Gefahr und ihre Über-
windung durch Erfahrung, indem Huber akribisch seine
Bergtouren vorbereitet und so lange trainiert, bis jeder
Handgriff mit schlafwandlerischer Sicherheit sitzt. »Am
Ende dieses Prozesses weiß ich, wie schwer die Aufgabe
ist und ob ich ihr gewachsen bin.«

DER SPRUNG INS KALTE WASSER

Manchmal hilft einem auch der sprichwörtliche Sprung
ins kalte Wasser. Ich erinnere mich, wie ich als Elfjähriger
am Rand des Schwimmbeckens stand und mich nicht
hineintraute. Ich konnte nicht schwimmen, wollte mich
aber vor meinen Freunden weder als Angsthase noch als
Nichtschwimmer outen. Denn alle tummelten fröhlich
herum wie die Wasserratten. Zwei ältere Jungen beobach-
teten, wie ich versuchte mich zu drücken. Plötzlich nahmen sie mich an den Armen und stießen mich mit dem
Ruf »Jetzt lernst du schwimmen!« ins Wasser. In der Panik
vor dem Ertrinken machte ich instinktiv alles richtig und
paddelte wie ein Hund zum rettenden Rand zurück. Die
beiden zogen mich wieder heraus, lobten mich – und
schmissen mich wieder ins Wasser. Beim zweiten Mal
machte mir das Herauspaddeln sogar Freude. Der päda-
gogische Erfolg machte die beiden stolz auf sich und
mich, ihren Schüler. Nun brachten sie mir die richtigen
Schwimmbewegungen bei und flankierten mich schüt-
zend bei meiner ersten Durchquerung des Beckens.
Eine halbe Stunde später schwamm ich ganz allein die
gesamte Schwimmbeckenlänge hin und her. Die beiden
hatten mir – wenn auch auf etwas rabiate Art – Mut gemacht.

Der römische Feldherr Gaius Julius Cäsar wendete bereits vor zweitausend Jahren eine ganz ähnliche Überraschungstechnik zur Ermutigung seiner Legionäre an, als er von Gallien aus die Britischen Inseln erobern wollte. Kaum an Land, versammelte er seine Truppen auf dem Kreidefelsen von Dover und hielt eine anfeuernde Rede. Währenddessen ließ er die im Meer ankernden Schiffe in Flammen aufgehen. Die Botschaft war eindeutig: Die Römer mussten siegen, da eine Flucht nun ausgeschlossen war – daher siegten sie.

Wer sich eine solch tapfere Haltung zu eigen macht, wird viele Schwierigkeiten in seinem Leben meistern. Denn eigentlich ist der tägliche Lebenskampf die tägliche Herausforderung zum Siegen. Denn nur dem Mutigen gehört die Welt, wie das alte Sprichwort sagt.

Zusammenfassung des Kapitels »Mut«

1. Statt sich mit seinen Sorgen und Ängsten emotionslos auseinanderzusetzen, grübeln viele Menschen Problemberge zusammen, die ihnen die klare Sicht auf das Wesentliche verstellen.

2. Verplempern Sie Ihre Zeit nicht mit Kleinigkeiten, sondern richten Sie Ihre Kraft auf das, was genau Ihnen Angst macht. Grenzen Sie das Problem ein. Dadurch wird es immer kleiner und weniger beängstigend.

3. Unser Leben ist das Produkt unserer Gedanken. Wenn man sich dem Problem positiv und nicht ängstlich nähert, wächst die Energie, um Lösungen zu suchen und zu finden.

A. Die Angst vor sich selbst: Der Schriftsteller Honoré de Balzac bekam seine Angst vor dem weißen Papier mit einem einfachen Trick in den Griff: Indem er seine Mönchskutte anzog und die Kerzen auf seinem Schreibtisch entzündete, verließ er den Alltag und betrat die Welt der Fantasie. Als »Mönch im Dienste der Kunst« begann er locker zu schreiben. Mein Freund Bernhard sagt sich selbst laut vor:»Auf, Bernhard, es geht zur Schlacht!« Nachdem er das gesagt hat, gibt es kein Zurück mehr, und er beginnt mit der Arbeit.

B. Die Angst vor anderen: Ich glaube, es war der Philosoph Jürgen Habermas, der sinngemäß sagte, dass der Autoritäre den sich ängstlich Duckenden so lange schlägt und verfolgt, bis dieser sich umdreht, sich aufrichtet und sich dem Angreifer stellt. Die mutige Haltung des Verfolgten zeigt meistens Wirkung, und der Angreifer zieht sich zurück.

C. Die Angst vor schwierigen Lebenssituationen verringert, wer sich klarmacht, dass andere nicht besser sind als man selbst. Sie vermeiden Fehler, die man macht, begehen dafür andere, die man selbst vermieden hat. Diese Einstellung gibt Selbstvertrauen und Mut.

4. *Aber:* Angst, d. h. ein ungutes Gefühl bei einer Sache, hilft oft, Katastrophen zu vermeiden. Als Casanova Friedrich dem Großen eine Staatslotterie in Preußen mit dem Hinweis vorschlug, dass die von ihm in Frankreich eingerichtete königliche Lotterie ein voller Erfolg gewesen sei, sagte König Friedrich: »Ich kenne das Projekt. Ich weiß, dass es in Frankreich funktioniert hat. Aber ich habe Angst.«

Der weise Sokrates hörte stets auf die Warnungen seiner inneren Stimme, seines Dämons, wie er sagte. Handelte er dagegen, ging meistens etwas schief.

DURCHHALTEVERMÖGEN –
die konzentrierte Geduld

 Mein Freund Heinrich teilt Geschäftspartner und Mitarbeiter seiner Firma in drei Typen der Ausdauer ein: Langstrecken-, Mittelstrecken- und Kurzstreckenläufer. Wie man aus dem Sport weiß, kann man in jeder Disziplin die Goldmedaille erringen.

»Langstreckenläufer«

sind Menschen mit bewundernswürdig langem Atem, eiserner Konstitution und stahlharten Nerven, die gelassen Krisen überstehen. Läuferlegenden wie Paavo Nurmi, einer der bedeutendsten Athleten überhaupt, der zwischen 1920 und 1928 bei den Olympischen Spielen neun Goldmedaillen gewann und vierundzwanzig Weltrekorde lief, und Politiker wie Franklin D. Roosevelt, Helmut Schmidt oder Kämpfernaturen wie der dreimalige Autorennweltmeister Niki Lauda gehören dazu. Genauso wie der Begründer der Science-Fiction-Literatur Jules Verne. Welch Durchhaltevermögen der besaß, zeigt der Zwanzigjahresvertrag mit dem Verleger Hetzel. Darin verpflichtete sich der fünfunddreißigjährige Verne, jährlich zwei Romane zu liefern. Jeden Morgen um fünf stand er auf und arbeitete mit nur kleinen Pausen bis acht Uhr abends. Mit dieser unerschütterlichen Disziplin entstand ein Gesamtwerk von achtundneunzig Bänden, die alles Bestseller wurden.

Der Urtyp des Menschen mit unbeugsamer Ausdauer ist der biblische Hiob, ein rechtschaffener, von Gott geschätzter Mann.

Eines Tages erkundigt sich Gott bei Satan, wie es Hiob so ginge. Satan sagt: »Gut, denn er ist ja ein Günstling Gottes.« Sobald Hiob Schlechtes widerfahren würde, würde er sich von Gott abwenden. Daraufhin gehen Gott und Satan eine Wette ein. Um Hiob auf die Probe zu stellen, gestattet Gott dem Teufel, Hiob alle irdischen Güter zu nehmen. Hiob trifft eine Katastrophe nach der anderen. Er verliert Haus und Hof, sein Vieh, seine Kinder und sogar seine Frau. Freunde und Verwandte wenden sich vom »Gottgestraften« ab. Doch trotz Armut und Elend hält Hiob an Gottes Verehrung fest. Gott ist stolz auf ihn. Da sagt der Teufel, es sei leicht, Gott weiterhin treu zu sein, wenn Hiob keine körperlichen Leiden ertragen müsse. Daraufhin darf der Teufel Hiob mit einer ekelhaften Krankheit schlagen. Trotz entsetzlicher Qualen bleibt Hiob standhaft, bis er eines Tages in Gegenwart seiner drei Freunde in wilde Klagen über sein ungerechtes Schicksal ausbricht. Die Freunde behaupten, Hiob habe die gerechte Strafe für frühere schwere Sünden zu erleiden. Hiob widerspricht, beteuert seine Unschuld und bezweifelt im Laufe des Gesprächs Gottes Gerechtigkeit. Nun schaltet sich Gott persönlich ein und stellt seine unermessliche Weisheit der menschlichen Beschränktheit gegenüber. Hiob erkennt das Kleinkarierte seiner Anklagen, erhält Gottes Verzeihung und Gesundheit, Kindersegen und doppelten Besitz zurück.

Diese Erzählung ist ein Meisterwerk der Dichtkunst mit großen poetischen Schönheiten und herrlichen Weisheitssprüchen wie dieser: »Denn was ich gefürchtet habe, ist über mich gekommen, und was ich sorgte, hat mich getroffen«.

Hiob, das Muster an Geduld und Demut, glückt es, trotz aller Widrigkeiten, seinem Leben eine positive Wendung zu geben. Gott hilft ihm zwar, aber in erster Linie hat Hiob den Erfolg dem eigenen Durchhaltevermögen zu verdanken. Die Lehre aus dieser Urgeschichte ist, dass man durch Tatkraft sein Schicksal beeinflussen kann. Ich habe bei Freunden beides erlebt: den starken Willen, sein Leben nach einem Schicksalsschlag wieder in Ordnung zu bringen, und auch eine so tiefe Verzweiflung, dass mancher aufgab und einfach starb. Seltsamerweise kehren die Kräfte zurück und wachsen sogar, wenn man sich entschieden hat, für seine Sache zu kämpfen.

SIEBENUNDZWANZIG JAHRE GEFÄNGNIS

Nelson Mandela, der Antiapartheidkämpfer, der vom Hirtenjungen zum ersten schwarzen Präsidenten Südafrikas aufstieg, war ein solcher Mann mit bewundernswürdiger Ausdauer. Das weiße Regime inhaftierte den Vierundvierzigjährigen auf der unwirtlichen Robben Island und in anderen Gefängnissen. Die siebenundzwanzig Jahre lange Haft lehrte ihn »Selbstkontrolle, Disziplin und Konzentration«. Erst internationaler Druck auf den Staatspräsidenten F. W. de Klerk führte zu Mandelas Freilassung am 11. Februar 1990. Noch am gleichen Tag leitete Mandela in einer Rede vor 120 000 Zuhörern seine »Politik der Versöhnung« ein und lud alle Südafrikaner zur Mitarbeit an einem »nicht rassistischen, geeinten und demokratischen Südafrika mit allgemeinen, freien Wahlen und Stimmrecht für alle« ein. Damit half er, einen Bürgerkrieg zu verhindern. Mandela und de Klerk erhielten für ihre Versöhnungsarbeit 1993 gemeinsam den Friedensnobelpreis. Am 9. Mai 1994 wurde Nelson Mandela zum ersten schwarzen Präsidenten des Landes gewählt.

Welcher Glaube an die gute Sache und die eigenen Kräfte muss Mandela erfüllt haben, um siebenundzwanzig Jahre Gefängnis ungebrochen durchzustehen. Wobei er sich immer zwang, »mutig zu sein, auch wenn man Angst hatte«.

»Mittelstreckenläufer«

setzen ihre Kraft in mittelfristige Projekte, schließen sie manchmal nicht ab und wenden sich rasch einer neuen Aufgabe zu. Zu diesem Typus gehören oft Multitalente, die mehr Einfälle haben, als sie ausführen können. Der Maler, Bildhauer, Architekt, Anatom, Mechaniker, Ingenieur, Musiker und Naturphilosoph Leonardo da Vinci war ein Muster dieses Typus, der unentwegt neue Ideen ausbrütete. Aus den meisten von Leonardos Projekten wurde nichts, weil er zu ungeduldig war, sie umzusetzen. Mit vierzig klagte er: »Bisher habe ich kein einziges Werk vollendet.« Trotz unglaublicher Energie und Erfolge erreichte er die meisten seiner Ziele nicht. So blieb zum Beispiel seine Idee, hundertzwanzig Bücher zu schreiben, nur ein Plan. Ein Plan blieb auch sein Einfall, die viel zu enge Stadt, in der er lebte, bis auf ihren Kern abzureißen und einen Kreis von zehn Satellitenstädten zu bauen. »Du wirst in zehn Städten 5000 Häuser mit 30 000 Einwohnern wohnen haben. Das in großen Massen angesammelte Volk wird verteilt ...«, schrieb er an den Landesherrn. Doch diesem war das Projekt zu gigantisch.

Derweil brütete Leonardo neue Pläne für eine bessere Zukunft aus, etwa den Bau von Fertighäusern. Obwohl er auf vielen Gebieten Sensationelles geleistet hatte, trieb ihn sein Genius immer neuen Zielen entgegen.

Einer meiner Freunde besitzt eine ähnliche »Mittelstrecken«-Konstitution. Viele seiner Ideen könnten erfolgreich sein, wenn sie nicht parallel vorangetrieben würden. Statt ein Projekt gründlich zu planen, den Businessplan zu entwickeln, die Finanzierung aufzustellen und dann das ausgefeilte Produkt auf den Markt zu bringen, splittet er seine Energien auf, verzettelt sich und kommt in zeitliche und finanzielle Engpässe, die ihm das Leben schwer machen. Weil ihm der lange Atem fehlt, gibt er Erfolg versprechende Projekte erschöpft auf. Zeit, Energie, Geld und Freude an der Sache sind verloren. Würde er sich auf ein, zwei oder drei Projekte beschränken und diese nacheinander realisieren, wäre seine Arbeit sicher erfolgreich.

Der Literaturhistoriker und Schriftsteller Friedrich Schlegel – neben seinem Bruder August Wilhelm Schlegel einer der wichtigsten Vertreter der »Jenaer Frühromantik« sowie Mitbegründer der modernen Geisteswissenschaften – schrieb einmal seinem Bruder: »Wusstest du nicht, dass ich den Mangel an innerer Kraft immer durch Pläne ersetze?« Besser könnte man die Diskrepanz zwischen Wollen und Können nicht ausdrücken.

»Kurzstreckenläufer«

können ihre volle Energie nur auf eine kürzere Zeitspanne oder Strecke konzentrieren. Zu den Kurzstreckenläufern gehören Songpoeten wie Bob Dylan oder Walther von der Vogelweide, die von der Form her kleine energiegebündelte Werke mit großer Wirkung schaffen.

Ein Kurzstreckenläufer besonderer Art war George Simenon, der Schöpfer der Maigret-Krimis. Wenn er in schöpferische Ekstase geriet, schrieb er achtzig bis hundert Seiten pro Tag. Auf diese Weise entstanden seine Bücher in sieben bis elf Tagen. Er verfasste mehr als 1000 Kurzgeschichten, 187 Groschenromane, 76 Maigret-Romane und 130 Romane ohne Maigret.

Mein verstorbener Freund, der österreichische Dichter H. C. Artmann, gehörte ebenfalls zu den Kurzstreckenläufern. Als Lyriker war es ihm eine Qual, Prosawerke zu verfassen, die über die Länge von Kurzgeschichten hinausgingen. Auch das gut bezahlte Übersetzen von Theaterstücken brachte ihn zur Verzweiflung. Die Angst vor dem weißen Papier ließ ihn wochenlang die Arbeit hinauszögern.

Einmal erlebte ich mit, wie das Wiener Volkstheater entnervt auf der Zusendung der angeblich fertigen Übersetzung eines Molière-Stückes bestand. Artmann hatte den Vorschuss längst verprasst und keine einzige Zeile geschrieben. Regisseur und Ensemble standen zu den Proben bereit. Endlich knallte H. C. mit dem Mut der Verzweiflung die Übersetzung buchstäblich über Nacht in die Schreibmaschine. Um zehn Uhr morgens sank er erschöpft ins Bett. Am Nachmittag ging er, aufgeputscht von einem Liter Kaffee, an die Korrektur, und abends gab ich das fertige Manuskript am Salzburger Bahnhof dem Schaffner des Nachtzuges mit nach Wien, wo es der Regieassistent erleichtert entgegennahm.

DIE KORREKTUR DER LÄUFERDISZIPLIN
IST JEDERZEIT MÖGLICH

Jedem Menschen sollte es wichtig sein, herauszufinden, über welche Art Ausdauer und Kräfte er verfügt. Manche brauchen sehr lange, andere finden zu ihrer Idealform mit schlafwandlerischer Sicherheit.

So der Komponist Frederic Chopin, der sehr früh erkannte, dass er zum Typ Kurzstreckenläufer gehörte. Vor großen öffentlichen Auftritten hatte Chopin Angst. Zeitlebens gab er nicht mehr als fünfzig öffentliche Konzerte. Er glänzte lieber in der zwanglosen Atmosphäre eleganter Salons, von denen es in der ersten Hälfte des 19. Jahrhunderts in Paris über 850 gab. Hier blühte er bei der Präsentation seiner Kompositionen auf und verdiente zugleich seinen Lebensunterhalt. Eine ideale Lebensform für einen Einzelgänger wie Chopin, der in kluger Selbsterkenntnis bekannte: »Ich eigne mich nicht, Konzerte zu geben. Die Menge schüchtert mich ein, ihr Atem erstickt, ich verstumme vor den fremden Gesichtern.« So wurde er zum gefeierten Meister musikalischer Miniaturen. »Das Klavier ist mein zweites Ich«, sagte er. Und indem er sich ausschließlich auf den Bereich des Klaviers beschränkte, bestätigte er eine der wertvollsten Eigenschaften des Komponisten, »die richtige Erkenntnis der Form, in der er berufen ist, Hervorragendes zu leisten«, wie Chopins Kollege Franz Liszt bewundernd feststellte.

Allerdings kann sich auch das im Laufe eines Lebens ändern. Plötzlich erkennen Kurzstreckenläufer, dass ihre Ausdauer wächst, und wagen sich an Größeres, wie Ingvar Kamprad, der mit siebzehn sein eigenes Unternehmen IKEA gründete. Zunächst verkaufte Kamprad Kugelschreiber, Geldbörsen, Bilderrahmen, Uhren, Schmuck,

Nylonstrümpfe und anderen Krimskrams, den er verbilligt anbot. Als das Geschäft florierte, nahm er zum ersten Mal preisgünstige Möbel in den Katalog auf, die in seiner südschwedischen Heimat von kleinen Tischlereien hergestellt wurden. Die Resonanz war so gut, dass Kamprad sich auf Möbel spezialisierte. Heute beschäftigt IKEA weltweit 84 000 Mitarbeiter, die rund 375 Millionen Kunden betreuen. Kamprad entwickelte sich vom Kurzstrecken- zum Mittelstreckenläufer. Und schließlich reichte sein Atem auch für den wirtschaftlichen Marathonlauf.

Wieder andere erkennen plötzlich, dass sie als Kurz- oder Mittelstreckenläufer ein viel ausgewogeneres und vielleicht glücklicheres Leben führen könnten, wie Karl Rabeder, der mit einer Firma für Kunsthandwerk reich wurde und mit siebenundvierzig erkannte, dass für ihn »Geld kontraproduktiv« ist. Er meint sogar, Geld sei für das Glück hinderlich. Daher trennte er sich von seinem Besitz und ließ den Erlös daraus einer Stiftung zugutekommen, »die Bedürftigen in Lateinamerika Mikrokredite« gewährt. »Ich habe lange geglaubt, immer mehr Geld und Luxus anzuhäufen mache glücklich.« Für diesen Aufsteigerglauben arbeitete er mit voller Kraft, bis ihm eines Tages am Sinn dieses Lebensziels Zweifel kamen. Seit er sich von seinen Besitztümern getrennt hat, fühlt sich Rabeder »frei und leicht«.

Trotz dieser Erleuchtung hebt er nicht den moralinsauren Finger gegen andere, die am Reichtum festhalten. »Ich bin einfach meinem Herzen gefolgt.« Nun lebt er in einer kleinen Wohnung in Innsbruck und kommt mit 1000 Euro im Monat aus.

Zusammenfassung des Kapitels
»Durchhaltevermögen«

1. Das Wichtigste ist, herauszufinden, zu welchem Durch-
   haltetyp man gehört, um die seinem Wesen entspre-
   chende Form zu finden, in der man berufen ist, das
   Beste zu leisten.

2. Nun kann man das als junger Mensch nicht unbedingt
   wissen. Oft lehrt erst die Erfahrung, über welche Fähigkeiten und Eigenschaften man verfügt. Daher ist es
   gut, sich zunächst kleinen Aufgaben zu widmen. Dabei
   wird schnell klar, ob man als Stratege die Kunst des
   weit- und zeiträumigen Planens und Durchführens
   beherrscht oder ob man als Taktiker kluge kurzfristige
   Entscheidungen zu treffen und Aufgaben zu erledigen
   imstande ist. Manager oder Unternehmer, die falsch
   positioniert sind, geraten bald in Schwierigkeiten.

3. Wer erkennt, zu welchem Läufertyp er gehört, sollte
   entsprechend handeln. Der »Projekttyp« wird als lang-
   fristiger Planer und Umsetzer nicht glücklich werden.
   Umgekehrt wird sich ein zum Größeren Berufener mit
   kleinen Aufgaben nicht zufriedengeben.

4. In jedem Fall aber hängt der Erfolg – egal zu welchem
   Ausdauertyp man gehört – vom Talent, vom Fleiß und
   von der Disziplin ab, eine übernommene Aufgabe verantwortlich zu Ende zu führen.

5. Ein guter Trick besteht darin, eine Arbeit, ein Projekt,
   eine Zusammenarbeit oder ein Vertragsverhältnis
   zeitlich zu begrenzen. Wenn es zur Zufriedenheit aller
   Parteien gut gelaufen ist, kann man es problemlos ver-
   längern. Genauso wichtig ist das klar begrenzte Budget
   zum Beispiel für Hausbau, Mitarbeiter usw. Der selbst
   verordnete Rahmen gibt der Arbeit eine klare Struktur
   vor und schult die Selbstdisziplin.

KLUGHEIT – die Kunst des Planens

Im Unterschied zur Weisheit, die auf dem theoretischen Wissen aufbaut, bezieht sich die Klugheit auf das praktische Handeln. Klug sein bedeutet, statt emotional zu agieren, seinen Verstand einzusetzen, um vernünftige und ethisch angemessene Ziele zu erreichen – im Gegensatz zu ihrer Schwester, der Schlauheit, die nur den persönlichen Nutzen zum Ziel hat und mit unlauteren Mitteln arbeitet. Daher gehört die Klugheit seit dem griechischen Philosophen Platon zu den vier Kardinaltugenden.

Klugheit bedeutet zum Beispiel, sein Leben nach einem durchdachten Plan zu gestalten, der mit seinen Fähigkeiten und Vorlieben übereinstimmt.

Der bis heute gelesene und immer wieder verfilmte Autor von »Oliver Twist« und »David Copperfield«, Charles Dickens, entwarf aufgrund der Katastrophen seiner Kindheit einen Plan, um nie wieder ins Elend geraten zu müssen.

Als Dickens zehn Jahre alt war, kamen seine Eltern ins Gefängnis, und er selbst musste als Packer in einer Fabrik arbeiten. Diese Demütigung vergaß er nie. Als Ursache machte er die Unordnung seines Vaters verantwortlich, die diesen in den Bankrott und die Familie ins Unglück gestürzt hatte. Dickens wurde zum Ordnungsfanatiker, der Familie und Angestellte mit seiner Pedanterie tyrannisierte. Der Haushalt wurde mit militärischer Disziplin reglementiert. Täglich inspizierte Dickens die Zimmer seiner Kinder und kontrollierte persönlich, ob Ställe und Küche in Ordnung waren und jeder Gegenstand an seinem Platz stand. Erst danach setzte er sich an den Schreibtisch, um sein riesiges Arbeitspensum zu absolvieren.

Dickens' Konzept war zwar durchdacht, aber in seiner tyrannischen Form machte es ihn selbst und seine Familie zu Sklaven übertriebener Perfektion. Dickens' Ehefrau war bald so eingeschüchtert, dass ihr vor Unsicherheit tausend Missgeschicke passierten. So fiel ihr ausgerechnet bei einem Festbankett vor den Augen der Ehrengäste das Armband in die Suppe, ein anderes Mal vergaß sie in einem Restaurant ihre Handtasche. Die Wutanfälle ihres Ehemannes verunsicherten sie noch mehr. War also Dickens' Lebenskonzept tatsächlich so klug?

SEGEN UND FLUCH DER PERFEKTION

Der Perfektionsdrang hat 150 Jahre nach Dickens weite Teile unserer Gesellschaft erreicht. Der Wunsch nach dem perfekten Leben ist zum Glaubensbekenntnis des 21. Jahrhunderts geworden. Das attraktive Aussehen, der profitable und angesehene Beruf, die Eliteschule für die Kinder, ein Haus in der richtigen Wohngegend etc. gehören zum bürgerlichen Lebensziel.

Der moderne Glaube an die Perfektion wird einerseits zur Triebfeder unserer auf ökonomischen Erfolg getrimmten Gesellschaft, andererseits wird der Einzelne in Beruf und Freizeit unentwegt gefordert und überfordert.

Jeder Bereich des Lebens ist zunehmend Perfektionsmustern unterworfen. Man hat ständig das Gefühl, zu wenig an sich zu arbeiten, zu wenig sein Umfeld zu gestalten, zu wenig zu leisten. Um dem Stress gewachsen zu sein, greift man zu Medikamenten oder Alkohol und versucht, in Kursen oder bei Therapien seine Schwächen und Defizite auszugleichen. Das kostet Geld und Zeit und frustriert oft umso mehr, weil man plötzlich seine Mittelmäßigkeit noch deutlicher spürt. Man weiß genau, dass etwas falsch läuft. Aber wie kommt man aus dem Teufelskreis heraus?

An diesem Punkt sollte man sich zurücklehnen und sich ein paar einfache Fragen stellen: Bin ich auf dem richtigen Weg? Ist es klug, nach vorgegebenen Idealmustern zu leben? Entspricht das überhaupt meinem Charakter und meinen Fähigkeiten? Warum muss ich meine Schwächen stärken? Warum muss mein Haus so perfekt sein wie das des Schwagers? Ist es nicht sinnvoller, einen gemütlichen Abend mit Freunden zu verbringen, als einen weiteren Fortbildungskurs zu absolvieren?

Und die Kardinalfrage überhaupt: Warum muss ich meine Schwächen stärken, statt in solchen Bereichen besser zu werden, in denen meine Begabungen liegen und ich mich wohlfühle? Wer sich sicher fühlt, dem geht alles leicht von der Hand, und er ist zudem mit sich und seiner Arbeit zufrieden. Und je tiefer man in ein Gebiet eindringt, je mehr man davon versteht, umso leichter gelingt es, etwas Originäres zu schaffen und dafür Anerkennung zu bekommen. »Jeder wäre in irgendetwas ausgezeichnet geworden, hätte er seinen Vorzug gekannt«, sagt Baltasar Gracián und meint, man solle seine hervorstechende Eigenschaft mit aller Energie entwickeln. »Bei einigen ist der Verstand, bei anderen die Tapferkeit vorherrschend.

Die meisten tun ihren Naturgaben Gewalt an und bringen es deshalb in nichts zur Überlegenheit.«

EINE FRAU VERÄNDERT
DAS GESUNDHEITSWESEN

 Ihr Vorname wurde zum Programm, Hope:
Hoffnung. Hope Bridges Adams-Lehmann
hatte bereits als junges Mädchen nicht nur
einen klaren Lebensplan, sondern setzte
diesen auch konsequent gegen alle Wider-
stände um, indem sie 1880 als erste Frau in
Deutschland ein Medizinstudium absolvierte. Da ihr Studienabschluss in Leipzig
nicht anerkannt wurde, promovierte sie kurzerhand in
Bern und bekam ein Jahr später ihre ärztliche Zulassung
in Dublin. Das geschah zu einer Zeit, als Ärztinnen noch
als »wider die menschliche Natur« galten nach der Devise »Frauen pflegen, Männer heilen«. Die junge Ärztin
und Gynäkologin war eine Tochter des liberalen englischen Schriftstellers und Eisenbahnkonstrukteurs William Bridges Adams und seiner Frau Ellen. Seit 1896 arbeitete sie gemeinsam mit ihrem Ehemann Carl Lehmann
in dessen Münchner Praxis, wobei sie erst 1904 nachträg-
lich die Erlaubnis zur Verwendung ihres Doktortitels
erhielt. Wie auch sollten die Behörden das verhindern,
was längst alltägliche Praxis war, denn jeder sprach die
Bewunderte mit »Frau Doktor« an.

Hope Lehmann widmete ihr Leben der Behandlung
und Vorbeugung von Infektionskrankheiten und kämpfte
als Frauenrechtlerin für die Gleichberechtigung und um
das Recht auf Abtreibung, wenn dadurch das Leben der

Frau gerettet werden konnte. Hope verfasste als erste Medizinerin einen Gesundheitsratgeber für Frauen und informierte darin gründlich über Empfängnisverhütung und die Lebensnotwendigkeit von Hygiene. Das kämpferische Buch wurde zum Bestseller. Durch ihre Freundschaft mit August Bebel wurde sie zur engagierten Pazifistin. Und als Bismarck die sozialdemokratische Partei verbot, wurde sie überzeugte Sozialdemokratin, was sie ihrem Charakter entsprechend auch praktisch umsetzte: Sie behandelte die Ärmsten der Armen umsonst, gründete den ersten zweisprachigen Kindergarten in München, der als Vorstufe für eine »Schule für alle« gedacht war, und setzte sich für ein »klassenfreies Krankenhaus« ein, in dem den Patientinnen das »Selbstbestimmungsrecht« eingeräumt werden sollte. Als die Pazifistin mit einundsechzig Jahren 1916 mitten im Ersten Weltkrieg starb, war zwar Hopes Einsatz für den Frieden vergeblich gewesen, aber ihr zielgerichtetes soziales und ärztliches Engagement hatte vielen Frauen Selbstbewusstsein gegeben, um ihre Arbeit fortzusetzen.

Zusammenfassung des Kapitels »Klugheit«

1. Klug sein bedeutet, vor dem Handeln gründlich nachzudenken. Wer die Dinge überstürzt angeht und emotional reagiert, macht meistens Fehler, die nur mit viel Mühe und Arbeit korrigiert werden können.

2. Der Plan ist die Quintessenz der Sache selbst. Je besser er durchdacht ist, umso zufriedenstellender wird das Ergebnis. Johann Sebastian Bach verlangte von seinen Kompositionsschülern, dass sie zu Beginn einer Komposition genau wussten, wie lang diese werden sollte.

3. Wer sich Bachs ausgezeichnetes Arbeitsprinzip zu eigen macht, gewinnt große Klarheit über das, was er tut, weil er damit sein Ziel präzise definiert.

4. Der nächste Schritt nach dem Entwurf der großen Struktur ist die Arbeit an den Details. Bei einem Wirtschaftsprojekt nennt man das Businessplan. Darin enthalten sind die Aufstellung für die benötigte Finanzierung und ein Zeitplan, wann die einzelnen Schritte erfolgen sollen. Der kluge Planer rechnet aber Zeit-, Energie- und Finanzreserven ein, um unvorhersehbare Engpässe – und die gibt es immer – überwinden zu können.

5. Wichtig ist, dass man sich nicht in unwesentlichen Details verliert, sondern stets den Überblick behält. In Bereichen, in denen man sich nicht auskennt, sollte man – unabhängig voneinander – den Rat von zwei oder drei Fachleuten einholen. Aber: Eine alte Weisheit lautet: Der Fachmann ist stets nur so gut wie man selbst. Das bedeutet: Erst wenn man das Problem gründlich durchdacht hat und man selbst weiß, wo die Schwierigkeiten liegen, kann der Fachmann Lösungen anbieten.

6. Perfektion ist eine schöne Sache und in manchen Bereichen sogar lebenswichtig, aber warum muss immer alles perfekt sein?

7. Man sollte nicht zu viel Zeit und Kraft mit der Stärkung seiner Schwächen vergeuden, sondern seine Fähigkeiten entwickeln. Das schafft Selbstvertrauen und garantiert den Erfolg.

8. Lassen Sie sich Zeit! In der Ruhe liegt die Kraft. Man sollte langsam und gründlich planen und dann den Plan zügig verwirklichen.

GÜTE – die Weisheit des Herzens

Regiert bei der Klugheit der Kopf, ist es bei der Güte das Herz. Albert Schweitzer sagt: »Stetige Gütigkeit vermag viel. Wie die Sonne das Eis zum Schmelzen bringt, bringt sie Missverständnisse, Misstrauen und Feindseligkeit zum Schwinden. Was ein Mensch an Gütigkeit in die Welt hinausgibt, arbeitet an den Herzen und an dem Denken der Menschen.«

Wer den Mut hat, seine Handlungen täglich zu beurteilen und Verfehlungen zu korrigieren, wird ein besserer Mensch. Güte wirkt sich nicht nur positiv auf andere, sondern auch auf sich selbst aus. Wer gut zu anderen ist, dem geht es selbst gut, weil ihm Freundlichkeit aus den Herzen und Gesichtern seiner Mitmenschen zurückstrahlt.

Mein Freund Peter Lengauer beschimpft Menschen nicht mehr, die ihn hintergehen wollen, sondern sagt stets gelassen: »Sie können das tun, aber dann müssen sie sich jeden Morgen im Spiegel anschauen.« Der Spiegel seiner selbst ist das Gewissen. Wer Schlechtes getan hat, den holen eines Tages die Sünden ein. Das schlechte Gewissen meldet sich, und er leidet unter der Erinnerung an seine bösen Taten. Nach Auffassung der antiken Griechen quälen die Rachegöttinnen den Übeltäter, sogar dann, wenn das Opfer ihm vergibt. Schlechte Taten machen jeden zum Opfer seiner selbst.

DAS ÜBERWINDEN DES
KONKURRENZDENKENS

Der Dalai Lama, das spirituelle Oberhaupt der Tibeter, dem alle religiösen Streitigkeiten unverständlich sind, sagte einmal: »Meine Religion ist sehr einfach, meine Religion ist Güte.« Für ihn ist die zentrale Frage, wie Menschen ein erfülltes Leben führen und Mitgefühl entwickeln können. Mitgefühl führt seiner Ansicht nach zu mehr Bewusstsein. »Ich habe einen guten Freund, der achtzehn Jahre in einem chinesischen Straflager inhaftiert war. Nach seiner Entlassung besuchte er mich in Indien. Er erzählte mir, dass er während seiner Gefangenschaft einige Momente der Gefahr verspürte. Ich fragte: ›Welcher Gefahr?‹ Er antwortete mir lächelnd: ›Der Gefahr, dass ich das Mitgefühl gegenüber Chinesen verliere. Diese Mentalität ist sehr wichtig, wenn Menschen mit Schmerzen und schwierigen Situationen wie etwa der Wirtschaftskrise umgehen müssen.‹«

Der Dalai Lama ist sich sicher: Mitgefühl und Vergebung sind für das Funktionieren einer Gesellschaft sehr wichtig. »Ich nenne das säkulare Ethik, Respekt gegenüber anderen Religionen.« Damit wird das alte Konkurrenzdenken zwischen »uns« und den »anderen« überwunden. Diese Ethik überwindet künstliche Grenzen, die aus Intoleranz errichtet wurden. Damit werden Kriege verhindert.

VERTRAUEN ERWECKT VERTRAUEN

Das Vertrauen ist das Kind der Güte. Wer nicht vertraut, wird kein Vertrauen finden. Viele, die schlechte Erfahrungen gemacht haben, verstecken sich hinter dem Schutzschild des Misstrauens. Misstrauen erzeugt jedoch Misstrauen, so, wie Güte Güte erzeugt.

GESUNDES SELBSTVERTRAUEN
FUSST AUF KÖNNEN

Wer sich selbst vertraut und an seine Fähigkeit glaubt, die Dinge des Lebens zu meistern, geht gelassen durch die Welt und wird überall Freunde finden und leichter Schwierigkeiten überwinden.

Der Extrembergsteiger Alexander Huber, der seit elf Jahren mehrere hundert Meter hohe Felswände im Free-Solo-Stil, ohne Seil und Sicherung, besteigt, weiß, dass das Selbstvertrauen die Grundlage seines Erfolges ist. Am Schleierwasserfall in Tirol in fünfundzwanzig Meter Höhe, wo die Wand stark überhängend ist, gibt es in sechs Meter Höhe den »Point of No Return«. Von dort aus kann man nur noch nach oben klettern. Kurz vorher kehrte Huber zweimal um, weil er seine Angst nicht kontrollieren konnte. Er wusste, dass sein dritter Versuch sein letzter sein würde. Deshalb trainierte er intensiv zwei Wochen lang an der Wand, bis er selbstsicher genug war. »Ich musste eine Art Sprung machen, einen dynamischen Kletterzug … Ich habe über eineinhalb Meter nach oben gegriffen. Dann haben sich meine Finger in den Felsen gekrallt, und für einen kurzen Zeitpunkt hing ich nur noch mit meinen Fingerkuppen an der Wand dran. Das war eine geniale Grenzerfahrung.« Huber fühlte sich vollkommen sicher und weist jeden Leichtsinnsvorwurf zurück. »Es war Können. Die Chance, dass ich abstürzte, lag bei eins zu tausend. Deshalb war mein Selbstvertrauen riesig.«

Mit Können und dem daraus gewonnenen Selbstvertrauen kann man also sogar überhängende Steilwände mit Intelligenz und Muskelkraft überwinden.

VERTRAUEN BEGINNT IN DER KINDHEIT

Kleine Kinder haben vollkommenes Vertrauen in andere Menschen, bis sie erfahren, dass sie enttäuscht werden können. Das geschieht durch gravierende Nachlässigkeiten der Eltern, zum Beispiel, wenn diese abwesend sind, wenn das Kind Hilfe braucht, wenn Versprechen nicht eingehalten werden, wenn das Kind durch ständige Kritik oder Misshandlungen verunsichert wird, oder auch, wenn es überbehütet wird und keine eigenen Erfahrungen machen darf, aber auch, wenn eines der Elternteile stirbt oder durch Scheidung das Haus verlässt.

Julian Rotter, Verhaltensforscher an der Universität von Connecticut, fand bei seinen Forschungen mit vertrauensvollen und misstrauischen Menschen heraus, dass denen, die anderen vertrauen, Vertrauen entgegengebracht wird, was auch umgekehrt gilt: Wer anderen misstraut, wird häufiger enttäuscht. Unsere Erwartungen beeinflussen also unser Verhalten. Unsere Mitmenschen werden zum Spiegel unserer selbst.

Dieses Phänomen nennen Psychologen »sich selbsterfüllende Prophezeiung«.

Zusammenfassung des Kapitels »Güte«

1. Mein Verleger Michael Görden hat einmal den wichtigen Satz gesagt: »Gier und Egoismus sind der Tod jeder Sache.« Güte kann Feinde in Freunde verwandeln, Hass in Freundschaft. Durch Güte entsteht immer Positives. Güte lässt Zorn verstummen.

2. Wer zu Aggressivität neigt, sollte, wie der frühere Fußballstar Maradona, seine zum Angriff erhobenen Fäuste auf dem Rücken verschränken, um sich selbst in den Griff zu bekommen.

3. Wenn plötzlich die Luft zum Schneiden ist und die Verbalattacken der Gegner immer bösartiger werden, hilft manchmal ein Scherz, die Stimmung zu besänftigen. Auch ein schönes Lied kann durch seine Harmonie ungute Situationen entspannen.

4. Schopenhauer sagt, das Erwidern des Bösen mit Gutem zwingt uns deshalb Lob und Bewunderung ab, weil man dadurch sein eigenes Wesen wiedererkennt und zugeben muss: »Das Wesen, das ich verletzte, war ich selbst.« Güte tut einem selbst gut. Ein gütiges Gesicht zeigt die ausgeglichene Seele eines Menschen.

5. Güte formt den Charakter. Wer sich darin übt, verwandelt sich in einen besseren Menschen. Güte findet jederzeit und überall sein Feld. »Tut die Augen auf und sucht, wo ein Mensch oder ein Menschen gewidmetes Werk ein bisschen Zeit, ein bisschen Freundlichkeit, ein bisschen Teilnahme, ein bisschen Arbeit eines Menschen braucht«, sagt Albert Schweitzer.

6. Vertrauen weckt Vertrauen. Wer schlechte Erfahrungen gemacht hat, sollte in Zukunft seine Mitmenschen testen, inwieweit er ihnen Vertrauen entgegenbringen kann.

GERECHTIGKEIT –
das Recht des Schwächeren

Die Gerechtigkeit ist die Basis des gesellschaftlichen Zusammenlebens. Sie sorgt für den unparteilichen Ausgleich der Interessen, die Verteilung der Güter und die Chancengleichheit der beteiligten Personen oder Gruppen. Gerechtigkeit gilt weltweit als Grundnorm. Sie ist in Ethik, Gesetzgebung und Rechtsprechung ein Hauptthema für die Bewertung sozialer Verhältnisse und moralischer Maßstäbe. Daher gilt die Gerechtigkeit seit der Antike als Kardinaltugend. Gerechtigkeit ist nach dem Philosophen Platon eine innere Einstellung, eine harmonische Ordnung, wonach die drei Seelenteile des Menschen (das Begehrende, das Tapfere und das Vernünftige) im ausgewogenen Verhältnis zueinander stehen. Sie ist eine bedeutende Kulturleistung des Menschen, weil sie über der Macht der Herrschenden steht.

Aber jetzt kommt etwas Überraschendes: Gerechtigkeit gehört, nach den Untersuchungen des Verhaltensforschers Frans de Waal, zu den angeborenen Tugenden des Menschen, wie er in seinem Buch »Primaten und Philosophen. Wie die Evolution die Moral hervorbrachte« zeigt. Dieses Ergebnis bestätigen seine Untersuchungen des Soziallebens von Affen. Damit widerspricht de Waal vehement der gängigen Auffassung, dass der Mensch »eine asoziale Bestie und nur durch sozialen Zwang im Zaum zu halten« sei, wie es das lateinische Sprichwort »homo homini lupus« (Der Mensch verhält sich gegen seine Mitmenschen wie ein Wolf) äußerst bildhaft, aber eben falsch auf den Punkt bringt. Demnach wäre der

Mensch schicksalhaft seiner destruktiven Instinktnatur ausgesetzt, wenn nicht das zivile Korsett aus Gesetzen, Bräuchen und Verstand ihn bändigen würde. Denn erstens gehört der Wolf – der Urahn des Hundes, unseres treuesten Hausgenossen – zu den geselligsten und kooperativsten Tieren überhaupt. Zweitens widerspricht es der Tatsache, »dass wir bis ins Mark sozial« sind. Denn schon Charles Darwin hatte moralisches Handeln als Erzeugnis der Evolution erkannt. Versuche an unseren nächsten Verwandten, den Affen, machten das deutlich.

Rhesusaffen hungern lieber, als dass sie Artgenossen zum Preis für die eigene Nahrungsbeschaffung Schmerz zufügen, wie der Versuch zeigte. Als eine Gruppe nur durch Ziehen an einer Kette an Nahrung gelangen konnte, hörte sie sofort damit auf, als einem dadurch ein Stromstoß versetzt wurde. Einen Schimpansen konnte man weder durch Drohgebärden noch durch Wutgeschrei vom Dach treiben, jedoch durch Wecken des Mitgefühls. Wenn seine ihm vertraute Betreuerin schluchzte, kam er sofort hilfsbereit zu ihr. Ebenso trösten Gorillas ihre im Kampf unterlegenen, deprimierten Gegner und zeigen so Mitgefühl und Sinn für Fairness. Ein besonders rührendes Beispiel ist die liebevolle Handlung eines Bonoboweibchens, das einen Vogel gefangen hatte. Nachdem die Äffin von ihrer Betreuerin gebeten worden war, ihn freizulassen, kletterte sie auf den höchsten Baum, entfaltete behutsam die Flügel des Vogels und entließ ihn in die Freiheit der Lüfte.

RECHTSSICHERHEIT GARANTIERT
DAS PROSPERIEREN DER GESELLSCHAFT

Das Gerechtigkeitsgefühl ist jedem Menschen angeboren. Jeder empfindet es als zutiefst ungerecht, wenn er von Freunden oder Geschäftspartnern betrogen wird oder Mächtigere ihre Macht missbrauchen. Deshalb reagieren die Menschen weltweit so empört auf die Habgier mächtiger Banker, die sich auf Kosten anderer schamlos bereichern – und dafür nicht einmal zur Rechenschaft gezogen werden. Ebenso wie es viele Italiener erbost, wenn Silvio Berlusconi Gesetze aushebelte, um sich »legal« Immunität zu verschaffen, wodurch seine Machenschaften verjähren.

RECHTSSICHERHEIT SCHAFFT VERTRAUEN

Wenn das »Gesetz König über allem ist«, wie es der antike Dichter Pindar griffig formuliert, ist der Rechtsstaat garantiert, und es herrschen Friede und Wohlfahrt im Land. Sobald die Rechtssicherheit schwindet, beginnen Unsicherheit und Chaos, die das gesamte Staatsgefüge ins Wanken bringen können. Dann ist es bis zum Faustrecht oder zur Diktatur nur noch ein kleiner Schritt. Daher bildet der Internationale Strafgerichtshof in Den Haag, wo Verbrecher gegen die Menschlichkeit vorgeführt und verurteilt werden können, einen großen Fortschritt.

Was aber hat die Gerechtigkeit mit einem gelungenen Leben zu tun? Einerseits geht es um das Vertrauen in die Zuverlässigkeit des Staates und das Vertrauen in die Demokratie, andererseits geht es um das Vertrauen der Bürger untereinander und um das Vertrauen des Einzelnen zu sich selbst. »Um Gutes zu leisten, muss die Seele wie eine Lyra richtig gestimmt sein«, sagt Platon sehr schön und bildhaft. Nur wenn unter den verschiedenen Elementen Harmonie herrscht, entsteht etwas Gelungenes. So, wie die Begabung des Musikers aus dem gestimmten Musikinstrument harmonische Klänge hervorzaubert, entsteht durch den Geist der Gerechtigkeit unter den Bürgern Übereinstimmung und Vertrauen. Spitzenpolitiker, Topmanager oder Stars aus Sport und Kultur haben daher Vorbildfunktion. »Wem mehr gewährt auf Erden wird, von dem verlangt man mehr«, sagt ein lateinischer Dichter des Mittelalters.

Jeder, der das Recht dehnt oder ungerecht handelt, richtet Unheil an. Und jeder einzelne Bürger trägt die Verantwortung für das Gemeinwohl. Wer im Kleinen ein Unrecht tut, ist genauso schuldig wie derjenige, der in großem Stil das Recht bricht. Verantwortliches Handeln ist Teil der Gerechtigkeit und Bürgerpflicht.

Ein orientalisches Märchen erzählt von einem Reichen, der einen Armen, der ihn um Unterstützung bat, von seinen Dienern auf die Straße werfen ließ. Ein paar Tage später kam der Arme erneut zum Reichen und flehte: »Erbarmen! Meine Frau und meine Kinder sind gestorben. Wenn du mir nichts gibst, bleibe ich zu deiner öffentlichen Schande vor deinem Haus liegen. Gib mir wenigstens ein Stück Brot, damit ich genug Kraft habe, mich davonzuschleppen.« Der Reiche bückte sich, nahm einen Stein vom Boden und drückte ihn dem Armen in die Hand. »Hier. Du bist arm. Iss dieses.«

Der Arme nahm den Stein, setzte sich vor das Haus des Reichen und wartete dort zehn Jahre. Da geschah es, dass

Korruption, Betrug und Erpressung des Reichen ruchbar wurden. Die Häscher des Sultans brachten ihn zum Kadi. Das aufgebrachte Volk wartete auf die Verkündung des Urteils. Unter ihnen stand der Arme mit seinem Stein in der Hand. Als der einstmals Reiche und Mächtige in Ketten herausgeführt wurde, sah der Arme ihn an, wog den Stein in der Hand und warf ihn in den Straßenstaub. Seine Freunde riefen verblüfft: »Warum hast du das getan?«

»Ich habe zehn Jahre lang gewartet, um diesen Stein einem erbarmungslosen Reichen ins Gesicht zu schleudern. Und was ist hier herausgekommen? Ein armes Schwein.«

Gottes Gerechtigkeit hatte den Armen gerächt. Und dieser hatte Mitleid mit dem »armen Schwein«.

Der amerikanische Philosoph Waldo Emerson sagt: »Wir fühlen uns um die Vergeltung betrogen, die üblen Taten folgen müsste, weil der Verbrecher seinem Laster anhängt und nirgendwo vor ein Gericht gestellt wird. Hat er aber das Gesetz überlistet?« Ganz tief in jedem Menschen schlummert das Unrechtsbewusstsein, denn wer unrecht tut, frevelt gegen sich selbst.

Zusammenfassung des Kapitels »Gerechtigkeit«

1. Ohne Gerechtigkeit kann das menschliche Zusammenleben auf Dauer nicht funktionieren. Die Gerechtigkeit schafft Vertrauen des Bürgers in den Staat und der Bürger untereinander.

2. Die Gerechtigkeit bildete bereits bei den antiken Philosophen die Basis ihrer Ethik. Sokrates sah im gerechten Handeln die Voraussetzung für das Ideal des Guten, das er mit dem Glück gleichsetzte.

3. Gerechtes Handeln ist das Resultat von rechter Einsicht. Wer unrecht tut, schadet sich selbst. Daher wird jeder einsichtige Mensch auf ungerechte Handlungen freiwillig verzichten.

4. Nach christlich-katholischer Auffassung gibt es nur eine einzige wirkliche Sünde. Das ist die »Sünde wider den Geist«, moderner ausgedrückt, gegen die Vernunft. Während andere Sünden durch Reue und die Absolution des Priesters vergeben werden können, ist diese Sünde so schwer, dass sie nicht aus Gnade Vergebung findet. Sie muss wiedergutgemacht werden. Alles, was man seinem Nächsten vorsätzlich angetan, alles, was den Nächsten verletzt hat, muss wiedergut-

gemacht werden. Denn Sünden dieser Art müssen sonst im nächsten Leben (oder auch bereits im jetzigen) durch ein entsprechendes Schicksal oder Leid gesühnt werden.

5. Protestanten haben es schwerer, weil bei ihnen die Buße keine Leistung ist. Der Mensch ist für die Folgen seiner Handlungen verantwortlich. Er kann der Verantwortung vor Gott vielleicht entgehen, indem er Gott überhaupt infrage stellt. Er kann sich vielleicht der Justiz entziehen. Aber er kann nicht vor dem eigenen Gewissen flüchten. Es geht damit um Respekt und Achtung vor sich selbst.

6. Durch Untersuchungen an Affen wurde bewiesen, dass Gerechtigkeit zu den angeborenen Tugenden des Menschen gehört. Der Urinstinkt signalisiert jedem Menschen, dass er, wenn er Verbrechen gegen andere begeht, gegen sich selbst und seinen Nächsten sündigt.

7. Diese Untersuchungen werden ergänzt durch ein Experiment kanadischer Psychologen. Das Prinzip der Hilfsbereitschaft begreifen bereits Kleinkinder im Alter von einundzwanzig Monaten. Dabei ist die gute Absicht wichtiger als der tatsächliche Erfolg einer Handlung.

DANKBARKEIT –
das Gedächtnis des Herzens

Dankbarkeit ist »eine heilige Tugend«, sagt Adolph Freiherr Knigge. »Wer dir Gutes getan hat, den ehre. Danke ihm nicht nur mit Worten, die ihm die Wärme deiner Erkenntlichkeit zeigen, sondern nutze auch jede Gelegenheit, wo du ihm wieder dienen und nützlich werden kannst.« Dankbarkeit ist eine Wohltat, die der Dankbare nicht einfordern kann, aber trotzdem bekommt. Manchen verletzt es jedoch in seiner Selbstachtung, sich durch Annahme von Wohltaten zur Dankbarkeit verpflichten zu lassen. Andere Menschen hindert der Stolz, etwas anzunehmen, was sie eigentlich dringend nötig hätten. Das Verhältnis zwischen Geben und Nehmen ist daher oft schwierig. Manchmal wird man vom Geber durch seine Gabe sogar gedemütigt, weil sie aus Berechnung gegeben wird. Wer gibt, sollte es respektvoll und mit Fingerspitzengefühl tun, um die Würde des Empfangenden nicht zu verletzen. In manchen Gesellschaften ist man erschreckt über Geschenke, aus Angst, diese nicht entsprechend erwidern zu können. Im Waldviertel sagen mir meine Nachbarbauern, wenn ich ihnen eine Kleinigkeit mitbringe: »Was bin ich schuldig?« Das irritierte mich in den ersten Jahren, weil ich ja ein Geschenk mitbrachte und nicht auf Handeln aus war. Im Laufe der Zeit wurde mir klar, dass die Nachbarn die Frage im Sinne des römischen Staatsmannes Marcus Tullius Cicero gemeint hatten, der sagte: »Keine Schuld ist dringender als die, Dank zu sagen.« Es handelt sich bei meinen Waldviertlern um eine rhetorische Frage, mit der man seine Dankbarkeit ausdrückt.

DIE TUGEND DER HINTERWÄLDLER

Carl Zuckmayer erzählt in seiner Autobiografie »Als wär's ein Stück von mir« eindringlich über das raue Leben in den schneereichen kalten Wintern im Neuenglandstaat Vermont, wo er mit seiner Familie zehn Jahre unter den Waldfarmern verbrachte. »Um einer der ihren zu werden, bedarf es keiner Formalitäten; jede Art von Anbiederung oder gar Bestechung wäre bei ihnen vergeblich.« Zuckmayers siebzig Jahre alter Bericht erinnert mich an meine dreiunddreißig verbrachten Jahre im österreichischen Waldviertel. Und es ist wohl kein Zufall, dass sich Zuckmayers Tochter ihren Alterssitz im Waldviertel eingerichtet hat. Hier, wie in Vermont, musste sich ein neuer Einwohner in den Augen der Bauern bewähren. Man musste sich auf ihn verlassen können, und sobald man ihn als Freund empfand, scheute man keine Zeit und Mühe, »um einem Nachbarn Hilfe zu leisten, wenn er sie braucht – die alte Tugend der Hinterwäldler«. Im Waldviertel kann man noch heute wie in Vermont mitten in der Nacht einen Bauern, den man kaum kennt, herausklopfen, wenn man mit dem Wagen im Schnee stecken bleibt. Er wird ohne Murren den Traktor holen und ihn herausziehen. »Er wäre verletzt, wenn man ihm dafür Geld anbieten wollte. Aber er wird ohne Weiteres das Gleiche von jedem anderen erwarten«, sagt Zuckmayer, aber der Satz hätte genauso gut von mir über meine Waldviertler Nachbarn sein können. Diese Art des gegenseitigen Gebens und Nehmens, der Selbstakzeptanz erleichtert das Leben. Dankbarkeit lässt die Menschen auf einer freundschaftlichen Stufe miteinander verkehren. Wer nur auf seinen Vorteil aus ist, wird schnell erkannt, und ein unsichtbarer Zaun trennt ihn von den Menschen mit Gemeinsinn.

DIE HARMONIE DES GEBENS UND NEHMENS

Die Wörter Danken und Denken sind miteinander nicht nur dem Klang nach verwandt. Wer dankt, denkt an das Gute, das ihm erwiesen wurde. In einer afrikanischen Sprache bedeutet das Wort »danken« zurückschauen. Jemandem für etwas danken bedeutet, ihm Anerkennung für sein Wohlwollen, sein Mitgefühl, seine Opferbereitschaft, Selbstlosigkeit oder Liebe auszusprechen.

Wer sich für erwiesene Wohltaten nicht bedankt, macht sich schuldig, weil er die Harmonie des großherzigen Gebens und schlichten Nehmens zwischen zwei Menschen zerstört, denn der Nehmende schuldet zumindest Dank.  Daher die tiefsinnige Frage der Waldviertler: »Was bin ich schuldig?«

In einem »Zeit«-Artikel las ich einmal über die selbstlose, todesmutige Hilfsbereitschaft einer Gräfin, deren Namen ich leider vergessen habe (evtl. Hatzfeld?), die vielen in der Nazizeit Verfolgten bei der Flucht geholfen hatte. Der Interviewer fragte, wie viele sich nach dem Krieg bei ihr bedankt hätten. Die Dame sagte sinngemäß: »Sehr wenige.« Ob sie das nicht gekränkt hätte? Darauf meinte sie großherzig: »Ein wenig schon. Andererseits muss man bedenken, dass diese Menschen mit dem Aufbau einer neuen Existenz beschäftigt waren.«

Mich selbst schmerzt es bis heute, mich für eine erwiesene Wohltat in meiner Jugend nicht bedankt zu haben. Ich wanderte mit Freunden durch Griechenland. Einer von uns bekam in den Bergen eine Bronchitis. Eine Bergbauernfamilie nahm den Kranken auf, räumte das Ehebett und pflegte ihn gesund. Das war eine selbstlose Tat, für die wir uns natürlich herzlich bedankten. Aber: Wir fragten den Bauern, ob er sich etwas Besonderes wünsche. Und er sagte, ein Fahrrad, denn ein Fahrrad war dort damals ein wunderbar schnelles Fortbewegungsmittel und für einen griechischen Bergbauern fast unerschwinglich.

Wir haben ihm nie dieses versprochene Fahrrad geschickt. Zu unserer Entschuldigung könnte man anführen, dass wir sehr jung waren. Aber dass mich bis heute das schlechte Gewissen drückt, beweist, dass ich die Dankesschuld nicht eingelöst habe. Und das Schlimmste ist: Ich werde sie nie einlösen können, weil der Bauer sicher längst nicht mehr lebt. Zudem weiß ich weder seinen Namen noch den Ort. Ich hoffe, dass ich dieses Versäumnis durch andere gute Taten wiedergutmachen durfte.

Oft habe ich allerdings das Gefühl, nicht genug zu tun. Wem es finanziell nie schlecht ging, weiß meistens gar nicht um die Sorge und die Verzweiflung in Not geratener Mitmenschen. Vor ein paar Jahren hatte ich mit einem Theaterstück Erfolg. Einmal sprach mich in der Nähe des Theaters ein korrekt gekleideter Herr an, dem die Verzweiflung aus dem Gesicht schien. Er fragte mich dezent, ob ich ihm etwas geben könne. Ich sagte:»Gerne«, und drückte ihm zehn Euro in die Hand. Er bedankte sich mit Tränen in den Augen. Später machte ich mir Vorwürfe, ihm nicht mehr gegeben zu haben, denn was waren zehn Euro im Vergleich zu dem, was ich durch meinen Erfolg verdient hatte? Auch hätte ich gerne gewusst, wie ein Mensch mit gepflegter Sprache und guten Umgangsformen ins Elend geraten war. Leider sah ich ihn nicht wieder.

Zusammenfassung des Kapitels
»Dankbarkeit«

1. »All unser Missvergnügen über das, was uns fehlt, scheint bloß aus dem Mangel an Dankbarkeit für das zu entspringen, was wir haben«, sagt Daniel Defoe in seinem »Robinson Crusoe« und kreiert damit eine der schönsten Weisheiten der Weltliteratur.

2. Dankbarkeit will gelernt sein. Denn jeder strandet irgendwann im Laufe seines Lebens auf einer Klippe und braucht Hilfe. Das rechte, nicht unterwürfige oder übertriebene Wort des Dankes zu finden ist schwer, weil man plötzlich auf das Wohlwollen anderer angewiesen ist.

3. Andererseits muss auch der Geber Größe zeigen, um den Beschenkten mit seiner Gabe nicht zu verletzen. Mancher sieht andere lieber seiner bedürftig als ihm dankbar verbunden. Gaben, die nicht vom Herzen kommen, sind – obwohl sie dem Bedürftigen helfen – eigentlich wenig wert, weil sie aus Berechnung gegeben werden.

4. »Gutes, das du heute für Menschen tust, wird von ihnen morgen oft vergessen: Tu unbeirrbar weiter Gutes«, sagt Mutter Teresa. Denn mit jeder deiner kleinen Gaben beschenkst du dich in Wirklichkeit selbst, weil alles im Leben aus Geben und Nehmen besteht.

TOLERANZ –
die Nächstenliebe der Intelligenz

Das Wort Toleranz stammt aus dem Lateinischen und wird seit dem 18. Jahrhundert im Sinne von Duldsamkeit, Versöhnlichkeit und Weitherzigkeit verwendet. Die Ersten, die tolerant dachten und lebten, waren vorurteilslose Bürger in griechischen Stadtstaaten. Im Gegensatz zu den geistig beschränkten Provinzlern, die nie über ihren Gartenzaun hinausschauten, nannten sie sich Kosmopoliten, denn sie fühlten sich als »Weltbürger«. Im Stadtstaat gab es eine Gemeinschaft von Freien und Gleichen mit politischen Rechten. Damit war der Bürgergeist geboren. Nicht mehr die schollengebundene Enge der Dorfgemeinschaft prägte das Leben unter der Herrschaft des Burgherrn, sondern das Selbstbewusstsein unabhängiger Geister, die mit anderen Geistesverwandten in den übrigen Stadtstaaten der griechischen Welt in Verbindung traten und mit unersättlicher Wissbegier andere Länder und Völker, Lebensformen und Götter erkundeten und selbstbewusst verkündeten: »Ich bin ein Bürger der Welt.«

Dieser grenz- und völkerüberschreitende zivilisatorische Leitgedanke wird von drei Fakten bestimmt, die den Weltgeist revolutionierten: Ganzheit, Frieden und Freiheit. Er schließt die ganze Welt in sich ein und hebt Feindbilder auf, lehnt in der Friedensforderung Fremdenangst und Fremdenhass ab und fordert Freiheit für sich selbst wie für andere, was natürlich auch die Freiheit der Mobilität einschließt. Mit anderen Worten: Kosmopolitisches Denken bedeutet Toleranz gegenüber Andersartigen, Andersgläubigen und Andersdenkenden. Alle Menschen und alle Götter gehören zur Kosmopolis, zur Weltstadt, zu deren Bürgern gleichberechtigt jeder Mensch gehört. Es ist logisch, dass sich aus dieser neuen Weltsicht die Demokratie entwickeln musste.

TOLERANZ ALS LEBENSFORM

Der erste Kosmopolit, zumindest jener, der das Wort erfand, war der Philosoph Diogenes (414–323 v. Chr.). Das  wahre Glück des Lebens bestand für Diogenes in der Tugend. Daher unterhielt er an jeder Straßenecke Athens die Vorübergehenden mit witzigen Predigten gegen alle Laster und Missbräuche. Er lebte vom Betteln, wobei er behauptete: »Ich fordere zurück.« Manchmal bettelte er zum Erstaunen seiner Mitbürger nicht sie, sondern die Statuen der Stadt an. Als man ihn fragte, warum er das tue, die Steinfiguren könnten ihm doch gar nichts geben, sagte er: »Ich übe mich im Nichts-Bekommen.«

Als einem der ersten Menschen dieser Welt dämmerte Diogenes, dass Besitz belastet. Er wohnte in einer Tonne, ging barfuß, trug – als Symbol des Verzichts auf Heimat – einen Wanderstab, hatte einen Sack auf der Schulter, worin sein ganzes Hab und Gut war, und hüllte seine magere Gestalt in einen zerrissenen Mantel. Für Diogenes war der wahrhaft freie Mensch von allem unabhängig: von der Meinung anderer ebenso wie von der Angst vor dem Tode. Auf die Frage, was das Schönste auf der Welt sei, antwortete er: »Die freimütige Rede.« Als Alexander der Große den berühmten Bettler aufsuchte und fragte, was er für ihn tun könne, antwortete Diogenes: »Geh mir ein bisschen aus der Sonne, mein Sohn.« Der König antwortete: »Wäre ich nicht Alexander, so würde ich gerne du sein.« Im klassischen Athen begegneten sich ein allmächtiger König und ein Bettler auf einer Stufe, nämlich auf dem Boden der sie beide verbindenden Toleranz, die aus dem kosmopolitischen Bürgergeist erwachsen war.

DIE GLEICHHEIT VOR DEM GESETZ

Welche Kraft die geniale staatspolitische Schöpfung der Demokratie aus dem Geist der Toleranz besaß, zeigt die berühmte Rede des Athener Staatsmannes Perikles auf die Gefallenen (431/30 v. Chr.), worin er die Einzigartigkeit der Demokratie hervorhob: »Wir leben in einem Staat, der ohnegleichen und ohne Beispiel ist. Er trägt den Namen Demokratie mit Recht, denn die Macht liegt nicht in den Händen einiger weniger, sondern in der Hand des Volkes. Sein Wesen ist, dass vor dem Gesetz alle gleich sind, dass er aber dennoch die Berufenen an die Spitze bringt. Nicht Armut und nicht niedrige Geburt – nichts verschließt ihnen den Weg. Wir leben ohne Hass, ohne Neid. Kränkung, Böswilligkeit, Unfriede gelten als geächtet, Willkür, vor allem gegen die Schwachen und Notleidenden, ist unseren Herzen und damit den Gesetzen zuwider.«

EIN KOSMOPOLIT VERÄNDERT DIE WELT

Als Alexander der Große mit seinem Griechenheer ein Weltreich eroberte, das von Ägypten über Persien bis Indien reichte, wurde das kosmopolitische Ideal der Philosophen plötzlich konkret. Denn Alexander versuchte, das Weltbürgertum Realität werden zu lassen. Er meinte, das eigentliche Unterscheidungsmerkmal der Menschen läge nicht in der ethnischen Herkunft, sondern in ihrer moralischen Einstellung. Durch Städtegründungen in seinem Reich verbreitete Alexander die Poliskultur mit dem griechischen Bildungsideal. Damit verursachte er den größten Verschmelzungsprozess in der Geschichte der Menschheit, aus dem sich in den folgenden Jahrhunderten ein neuer Menschentyp, eine neue geistige Welt und eine neuartige Gesellschaft entwickelten.

DIE REVOLUTION DER FEINDESLIEBE

Das Urchristentum übernahm die Grundgedanken der Weisheitslehre, die die stoischen Philosophen aus Sokrates' und Diogenes' Überlegungen geformt hatten. Die Idee der kosmopolitischen Gleichheit entwickelte sich zur Idee der Humanität und sittlich begründeten Nächstenliebe, denn Jesus hatte gesagt: »Liebe deinen Nächsten wie dich selbst.« Aber: Christus hatte nicht nur die Nächstenliebe, sondern sogar etwas unterhört Neues verlangt, indem er forderte: »Liebet eure Feinde!« Diese Friedensforderung steht konträr zu Mohammeds Hassbotschaft im Koran: »Tötet die Ungläubigen überall, wo ihr sie aufspürt … bekämpft sie, bis es nur noch die Religion des einzigen Gottes gibt.« In der christlichen Ideologie bedeutete das Gebot der Feindesliebe auch eine Tolerierung von Fremdgläubigen. Zumindest zunächst. Später wurden abweichende Auffassungen von der Kirche gnadenlos mit Feuer und Schwert verfolgt und oft gänzlich ausgerottet. Allerdings wurde mit dem Latein der Kirche eine Weltsprache geschaffen, die über alle Landesgrenzen hinweg die Gebildeten in den Führungsschichten miteinander verband. Zugleich kam durch Universitätsgründungen ein neuer Menschentyp auf: der von Universität zu Universität reisende Wissenschaftler, Kleriker genannt, der in regem geistigem Austausch mit anderen Gelehrten stand und kosmopolitischen Weitblick ins akademische Leben brachte.

DIE GEISTIGEN WURZELN DER MODERNE

Antike Dichter und Denker

Durch die Entdeckung und Übersetzung antiker Schriften wurden in der darauf folgenden Epoche der Renaissance die Humanisten mit den Werken der antiken Dichter und Denker bekannt. Begeistert griffen sie die weltbürgerliche Idee wieder auf und belebten sie in Europa neu. Dabei übernahmen Dante, Thomas Morus, Erasmus von Rotterdam und andere die Ideen der Stoiker über das Weltbürgertum fast wörtlich. Die neue Schicht der Intellektuellen – Professoren an kirchenunabhängigen Universitäten, Erzieher an Fürstenhöfen und in Patrizierpalästen, Beamte, Kanzler, Sekretäre – stellte sich ganz bewusst Stadttyrannen, Landesfürsten und Oligarchen entgegen, die mit ihren Kleinkriegen, Intrigen und Gewalttaten Unruhe stifteten. Unerschrocken kämpften die Humanisten öffentlich für ihre politischen Ziele: für die Freiheit des Einzelnen – damals eine mutige politischen Forderung, weil diese sich nur durch Machtbeschränkung der Mächtigen verwirklichen ließ – und für den Frieden. Dadurch griffen sie die Herrschenden direkt an, weil diese wegen Macht- und Landgewinn oder aus reiner Ruhmsucht Kriege anzettelten. Damit erklärten die Humanisten dem Krieg den Krieg. Mit dieser kompromisslosen Haltung beginnt die Moderne:

1. weil unabhängige Intellektuelle nur mit der Kraft des Wortes den Kampf gegen die Herrschenden aufnahmen; 2. weil sie dafür bewusst eine öffentliche Meinung erzeugen mussten; 3. weil der Einzelne aus eigener Kraft, nur mithilfe seines Verstandes, sich aus bestehenden Zwängen löste, um sein Leben individuell zu gestalten – wozu Frieden und Freiheit die Voraussetzungen waren.

Die antike kosmopolitische Toleranzidee war damit zum Signal für den Freiheitskampf geworden und leitete eine Jahrhunderte anhaltende Entwicklung ein, die tief greifende Veränderungen des politischen Lebens und der internationalen Verständigung bewirkte. Zu deren Resultaten zählt die spätere Gründung des Völkerbundes ebenso wie die der Vereinten Nationen. Das alles löste die Zivilcourage der Humanisten aus.

DER GEIST DER FREIHEIT

Dem geistigen Aufbruch folgte die reale Erkundung und Besitznahme der Welt. Die Europäer entwickelten dank ihrer Wissenschaft und Technologie Wunderwerke der Technik und gründeten veranlasst durch ihren Eroberungsdrang – das leider auch – riesige Kolonialreiche. Der Horizont erweiterte sich, bis schließlich ein Großteil der

Erde bekannt war. Die zeitgleiche kosmologische Bewegung der Aufklärung überwand das begrenzte und statische religiöse Denken in Europa, und die junge Demokratie der USA setzte die neuen Ideen politisch in die Tat um. In rasantem Tempo verbreitete sich der Geist der Aufklärung auf allen Gebieten des Lebens. Alles wurde neu durchdacht, infrage gestellt, diskutiert und mit bewundernswerter Energie in die Praxis umgesetzt. »Innerhalb von fünfzig Jahren«, sagte Voltaire, »hat der ganze Kontinent sein Gesicht der Toleranz zugewendet.« Sogar das rückständige Russland nahm unter den progressiven Zaren Peter dem Großen und Katharina der Großen begierig die neuen Ideen auf. Der Weltbürger war der moderne Mensch schlechthin. Sogar die Mächtigen selbst – Kaiser, Könige und Fürsten – wurden von der kosmopolitischen Idee befallen. Toleranz war die Devise. John Locke ersann die Gewaltenteilung, einen der wichtigsten Beiträge zur Weiterentwicklung der Demokratie seit dem Konzept der antiken Philosophen. Die Aufklärer geißelten Intoleranz und Fanatismus der Priester, griffen die Aristokraten wegen ihres Schmarotzertums, ihres Müßiggangs und ihrer Nutzlosigkeit an und gewannen kraft ihres Geistes, ihrer Modernität und ihres Fleißes Prestige und Einfluss. Dadurch bestimmten sie das Gesicht der Zukunft.

Zusammenfassung des Kapitels »Toleranz«

1. Durch Diogenes' Satz »Ich bin ein Bürger der Welt« veränderte sich das Denken und die Geschichte des Menschen. Toleranz schließt die ganze Welt in sich ein, ist grenz- und völkerüberschreitend, hebt Feindbilder auf, lehnt Fremdenangst und -hass ab und fordert

Freiheit für sich, Andersartige, Andersgläubige und Andersdenkende.

2. Alle Menschen und alle Götter gehören zur Kosmopolis, zur Weltstadt, zu deren Bürgern gleichberechtigt jeder Mensch gehört.

3. Das ist der Grundgedanke der Demokratie, deren Segnungen uns Freiheit, Bildung und Wohlstand garantieren.

4. Wer übertriebene Angst vor Unterwanderung und Überfremdung hegt, fordert rasch, die Grundrechte auf Religionsfreiheit oder Aufnahme politisch Verfolgter einzuschränken. Nur schwache Gemeinwesen beschneiden die Freiheit der Mehrheit, weil sie den Missbrauch der Freiheit durch eine Minderheit fürchten. Wer gesundes Selbstbewusstsein besitzt, versucht dagegen, das Wertfundament der Gesellschaft zu stärken. Liberalität bekommt man nicht umsonst. Sie muss immer wieder aufs Neue erkämpft werden.

5. Glaubens- und Gewissensfreiheit ist ein starkes Grundrecht. »Es ist eingebettet in ein Rechtssystem, das von der Würde des freien und gleichberechtigten Menschen ausgeht« (Bundesverfassungsrichter Udo Di Fabio). Deshalb müssen die Grenzen der Toleranz klar markiert werden.

6. »Freiheit ist immer nur die Freiheit des Andersdenkenden«, definiert Rosa Luxemburg. Darum sollte man die eigenen Vorurteile, vorgefassten Meinungen und vorschnellen Schlüsse über unsere Mitmenschen – oft ohne die Hintergründe zu kennen – ständig überprüfen.

7. Toleranz ist so wichtig für jeden Menschen, weil das Akzeptieren fremder Lebensformen das eigene Leben leichter macht.

WEISHEIT –
Wissen gepaart mit eigenem Urteil

Was ist Weisheit? Michel de Montaigne hält sie für »gute Laune, die anhält«. George Santayana meint, sie bestehe darin, »dem Herzen zu glauben«. Für Lessing bedeutet Gelehrsamkeit der »aus Büchern erworbene Reichtum fremder Erfahrung« und er postuliert: »Eigene Erfahrung ist Weisheit.« In der Bibel wird Weisheit als ein Geschenk Gottes bezeichnet, und Platon sieht in ihr eine Kardinaltugend.

Philosophiestudentinnen der Universität Wien haben Kinder zwischen sechs und zehn Jahren befragt, was weise Menschen auszeichnet. Das Ergebnis war erstaunlich: Von den Schulanfängern konnte die Hälfte eine Antwort geben, ab der vierten Klasse »praktisch alle«. Viele der Definitionen waren originell wie die eines zehnjährigen Schülers, der meinte, ein Weiser sei »ehrlich, nett und rätselhaft«, oder die eines gleichaltrigen Mädchens, das sagte: »Ein Weiser hält zu dir, wenn es dir nicht gut geht. Man kann ihm Geheimnisse anvertrauen.« Ein Neunjähriger war überzeugt, dass »Weise schlaue Tipps geben und uralte Geschichten erzählen«. Weise besitzen nach Meinung der Kinder das Talent des Ratgebens, der Verlässlichkeit, der Erfahrung und eine besondere Aura der Wahrhaftigkeit. Erwachsene ergänzen diese Attribute durch Seelenruhe, Toleranz und Lehren über das vernünftige Zusammenleben. Weise sind einfach und geheimnisvoll zugleich, und wahre Weisheit ist leicht zu erkennen, aber schwer zu erringen. Weisheit ist versteckt im Narrengewand eines Till Eulenspiegel oder in den Gedanken eines Buddha, in den Aphorismen des Satirikers Lichtenberg wie in den Märchen der Völker oder im Sonnengesang des heiligen Franziskus, in den witzigen Reimen von Wilhelm Busch ebenso wie in der Weisheitslehre des ägyptischen Wesirs Ptahhotep, der sagte: »Weisheit ist Wahrheit ist Recht ist Ordnung« – und damit als wohl Erster die Idee eines Menschenrechts auf Gerechtigkeit formulierte.

Die Wörter Weisheit, Wissen und Gewissheit leiten sich von der indoeuropäischen Grundform woida, »ich habe gesehen«, her. Ein Wissender ist demnach jemand, der viel gesehen und erfahren hat. Wobei ein bedeutender Wissenschaftler nicht auch zugleich ein Weiser sein muss. Denn nur ein Wissender, der das Gesehene und Erfahrene klar zu ordnen versteht, die richtigen Schlüsse daraus zu ziehen weiß und konsequent wahrhaftig danach handelt, ist ein Weiser.

Die Wiener Schulkinder haben daher mit schlafwandlerischer Sicherheit das Wesen des Weisen erfasst. Denn wer die Dinge als richtig erkennt, ist auch in der Lage, sich selbst zu erkennen. Daher lautet Sokrates' Forderung: »Erkenne dich selbst!«, weil seiner Meinung nach erst die Selbsterkenntnis zur wahren Tugend führt. Das Gute war für ihn zugleich das Schöne, weil jede unschöne Tat nicht gut sein konnte. Der deutsche Philosoph Karl Jaspers interpretierte das folgendermaßen: »Sokrates

dachte, der Mensch kann nicht wissentlich Unrecht tun.«
Denn jeder, der das Gute kennt, müsse folgerichtig danach handeln, weil er sich sonst selbst betrügen würde.

DER HEILIGE DER PHILOSOPHEN

Sokrates war vom modernen bürgerlichen Standpunkt
aus betrachtet ein Tagedieb. Statt in seinem Beruf als
Steinmetz zu arbeiten, trieb er sich den ganzen Tag in
Athen herum und verwickelte die Leute in Gespräche.
Kein Wunder, dass seine Frau Xanthippe sich nach ein
paar Ehejahren in einen kratzbürstigen Hausdrachen verwandelte. Ihr Ehemann hatte doch ordentliche Eltern!
Sokrates' Vater war ein stadtbekannter Bildhauer, seine
Mutter Hebamme. Wie konnte ihr Mann zu einem solchen Nichtsnutz werden? Sokrates nahm ihre Vorwürfe
gelassen und sagte zu seinen Freunden: »Wenn ich es mit
ihr aushalten kann, halte ich es mit jedem Menschen aus.«
Ein Bonmot, das sofort unter seinen vielen Bewunderern
die Runde machte. Trotz seiner schrulligen Art genoss er
die Freundschaft von höchsten Politikern, Literaturstars,
geistreichen Damen und bildenden Künstlern. Einer der
größten Bildhauer der Epoche fertigte von ihm eine dreißig cm hohe Bronzestatue an. Darauf grinst der Rede-
künstler den Betrachter ironisch mit seinem Satyrgesicht
an, als wollte er sagen: »Dir aufgeblasenem Windei werde
ich es zeigen.«
    Denn das war es, was seine Bewunderer so faszinierte:
Sokrates sagte jedem unverblümt die Wahrheit, hatte vor
niemandem Angst, hielt Götter für eine Erfindung fan-
tasiereicher Dichter und predigte unablässig, vernünftig
zu denken und zu handeln. Er glaubte an seinen guten

Geist, der ihm das Richtige zur rechten Zeit einflüsterte und dem er blind vertraute. Trotz dieser abergläubischen Marotte hielt Sokrates Vernunft für das höchste Gut des Menschen. Daher kämpfte er ständig gegen das Scheinwissen von gelehrten Schwätzern, die behaupteten, den Stein der Weisen zu besitzen, und aus ihrem intellektuellen Geschwafel Kapital schlugen, indem sie gegen üppige Bezahlung Unterricht erteilten.

Mit seiner offenherzigen Art machte er sich jede Menge Feinde. Und so wurde es gefährlich, als seine Feinde die absolute Macht im Staat errangen. Während seine Freunde in Panik gerieten und ihn drängten, Athen sofort zu verlassen, weil sein Leben in Gefahr sei, nahm es Sokrates gelassen wie immer. Kurz darauf erhoben zwei Mitbürger, die sich von ihm beleidigt fühlten, Anklage gegen ihn. Sie lautete auf Ketzerei und Irreführung der Jugend.

In seiner Verteidigungsrede sagte Sokrates zu seinen Richtern: »Ihr werdet mich leichtsinnig hinrichten, dann aber euer Leben weiter fortschlafen, wenn euch nicht Gott wieder aus Erbarmen einen anderen schickt.« Das Volksgericht verurteilte ihn zum Tode. Der Neunundsechzigjährige wurde verhaftet und ins Gefängnis gebracht. Dort trank er den berühmten Schierlingsbecher.

Sokrates' Größe zeigt sich daran, dass er sein Leben hätte retten können, wenn er die Anklage akzeptiert hätte. Doch das tat er nicht. Er hielt die Wahrheit für wichtiger als sein Leben, und feige Flucht vor der Vollstreckung des Urteils kam für ihn ebenso wenig infrage, obwohl seine Freunde diese vorbereitet hatten. Denn auch die Tapferkeit war für ihn eine Tugend. Feigheit war eines Weisen unwürdig. Er wollte lieber ein ungerechtes Urteil erleiden, als durch Flucht ein Unrecht gegen das

Urteil zu begehen. Seine unermüdliche Suche nach der Wahrheit und die Gradlinigkeit seines Denkens und Handels machten Sokrates tatsächlich zu einem Märtyrer der Philosophie. Für Michel de Montaigne war er der »Meister aller Meister«, und er dient seit zweieinhalb Tausend Jahren als leuchtendes Vorbild für Ehre und Wahrhaftigkeit. »Sokrates vor Augen zu haben ist eine der unerlässlichen Voraussetzungen unseres Philosophierens«, sagte Karl Jaspers.

MILDE UND GÜTE SIND DIE WURZELN DER MENSCHLICHKEIT

… sagte der chinesische Philosoph Konfuzius eine Generation vor Sokrates (469 – 399 v. Chr.). Und man staunt über die geistige Verwandtschaft der beiden großen Denker, die das Leben in der westlichen und östlichen Welt bis heute beeinflussen. Konfuzius war der gleichen Meinung wie Sokrates, als er forderte: »Du sollst unersättlich im Lernen und unermüdlich im Lehren sein.«

Seiner Ansicht nach führen das Wissen und die daraus resultierende Weisheit zur Menschlichkeit. Denn der Sinn der Weisheit besteht darin, Gutes zu bewirken. Wie Sokrates ging er selbst mit gutem Beispiel voran: »Als ich fünfzehn war, war mein ganzer Wille auf das Lernen gerichtet. Mit dreißig stand ich fest im Leben. Mit vierzig war ich nicht mehr verwirrt. Mit fünfzig hatte ich den

Willen des Himmels erkannt. Mit sechzig klang meinem Ohr alles angenehm. Mit siebzig folgte ich den Wünschen meines Herzens, ohne dabei die Regeln zu brechen.« Konfuzius' bewundernswert folgerichtige Logik dokumentiert dieser schön formulierte Text in seinem »Buch der Riten«:

»Milde und Güte sind die Wurzeln der Menschlichkeit. Achtung und Rücksicht sind ihr Boden. Nachsicht und Toleranz sind ihr Handeln. Bescheidenheit und Zuverlässigkeit sind ihr Können. Sitte und Höflichkeit sind ihre Haltung. Reden und Ausdruck sind ihr Schmuck. Lieder und Musik sind ihr Wohlklang. Teilen und Schenken sind ihr Wirken.«

Wer Wissen zu schlechten Zwecken benutzt, ist daher ein Schurke und tut sich selbst nichts Gutes. Der Kirchenvater Augustinus bringt das wunderbar auf den Punkt: »Denn Weisheit ist letztlich nichts anderes als das Maß unseres Geistes, wodurch dieser im Gleichgewicht gehalten wird, damit er weder ins Übermaß ausschweife noch in die Unzulänglichkeit falle. Verschwendung, Machtgier, Hochmut und Ähnliches, womit ungefestigte und hilflose Menschen glauben, sich Lust und Macht verschaffen zu können, lassen ihn maßlos aufblähen. Habgier, Furcht, Trauer, Neid und anderes, was ins Unglück führt – wie die Unglücklichen selbst gestehen –, engen ihn ein. Hat der Geist jedoch Weisheit gefunden, dann hält er den Blick fest auf sie gerichtet, und dann braucht er weder Unmaß noch Mangel noch Unglück zu fürchten. Dann hat er sein Maß, nämlich die Weisheit, und ist immer glücklich.«

Ich denke, damit ist alles Wesentliche über die Weisheit gesagt.

Wissen ist also nach der Überzeugung aller großen Denker die Voraussetzung für Weisheit. Aber was ist Wissen? »Ein Schatz, der seinen Besitzer überallhin begleitet«, sagt ein chinesisches Sprichwort. Der englische Philosoph Francis Bacon sagte 1598: »Wissen ist Macht«, und präzisierte später in seinem Hauptwerk »Novum Organum«: »Wissen und Macht des Menschen fallen zusammen, weil Unkenntnis der Ursache die Wirkung verfehlen lässt.« Mit diesem revolutionären Motto schuf er die Basis der Philosophie im Zeitalter der Aufklärung, um »den Menschen in einen höheren Stand seines Daseins« zu bringen. Bacon beflügelte durch seine griffige Formel Sokrates' Humanitätsgedanken mit neuem Zeitgeist.

Man kann sich heute kaum vorstellen, welche geistige Kraft die breite Bildung besonders in den protestantischen Ländern entwickelte. Es klingt wie eine Binsenweisheit, aber:

WER LESEN UND SCHREIBEN GELERNT HAT, DEM STEHT DIE GANZE WELT OFFEN

Zumal heute, wo jeder durch das Internet in jedes Wissensgebiet wie in eine riesige Bibliothek eintreten und diese für sich nutzen kann. Ob Fremdsprachen, Philosophie, Wirtschaft, Neurobiologie oder Architekturgeschichte: Alles ist jedem Lesekundigen zugänglich. Vor dreißig Jahren musste sich der Student, Wissenschaftler oder Autor ein wichtiges, in der Bibliothek nicht vorrätiges Buch über die Fernleihe besorgen. Das dauerte manchmal sehr lange. Aber immerhin, der Bibliothekserfahrene wusste sich, natürlich auch dank der vorzüglichen Vernetzung der Bibliotheken untereinander, zu helfen. Welcher geistige Schatz das Bildungsprivileg für jeden Bürger bedeutet, kann man erst ermessen, wenn man sich klarmacht, dass bis in die Fünfzigerjahre für höhere Schulen Schulgeld bezahlt werden musste, das sich in erster Linie nur gut situierte Eltern leisten konnten.

DIE WEISHEIT DER SILBERLOCKEN

Eine psychologische Studie von Wissenschaftlern der Universität Michigan untersuchte, ob Senioren weisere Entscheidungen fällen, und sie fanden heraus, dass weißes Haar und Weisheit nicht nur vom Wortklang her miteinander verwandt sind. Viele Menschen werden im Alter nicht nur gelassener und zufriedener mit ihrem Leben, sondern tatsächlich auch weiser. Ältere Menschen sind toleranter und haben Verständnis für andere Ansichten und Wertmaßstäbe, sie suchen nach Kompromisslösungen, und ihnen ist überaus bewusst, dass die eigene Einschätzung der Lage nicht unbedingt die richtige sein muss, weil es meistens an Informationen mangelt. Zum Erstaunen der Wissenschaftler war die Weisheit der Senioren unabhängig von IQ, Bildung oder sozialer Schicht. Offensichtlich wächst die Weisheit mit größerer Lebenserfahrung und dem Wissen, dass Konfliktlösungen leichter durch Emotionslosigkeit zu erreichen sind. Daher ist es wünschenswert, Positionen, die Weisheit verlangen – wie zum Beispiel Vermittlungs- und Ausgleichsverhandlungen –, mit Senioren zu besetzen. Das entspricht einer alten Indianererkenntnis, wonach »junge Männer Kriege beginnen und alte Männer sie beenden«.

Zusammenfassung des Kapitels
»Weisheit«

1. Die Weisheit ist bereits in Kindern ausgebildet. Im Umgang mit Kindern nützen Wissen, Bildung, Titel oder Geld nichts. Sie erkennen weise Menschen instinktiv an der Lauterkeit ihrer Seele.

2. Nach Ansicht aller großen Philosophen ist die Weisheit über das Wissen zu erreichen. Wissen ist der Schlüssel, der die Tore zu den großen Schätzen der Seele öffnet. Daher gilt den Weisen lebenslanges Lernen und Forschen nach Wahrheit als große Tugend.

3. Wer die Kunst des Lesens und Schreibens beherrscht, dem steht die ganze Welt offen. Unkenntnis ist die Ursache von Armut, Hunger und Elend. Mit Francis Bacons Satz »Wissen ist Macht« begann die Zeit der Aufklärung. Bacon und die anderen Aufklärer wollten durch das Wissen »den Menschen in einen höheren Stand seines Daseins« bringen.

4. Wer Wissen zu schlechten Zwecken benutzt, ist daher ein Schurke und tut sich selber nichts Gutes. Denn Egoismus, Neid und Habgier bringen die eigene Seele aus dem Gleichgewicht und machen jeden von diesen Krankheiten Befallenen unglücklich.

5. Wer einmal die Weisheit erkannt hat, »braucht weder Unmaß noch Mangel noch Unglück zu fürchten ... und ist immer glücklich«, sagt der weise Augustinus.

DAS RECHTE MASS –
der Weg der goldenen Mitte

Mein Freund, der Förster Gerald Blaich, teilte mir eine seiner Naturbeobachtungen mit: »Es gibt entweder Mangel oder Überfluss.« Mangel führt zu Hungersnot, Überfluss zur Vernichtung wertvoller Ressourcen und Lebensmittel.

Die Kunst besteht für den Menschen darin, das ausgewogene Maß zu finden. Daher wurden aus unseren Vorfahren, den umherziehenden Jägern und Sammlern, Hirten und Bauern. »Spare, wenn du hast, dann hast du in der Not«, sagt ein altes Sprichwort. Die Jäger versuchten, dem Hunger vorzubeugen, indem sie wilde Tiere wie Ziegen, Schafe, Rinder oder Rentiere domestizierten und nun, zu Hirten geworden, mit ihren Herden fruchtbare Weiden aufsuchten. Wenn keine Katastrophen wie Dürren, Unwetter, Epidemien oder räuberische Angriffe ihren kostbarsten Schatz, die Herde, reduzierten, konnten die Hirtenstämme gut von ihrem »Kapital« leben. Der Begriff »Kapital« stammt vom lateinischen Wort »Haupt« ab. Damit waren zuerst buchstäblich die Häupter der

Rinderherde gemeint. Das Kapital vermehrte sich, wenn sich die Herde vermehrte. Wurden die Herden zu groß, war die Arbeit kaum zu bewältigen, und die Gefahr von Krankheiten etc. wuchs. Außerdem wurden die Weidegründe überstrapaziert und verstepten. Daher war es für das Überleben des Hirtenstammes wichtig, das gesunde Mittelmaß zu finden.

War das kostbarste Gut der Hirten das »Kapital«, ihre Herde, war es bei den Bauern das Land. Ihr Überleben hing von der Fruchtbarkeit des Bodens, von ausgeglichenen Wetterbedingungen und von optimaler Bewässerung ab. Die ersten großen Ackerbaukulturen am Nil und im Zweistromland am Euphrat und Tigris waren das Resultat einer klugen Nutzung der wasserreichen Ströme. Der jährlich anflutende fruchtbare Nilschlamm und der Überfluss an Wasser ermöglichten regelmäßige Ernteerträge in Ägypten. Blieb das Hochwasser und damit der schwarze Schlamm aufgrund geringerer Niederschläge um den Viktoriasee aus, drohten Missernten.

Der in der Bibel überlieferte berühmte Traum des Pharaos von den sieben fetten Kühen am Nilufer, die von sieben mageren Kühen aufgefressen werden, symbolisiert Überfluss und Mangel der ägyptischen Ackerbaukultur. Vom Pharao befragt, folgerte der Traumdeuter Josef messerscharf: Die sieben fetten Kühe stehen für die Ernten der nächsten sieben Jahre. Den sieben Jahren Wohlstand folgen sieben Jahre Hungersnot. Nach vierzehn Jahren beginnt der Zyklus von vorn. Dank dieser weisen Erkenntnis ernannte der Pharao Josef zum Finanz- und Wirtschaftsminister. Josef hielt einen Teil des Ernteüberflusses zurück und legte in Vorratshäusern Reserven an. Als die Missernten begannen, verkaufte er seine Getreidevorräte und kaufte von dem erwirtschafteten Geld wo-

anders die Ernten auf. Der Wirtschaftsstratege Josef entwickelte damit ein ausgeglichenes Vorsorgekonzept, um
der Not vorzubeugen.

Im Zweistromland am Euphrat und Tigris sorgte ein
ausgeklügeltes Bewässerungssystem für regelmäßige Ernteerträge, die dem Hunger der Bauern vorbeugten.

DIE TUGEND DER TUGENDEN

Das richtige Maß zu finden ist also eine hohe Kunst. Für
die griechischen Philosophen Platon und Aristoteles ist
das Maßhalten deshalb eine Kardinaltugend, weil sie bei
allen übrigen Tugenden als Regulator wirkt. Denn jede
Tugend kann durch Maßlosigkeit, Über- oder Untertrei-
bung zur Untugend werden. Der griechische Dichterphi-
losoph Pindar teilte jedem Lebensabschnitt als sittliche
Grundlage die eigene Kardinaltugend zu: dem Jüngling
die Tapferkeit, dem Erwachsenen die Gerechtigkeit, dem
Greis die Weisheit. Das ausgewogene Maß aber macht
jede Tugend erst vollkommen und verleiht ihr Glanz und
innere Kraft.

Für den heiligen Franz von Sales ist das Maßhalten die
Basis für das vernünftige Leben schlechthin. In seiner
»Philothea«, der Anleitung zum frommen Leben (1609),
die bis heute ein Bestseller der christlichen Weltliteratur
ist, widmet er sich detailliert dem rechten Maß in den
verschiedenen Lebensbereichen.

Bei Nahrungsmitteln geht es nicht um Quantität, sondern um Qualität: »Nicht nur mit Appetit, sondern über
alles Maß und jede Ordnung hinaus zu essen ist umso
verwerflicher, je größer die Maßlosigkeit ist ...« Wie recht
er hat, sieht man an den überernährten Menschen – und

besonders fettleibigen Kindern! – der Wohlstandsgesellschaft und am Gegenteil, den magersüchtigen Models
und den bis zur Perfektion ausgemergelten Damen der
Gesellschaft. Dass sowohl Fasten im Übermaß als auch
unkontrollierte Völlerei krank machen, ist seit Urzeiten
bekannt. Trotzdem ist inzwischen rund die Hälfte der
Amerikaner und Europäer erschreckend übergewichtig.

DAS BAUCHGEWÖLBE DES KOMPONISTEN

Weil das Bauchgewölbe des dreiunddreißigjährigen Komponisten Max Reger ihn immer weiter vom Esstisch entfernte, schickte ihn seine Frau nach dem Mittagessen
regelmäßig auf einen Spaziergang. Die Idee gefiel Reger.
Nach einigen Alibischritten eilte er frohgemut ins nächste Wirtshaus, wo er heißhungrig dreißig bis fünfunddrei-
ßig Würstchen vertilgte und mit einigen Bierchen würzte.
Zum Abendessen war er stets rechtzeitig wieder zu Hause,
um sich mit gesundem Hunger über Schinken und Gän-
seleberpastete herzumachen. Besorgte Hinweise auf sein
Übergewicht konterte er mit: »Ich mit meiner Bomben-
gesundheit.« Er war nicht nur ess- und trinkfest, sondern
auch ein ausgewachsener Workaholic, der zehn bis zwölf
Stunden täglich über seinen Notenblättern schwitzte. In
zehn Jahre gönnte er sich keine drei Wochen Urlaub. Entspannung fand er an der gutbürgerlichen Tafel und beim
nächtelangen Hocken in verrauchten Kneipen. Dort erzählte die Stimmungskanone seinen Zufallsbekannt-
schaften stundenlang Witze.

Eines Tages konnte sein »bombengesunder« Körper
den pausenlosen Stress nicht mehr aushalten. Unerklär-
liche Allergien traten auf. Er verspürte Schmerzen in der

linken Brust, die über die Schulter bis zum kleinen Finger ausstrahlten. Zur Beruhigung trank er eine Flasche Wein – dann wurde er ohnmächtig. Er überlebte den Herzinfarkt. Der Arzt schickte ihn in ein Sanatorium. Kein Alkohol, kein Schinken, keine Zigarren. Und vor allem: keine Arbeit. Der Arbeitslose war verzweifelt. Nach ein paar Wochen fühlte er sich gesund, machte weiter wie gewohnt. Bis der Tod dem Dreiundvierzigjährigen die Füllfeder aus der Hand nahm. Reger – ein Opfer der Fresssucht – saß gerade in seinem Hotelzimmer und las die Korrektur seines 138. Werkes.

DER FEDERLEICHTE PAPST

Das genaue Gegenteil des ess- und trinkfreudigen Max Reger war Papst Pius XII., der beim Gehen beinahe zu schweben schien. Das lag an seiner Magersucht, denn er wog gerade fünfzig Kilo. Essen erschien dem Asketen fast sündhaft. Bei ihm konnte man eher von Nahrungsaufnahme sprechen, denn er pickte wie ein Vögelchen in den sowie schon fettarmen Speisen. Dabei speiste er, nach Art des heiligen Franziskus, tatsächlich stets in Gesellschaft von fünf kleinen Finken, von denen er einen mit eigener Hand in den weitläufigen Parkanlagen seines Palastes aufgelesen und Gretel getauft hatte. Butter betrachtete Papst Pius als absoluten Luxus, und seit dem Krieg aß er bis zum Lebensende nicht einmal mehr eine Messerspitze davon. Seine bayerische Haushälterin, die einzige Frau im ganzen Palast, eine resolute Dame, war ständig verzweifelt, dass ihr geliebter Dienstherr immer mehr vom Fleische fiel, obwohl sie ihn mit den leckersten Speisen zum Essen zu verlocken suchte. »Einziges Zugeständnis an seine Gesundheit waren allmorgendlich fünfzehn Minuten Freiübungen bei offenem Fenster, und es grenzt an ein Wunder … dass er nicht auf dem Fußboden schlief …, sondern in einem Messingbett«, erzählte sein Biograf. Wenn man seine kurzen Schlummerphasen überhaupt als Schlaf bezeichnen kann. Denn seiner Auffassung nach grenzte zu viel Schlaf für einen wahren Asketen bereits an Sünde.

Im Gegensatz zu Papst Pius hielt Franz von Sales übermäßiges Fasten und fanatische Frömmigkeit nicht nur für schlecht, sondern geradezu für eine Sünde. Bereits im Urchristentum galt der Körper als Tempel Gottes. Wer diesen vernachlässigt, frevelt gegen Gott, denn »die Maßlosigkeit im Fasten, im Geißeln, im Tragen des Bußgürtels und in anderen Kasteiungen macht bei vielen die besten Jahre unfruchtbar für den Dienst der Liebe«.

MÄSSIGKEIT IM REDEN UND URTEILEN

»Ein Kritiker ist eine Ziege, die meckert, aber keine Milch gibt«, sagt der Komponist Verdi sehr schön bildhaft. Jeder, der etwas Außergewöhnliches leistet, kennt Anfeindungen und bösartige Verrisse. Man hat jahrelang an einem Buch, einem Theaterstück, einem Bild, einem Bauwerk, einer Oper gearbeitet – und dann fallen Kritiker über einen her. Meist leichtfertig. Denn eine Kritik ist in einer Stunde geschrieben. Mein verstorbener Freund, der Dichter und Kritiker Peter Rühmkorf, war sich seiner Verantwortung sehr bewusst. Er sagte immer, ein guter Kritiker müsse das Gute einer Sache hervorheben, bevor er auf die Schwachpunkte losginge. Er selbst folgte seiner Maxime stets in origineller Weise, indem er zum Beispiel sagte: »Ich schätze Rilke hoch, aber ich kann ihn nicht leiden.«

Auch leichtfertiges Reden und Urteilen, Besserwisserei oder Tratsch hinter vorgehaltener Hand richten mehr Unheil an, als sich naive Klatschtanten vorstellen. Und wenn es auch »nur« dem Kritiker selbst schadet, weil er seine Seele mit negativen Gedanken vergiftet und sich selbst die Zeit für Besseres stiehlt.

Tschechow notierte einmal nach Lektüre der Bergpredigt »Richte nicht« (Matthäus 7,1): »Wenn du über die Handlungen eines anderen richtest, frage unbedingt zuerst: Welches waren seine Beweggründe und wie hättest du an seiner Stelle gehandelt.« Diesen weisen Satz sollte sich jeder Mensch über sein Bett hängen.

DAS RECHTE MASS IM TRAUERN

In meinem Buch »Auch das geht vorbei. Das Mantra der Gelassenheit« zitierte ich meine Freundin Christiane Thurn mit einer Information über die Trauerkultur der Juden: »Über den Tod eines Freundes, seiner Eltern, seiner Verwandten oder Geschwister soll man vier Tage lang herzlich trauern«, sagte sie, »dann mit dem Trauern aufhören und ihn in guter Erinnerung im Herzen bewahren.« – »Selbst wenn man diesen Menschen sehr geliebt hat?«, fragte ich. – »Auch dann nicht länger«, sagte sie. »Und den Tod eines Kindes soll man überhaupt nicht betrauern. Denn es gibt keinen Trost für diesen Verlust.« Diese alte jüdische Weisheit soll helfen, sein Gleichgewicht wiederzufinden. Franz von Sales folgt demselben Gedanken, denn für den Christen sei der Tod nicht das Ende, sondern der Beginn eines neuen Lebens. Maßlose

Traurigkeit solle man »jenen überlassen, die keine solche Hoffnungen hegen«.

Ob solche klugen Empfehlungen Menschen trösten, denen die Trauer das Herz zerreißt, ist fraglich. Richtig aber ist in jedem Fall, dass übermäßige Trauer den Blick in die Zukunft einengt und die Tatkraft für die Bewältigung der täglichen Aufgaben lähmt.

FAST VIERZIG JAHRE TRAUER

Königin Victoria (1819–1901) heiratete mit zwanzig ihren Vetter, Prinz Albert von Sachsen-Coburg-Gotha, in den sie sich mit dreizehn verliebt hatte. Die Ehe wurde für beide das reinste Glück. Victoria liebte ihren Mann wie am ersten Tag, ihre Kinder gediehen, Großbritannien entwickelte sich unter ihrer Regierung zu einem modernen, weltbeherrschenden Staatswesen.

Da bekam Prinz Albert eines Tages Fieber. Zu spät erkannten die Ärzte, dass es sich um Typhus handelte, und vierzehn Tage später war der Zweiundvierzigjährige tot. Victoria hatte das Gefühl, als ob mit seinem Leben auch das ihre aufgehört hätte: »Das Glück meines Lebens ist zu Ende, die Welt kann mir nichts mehr geben.«

Doch eine Powerfrau wie sie versank nicht in untätige Trauer. Gehüllt in Trauerkleidung, sorgte sie dafür, »dass alle seine Wünsche – seine Pläne – in allem und jedem, seine Ansichten über alles und jedes mir Gesetz sein sollen«! Sie tat einfach so, als würde er noch mit ihr Tisch und Bett teilen. Fast vierzig Jahre lang wurde Abend für Abend sein Bett gemacht, seine Kleidung zurechtgelegt, das Waschbecken mit nach Rosen duftendem Wasser gefüllt. Zudem musste alles um sie herum unverändert bleiben und genau an demselben Platz stehen. Sogar die Uhren durften nicht mehr korrigiert werden, daher gingen mit der Zeit alle falsch. Möbelbezüge, Gardinen, Tischdecken, Servietten, Handtücher usw., kurz, alles was hin und wieder erneuert werden muss, ließ sie akribisch fotografieren und katalogisieren. Auch der Platz der Gegenstände im Zimmer wurde festgehalten. Der Katalog wuchs sich mit der Zeit zu einer ganzen Enzyklopädie aus, in der sie Trost suchend in stillen Stunden blätterte.

Dieser Kult um den lieben Toten nahm mit der Zeit immer seltsamere Züge an. Damit Albert auch anderen im Gedächtnis blieb, ließ sie regelmäßig Gedenkfeiern veranstalten und mit geradezu obsessiver Energie Denkmäler für ihn errichten. Bald standen an vielen Ecken Londons solche Erinnerungsstatuen. Das Beispiel machte Schule. Die Bürger aller größeren und vieler kleinerer Städte wetteiferten miteinander durch Bildsäulen und Gedächtniskreuze sowie durch die Gründung von Kunstschulen und Museen, Arbeiterbildungsvereinen und Krankenhäusern, um die Erinnerung an den Verstorbenen zu verewigen. Ein Denkmal in Kensington Gardens wurde eine Art Taj Mahal für den toten Geliebten. Über zehn Jahre lang ließ die Königin von einer Unzahl von Arbeitern, Metallgießern, Steinmetzen und Bildhauern das Mausoleum gestalten. Darüber thront als Krönung des Ganzen Prinz Albert aus vergoldeter Bronze, über zehn Tonnen schwer, in der Rechten ein gewichtiges Buch haltend. Es ist die Metallfassung des Katalogs der Internationalen Ausstellung von 1851, an der der Verewigte federführend beteiligt war. Königin Victorias maßlose Trauer war zur Lebensaufgabe geworden, die ihr die Kraft gab, über ihre Trauer hinwegzukommen. Was hätte wohl Franz von Sales zum Beruf Trauerarbeiter gesagt?

Zusammenfassung des Kapitels »Das rechte Maß«

1. In der Natur gibt es entweder Überfluss oder Mangel. Das richtige Maß zu finden ist eine hohe Kunst. Wenn in einem Staat Menschen in unermesslichen Reichtümern schwelgen und andere hungern, kann die Gesellschaft nicht funktionieren – sie kommt aus dem Gleichgewicht.

2. Das Gleiche gilt für jeden einzelnen Menschen. Wer nur arbeitet, wird möglicherweise immer reicher werden, aber bald an Burn-out leiden. »Wer an Habe gewinnt, verliert an Sein«, sagt der chinesische Weise Lao Tse.

3. Maßhalten ist die Basis für jedes vernünftige Leben schlechthin. Bei Nahrungsmitteln geht es nicht um Quantität, sondern um Qualität. Wer sich nicht ausgewogen ernährt, wird krank. Sport hält Körper und Seele gesund. Übertriebener Sport führt zu Verschleißerscheinungen. Keine Bewegung führt zu Diabetes oder Kreislauferkrankungen usw. Jedes Zuviel – oder auch Zuwenig – ist schlecht.

4. Eine schwedische Volksweisheit bringt das Glück der goldenen Mitte in prägnante Bilder: »Fürchte dich weniger, hoffe mehr.« Dann blickt man zuversichtlich in die Zukunft. »Iss weniger, kaue mehr.« Dann hält der Körper sein Idealgewicht. »Jammere weniger, atme mehr.« Jammern raubt Energie und vergiftet die eigene Seele. Wer richtig atmet, bringt sich selbst in Harmonie. »Rede weniger, liebe mehr.« Wer liebt und lacht, den liebt das Glück.

5. Die meisten Menschen verlieren durch Erfolg das rechte Maß. Denn auch der Erfolg kann zur Sucht werden. Wer mehr hat, will immer mehr. Im berühmten Märchen vom Fischer und seiner Frau geht schließlich durch Maßlosigkeit alles Erreichte wieder verloren.

ZEIT – das kostbare Gut

Bereits Aristoteles hat glasklar erkannt: Der Mensch arbeitet nicht um der Arbeit willen, sondern um die Freizeit zu genießen. Wer sich aber, statt sich zu bilden, nur für die Berufsarbeit ausbilden lässt und danach nur um der Arbeit und des Geldes wegen arbeitet, verpasst das Beste, nämlich sich selbst. Daher hat ein gelungenes Leben sehr viel mit der Zeit zu tun, über die man frei verfügen kann.

Nun ist die Zeit ein unheimliches Phänomen. Sie ist flüchtig und geheimnisvoll, gestaltlos und unergründlich. Als Schnittpunkt zwischen zwei Ungewissheiten, der Vergangenheit, die vorbei ist und trotzdem auf dem Heute lastet, und einer Zukunft, die Hoffnungen und zugleich Ängste weckt, ist immer nur das Jetzt konkret. Und dieses Jetzt kann bedrückend oder beglückend sein. Aber auf jeden Fall ist es flüchtig, und der schönste Augenblick ist bald genauso vorbei, wie sich die Sorgen und Ängste mit der Zeit verflüchtigen. Denn stets wandelt sich alles für den Einzelnen wie für den gesamten Kosmos. Die Zeit ist wie ein Fluss, der vor unseren Augen davoneilt und trotzdem immer derselbe bleibt. Wir wollen die Zeit besitzen, und stattdessen sind wir von ihr besessen. Sie treibt uns voran nach einem Trugbild oder Luftschloss, das wir »Morgen« nennen. Doch dieses »Morgen« erreichen wir nie-

mals. Es läuft uns davon, und wir eilen nach. »Verweile doch! Du bist so schön!«, dichtet Goethe wehmütig im »Faust« über den harmonischen Augenblick. »Kein Gestern, kein Morgen, nur heute und keine Sorgen«, fassen Tom Waits und sein deutscher Übersetzer Wolfgang Ambros die Sehnsucht des Menschen nach dem ewigen Glück im Song »Das waren die schönen Zeiten« zusammen.

Ständig verlieren wir sie, unsere Zeit, und darum sind wir so ungeduldig. Eine Katze schert sich nicht ums Morgen. Sie lebt heute und ist zeitlos glücklich.

Bert Brecht dichtete einmal: »Denn alle rennen nach dem Glück, das Glück rennt hinterher.« Man könnte genauso gut sagen: »Denn alle hetzen ihrer Zeit nach, doch die Zeit hetzt sie voran.« Das berühmte Märchen vom Wettlauf zwischen Hase und Igel bringt den Wahnsinn auf den Punkt: Der Hase verausgabt sich völlig, während der Igel durch einen Trick – indem er seine unterlegenen Kräfte geschickt auf zwei verteilt – völlig entspannt den Sieg davonträgt.

WIR SKLAVEN DER UHR

Weil uns ständig die Zeit entgleitet, ist der Mensch der Industriegesellschaft unermüdlich bemüht, das Phänomen Zeit in den Griff zu bekommen. Einige nordamerikanische Indianerstämme – und wahrscheinlich auch unsere Vorfahren, als sie noch des Lesens und Schreibens unkundig waren – schnitzten bei der Geburt eines Kindes eine Kerbe in einen Stab. Jedes Jahr kam eine weitere Kerbe hinzu. So wusste man, wie viele Jahre alt ein Mensch war.

Dank systematischer Himmelsbeobachtung und ihrer schriftlichen Fixierung bekamen Priester – das waren die

Wissenschaftler der Vorzeit und der Antike – Einblick in die zyklischen Abläufe des Universums. Sie teilten die Zeit in Jahre, Monate (nach dem Wechseln der Vollmonde), Wochen, Tage und Stunden ein. Im Jahre 1188 – es ist nach der traditionellen Einteilung der Historiker zwar noch das Hochmittelalter – begann in Europa eigentlich die Neuzeit, als die Bürger der Stadt Tournai in Belgien vom König die Erlaubnis erhielten, »zu ihrem Vergnügen und im Hinblick auf die Angelegenheiten der Stadt« eine »weltliche« Glocke aufzuhängen, die exakt jede Stunde anzeigte. Die erste mechanische Uhr wurde 1309 in Mailand installiert. Die Sehnsucht, die Zeit in den Griff zu bekommen, machte Schule, und bald hatte jede wichtige Stadt in Europa ihr genaues Chronometer, das Wort bedeutet Zeitmesser. Damit kam »tempo« (von lat. »tempus«: die Zeit) in die zuvor gemächlichen Geschäfte der Städter. Auf dem Land gingen die »Uhren« weiterhin anders. Hier bestimmten wie eh und je die wechselnden Tages- und Jahreszeiten nach dem Lauf der Sonne den gemächlichen Lebensrhythmus. Jeder Bauer, Hirte, Handwerker oder Adlige hatte Zeit. Im Gegensatz dazu wurde das Leben des Städters rastloser, denn der Stundenschlag der Uhr erinnerte ihn an das unaufhörliche Verrinnen seiner Lebenszeit. Damit wuchs die Sehnsucht, Chronologie in die Welt zu bringen.

Ist die Zeit messbar und berechenbar, entsteht die Illusion, dass wir sie beherrschen und dass sie uns gehört. Aber in Wirklichkeit wird jeder von uns nur zu einem Rädchen im Getriebe der unheimlichen Erfindung Uhr, die die ganze Welt in Zwangsabläufe presst. Der Terminkalender ist zum Despoten geworden, dem jeder sich zu unterwerfen hat. Terminkalender und Uhr bestimmen Tages-, Wochen- und Jahresablauf jedes einzelnen modernen Menschen. Statt im natürlichen Rhythmus der Tages- und Jahreszeiten zu leben und den Gesetzen von Energie- und Erholungsphasen des eigenen Körpers zu folgen, macht uns die Uhr zum Sklaven der Zeit. Von unsichtbarer Peitsche angetrieben, arbeiten wir bis zum Umfallen. Der Wahnsinn beginnt bereits in Kindergarten und Grundschule, wo durch die Enge der Zeiteinteilung, durch Schulsystem und Elternstress die Kinder ihrer Kindheit beraubt werden. Denn bereits das Schulkind wird auf den Erfolg im späteren Erwerbsleben dressiert, indem es viele »wichtige« Dinge erlernen muss – ohne dass das Wichtigste gelehrt wird: die Kunst, das Leben zu gestalten.

PSYCHOPATHISCHE STÖRUNGEN
DURCH INFORMATIONSFLUT

In Österreich, wo ich den Großteil meines bisherigen Lebens verbracht habe, lebte man vor zwanzig Jahren – bevor der Wohlstand über das Land hereinbrach – noch mit viel Zeit. Es ging gemütlich zu. Ich prägte damals für einige europäische Länder scherzweise Wortverbindungen, um sie zu charakterisieren. Einige traditionelle gab es bereits, wie »Merry old England«, »Bella Italia« oder »La douce France«. »Das tüchtige Deutschland« stand im Gegensatz zum »gemütlichen Österreich«. Tatsächlich schwindet inzwischen auch auf der Insel der Seligen die Gemütlichkeit. Je knapper die Zeit bemessen ist, umso ungemütlicher wird es. Die selbstbestimmte Zeit wird von der fremdbestimmten aufgefressen. Die Informationsüberflutung sorgt für permanente Überforderung. Kaum jemand schafft es, die eingehenden Informationen zu verarbeiten. Wer täglich Berge von E-Mails lesen und bearbeiten muss, ist irgendwann restlos überfordert und bekommt psychopathische Störungen. Die »Zeitkrankheit« ist inzwischen zu einer weltweiten Epidemie geworden. Denn wer im Lebenskampf überleben will, muss konkurrenzfähig sein, und wer das sein will, muss vernetzt sein und damit eine riesige, ständig wachsende Datenflut bewältigen. Der Tanz im Teufelskreis der Computerwelt rund um den Globus wird immer schneller – und wir tanzen bis zur Erschöpfung mit. Aber warum eigentlich?

HERR SEINER EIGENEN ZEIT WERDEN

Genau an diesem Punkt wird es Zeit, einmal innezuhalten, sich aus dem Wahnsinn auszuklinken und ruhig sich selbst in seiner Umwelt zu betrachten. Denn eigentlich ist das Phänomen der Überfülle gar nichts Neues. Seit Urzeiten waren die Menschen fasziniert vom Überfluss, von der grenzenlosen Weite, den unbekannten Welten hinter dem Horizont. Sie blickten staunend auf den sternübersäten Nachthimmel, ohne angesichts der unübersehbaren Zahl der Gestirne in Stress zu geraten. Sie sahen eine Unzahl von Fischen in den Fluten und priesen Gott für die Fülle, sie erfreuten sich an unzähligen Tieren und Pflanzen, ohne daran zu verzweifeln.

Wer sich ein wenig Zeit nimmt, um darüber nachzudenken, dem wird klar, dass es in seiner kurzen Lebensspanne unmöglich ist, die Unendlichkeit der modernen Computerwelt nur im Ansatz auszunutzen. Genauso wie es unseren Vorfahren unmöglich war, alle Sterne des Himmels, alle Fische im Meer oder alle Blätter des Waldes zu zählen.

Wir dürfen uns nicht zu Sklaven der modernen Technologien und der daraus resultierenden Zeitverknappung machen lassen, sondern müssen Herr unserer Zeit werden. Das sagt sich natürlich leicht, ist aber für denjenigen, der in die Produktionsabläufe moderner Arbeitsprozesse eingebunden ist, fast unmöglich. Nahezu jeder ist eben ein Rädchen im Getriebe, weil er dort seinen Lebensunterhalt verdient. Und je schneller das Uhrwerk läuft, umso rastloser wird sein eigenes Leben vorangetrieben. Wer den Stress nicht mehr aushält, sehnt sich nach dem Urlaub, dem Wochenende oder nach der Rente. Manche werden zu Terminplanflüchtlingen, indem sie aus dem Wirtschafts- und Sozialgefüge aussteigen.

Was also kann man tun, um nicht im ständigen Stress aufgerieben und zermahlen zu werden?

DAS PARADIES DER SELBSTBESTIMMTEN ZEIT

Zunächst muss getrennt werden zwischen der Zeit, über die man frei verfügt, und der, bei der andere über einen verfügen. In der Berufswelt ist heute fast jeder von anderen abhängig, und daher wird er von anderen getrieben.

Die Freizeit ist die Zeit, von der die meisten Menschen träumen. Die Freizeit könnte ein kleines Paradies sein – wenn sie richtig gehandhabt wird.

Leider unterliegt jedoch auch die Freizeit der meisten Menschen gesellschaftlichen, familiären oder selbst verursachten Zwängen. Aber hier ist genau der Bereich, in dem wir die Freiheit haben, uns selbst etwas Gutes zu tun.

DAS LEBENSKONZEPT EINES ARZTES

Mein Freund, der Waldviertler Arzt Klaus Renoldner, geht seinen Patienten in Bezug auf die Gesundheit mit gutem Beispiel voran. Er fährt jeden Tag die rund achtzehn Kilometer zu seiner Praxis mit dem Fahrrad, also sommers wie winters täglich rund sechsunddreißig. Und zudem absolviert er die Krankenbesuche per Rad. Das hält ihn körperlich fit. Ähnliches machen ja viele Menschen. Aber Klaus macht weit mehr. Seit Jahrzehnten tut er konsequent auch etwas für Geist und Seele, indem er einmal in der Woche seinen »Wientag« genießt. An diesem besonderen Tag, der nur ihm allein gehört, fährt er in die österreichische Metropole und besucht Ausstellungen und Theater, trifft sich mit Freunden im Caféhaus, stöbert in Buchhandlungen oder geht in Konzerte. Diese ausgewogene Lebensform zwischen Beruf, Familie und privatem kleinem Glück macht aus Klaus einen in sich ruhenden Menschen, dessen gelassene Zufriedenheit auf seine Patienten abstrahlt.

Man könnte so sagen: Die Fahrradtour umrahmt Tag für Tag seine Arbeit, der »Wientag« aber ist die wöchentliche Belohnung für seine Mühen. Mit einem solch stabilen Lebenskonzept meistert man fast jede Krise.

DER KLUGE MANN FÄNGT JEDEN TAG
EIN NEUES LEBEN AN

Der obige Satz aus einem Zeitungsartikel riss den berühmten Sorgenexperten Dale Carnegie aus seiner Verzweiflung und gab ihm neuen Lebensmut. »Jeder Mensch kann seine Last tragen, wie schwer sie auch ist, bis die Nacht einbricht«, sagt Robert Louis Stevenson, der Autor der »Schatzinsel«. »Jeder Mensch kann seine Arbeit tun, wie schwer sie auch ist, für einen Tag. Jeder Mensch kann freundlich sein, geduldig, mitfühlend, rein, bis die Sonne untergeht. Und das ist alles, was im Leben wirklich zählt.«

Wer lernt, in Tageseinheiten zu leben, lebt leicht. Mein Freund, der Förster Gerald Blaich, hat sich mit einem Trick von der Last der aufgehäuften Zukunftsgrübeleien befreit, die ihn früher bis ins Bett verfolgten und ihm den Schlaf raubten. Er schaltet, sobald er im Bett liegt, jeglichen Gedanken an die Arbeit und die Sorgen von morgen ab und schläft seitdem entspannt wie ein Murmeltier. Morgens, wenn er aufwacht, ordnet er die Aufgaben des Tages, indem er sie auf einen Zettel schreibt. Er wendet hier das »Sanduhrprinzip« an. Wer sich sein Leben wie eine Sanduhr vorstellt, weiß, dass sich Hunderte von Sandkörnern im oberen Teil der Uhr befinden. Sie rinnen alle langsam und in gleichmäßigem Rhythmus, durch den engen Pass in der Mitte. Nach diesem Prinzip erledigt Gerald geordnet und ruhig die Aufgaben des Tages. Was er nicht schafft, kommt auf die Liste für den nächsten Tag.

Schon Jesus wusste um die Kraft des Heute, das nicht von den Sorgen um das Morgen geschwächt wird, indem er sagte: »Darum sorgt nicht für den anderen Morgen, denn jeder morgende Tag wird für das Seine sorgen. Es ist genug, dass jeder Tag seine eigene Plage habe.«

Noch prägnanter ist der römische Dichter Horaz, der seinen Lesern empfiehlt: »Nimm jeden Tag als Einzelstück, buch jeden als Gewinn.«

ZEIT FÜR ANDERE HABEN

Wem es gelingt, seine Zeit sinnvoll zu nutzen und nicht mit Stress oder dumpfem Brüten zu verschleudern – Carpe diem, nütze den Tag, sagt der römische Dichter Horaz –, der sollte andere am reichen Schatz seiner Zeit teilhaben lassen. Nichts ist schöner als geteilte Freude, nichts trägt sich besser als geteiltes Leid. Wer Zeit für andere hat, dem wird reichlich zurückgegeben. Wer sich selbst vergisst und an seinen Mitmenschen Anteil nimmt, ist reich. Denn die Empfehlung der täglichen guten Tat, die Baden-Powell, der Gründer der Pfadfinderbewegung, seinen Jungen und Mädchen mit auf den Lebensweg gab, kommt einem selbst zugute. Es ist so leicht, die Herzen seiner Mitmenschen zu gewinnen, man braucht dazu nicht mehr als ein freundliches Lächeln und eine hilfsbereite Hand.

Zusammenfassung des Kapitels »Zeit«

1. Ein gelungenes Leben hat sehr viel mit der Zeit zu tun, über die man frei verfügen kann. Menschen, die gezwungen sind, im vorgegebenen Berufsrhythmus zu leben, sehnen sich umso mehr nach ihrer Freizeit. Denn erst die Freiheit lässt sie aufblühen.

2. Die Kunst besteht darin, seine selbstbestimmte Zeit wirklich frei zu nutzen. Einer meiner Freunde, der

manchmal bis zu sechzehn Stunden täglich arbeitet, erklärt seit Kurzem den Mittwoch zu seinem freien Tag. Am Mittwoch tut er, was ihm Spaß macht. Er nimmt weder das Telefon ab noch vereinbart er private Termine. Er lässt sich in den Tag hineintreiben. Seitdem ist er ein glücklicherer Mensch.

3. Je intensiver wir leben, umso mehr vergessen wir die Zeit. Kinder, Künstler oder Wissenschaftler kennen den beseligenden Zustand der Selbstvergessenheit, in der die Zeit wie im Fluge vergeht. Hirnscans eines Jazzmusikers zeigen ihn zunächst bei einer Alltagsbeschäftigung, andere beim Spielen auf seinem Instrument. Dabei zeigt sich: Ganze Regionen seines Gehirns, die sonst für logisches Denken und Selbstkontrolle zuständig sind, sind beim Spielen abgeschaltet. Dieser Zustand, in dem man Uhrzeit und Hunger vergisst, ist die wertvollste, schönste Art des Spielens. Jeder kann dieses Glück genießen, indem er mit ganzer Seele in einer Sache aufgeht, weil er seinem Herzen folgt. Die Kelten nannten das »das Glück der Stunde«.

4. Man kann mehr aus seinem Leben machen, indem man es in Einheiten von Tagen gliedert. Wer nur das Heute vor Augen hat, ist selten überfordert, weil der Tag am Abend endet. Sorgen um die Zukunft sind überflüssiger Ballast, weil kein Mensch auf Erden weiß, was morgen ist.

5. Wer es schafft, Herr seiner Zeit zu werden, hat auch Zeit für andere. Und wer für andere Zeit hat, wird belohnt durch schöne Stunden der Gemeinsamkeit. Wer anderen Gutes tut, tut sich selbst das Beste.

6. Beginnen Sie noch heute, Ihre Lebenszeit besser zu organisieren. Alles ist eine Sache der guten Planung. Zeit ist nicht Geld, wie Benjamin Franklin sagte, sondern Zeit ist kostbarer als Gold.

GELASSENHEIT – die Ruhe in sich selbst*

Voltaire

Voltaire und sein Freund-Feind König Friedrich der Große maßen ihre menschliche Größe immer an der Philosophie des standhaften Stoikers, wenn es darum ging, Niederlagen tapfer zu ertragen und beängstigenden Situationen gelassen entgegenzusehen. Philosoph sein bedeutete für sie: »Wahren Sie Ihre Würde.« Gelassen die Ruhe zu bewahren war ihr Ideal. Dass sie beide in Stresssituationen im Gegensatz zu Sokrates oder Kaiser Marc Aurel durchaus kleinmütig wurden oder sogar den Kopf verloren, beschämte sie später. Doch niemand ist perfekt. Auch die Gelassenheit muss täglich trainiert werden. Der evangelische Theologe Dietrich Bonhoeffer schrieb in der Silvesternacht 1944 im Gefängnis der Gestapo das ermutigende Gedicht »Von guten Mächten«, dessen letzte Strophe lautet:

Von guten Mächten wunderbar geborgen,
erwarten wir getrost, was kommen mag.
Gott ist mit uns am Abend und am Morgen
und ganz gewiss an jedem neuen Tag.

---

* Ich habe ausführlich über den Weg zur Gelassenheit in meinem Buch »Auch das geht vorbei. Das Mantra der Gelassenheit« geschrieben, dessen Erwerb von 9,50 Euro nicht nur für Sie, sondern auch für mich ein Gewinn wäre.

Das Vertrauen in Gott und in den nächsten Tag gab Bonhoeffer in seiner trostlosen Situation Gelassenheit und Stärke bis in den Tod.

Gelassenheit bedeutet das Loslassen von der Ichbezogenheit und allen Emotionen, um Platz zu schaffen für geistige und seelische Klarheit. Sie dient der Selbstfindung und der Erkenntnis, dass es unvernünftig ist, an Unerreichbarem und Unveränderbarem etwas ändern zu wollen, wie zum Beispiel am eigenen Tod, dass das Glück nicht planbar ist, dass es darum geht, bewusst in der Gegenwart zu leben.

»Das Leben in Gelassenheit ist das Leben in der Gegenwart«, sagt der Philosoph Friedrich Kambartel. Wohl jedem, der darüber nachdenkt, ist klar, dass Gelassenheit ein großer Wert ist, weil sie uns von der Tyrannei der Triebe und Affekte befreit und Seelenfrieden und vernunftmäßiges Handeln ermöglicht. Kaiser Marc Aurel schuf dafür ein schönes dichterisches Bild: »Der Klippe gleich sein, an der sich ständig die Wogen brechen. Sie aber steht unerschüttert, und um sie herum beruhigt sich die Brandung.«

SOKRATES GEHT GELASSEN IN DEN TOD

Sokrates, von seinen Feinden der Gottlosigkeit und des Verderbens der Jugend angeklagt, agierte vor Gericht genauso, wie ihn die Athener seit Jahrzehnten in der Öffentlichkeit kannten. Mit bohrenden Fragen erwies sich der Angeklagte als akribisch Untersuchender, präsentierte seine Analyse des ungerechten Prozesses schonungslos offen und trieb seine Ankläger und die Geschworenen mit haarscharfer Logik in die Enge. In der Rolle des Angeklagten präsentierte er sich als Verteidiger von Recht und Gesetz, indem er es ablehnte, die Geschworenen durch Mitleidsappelle zu beeinflussen.

Sokrates wurde für schuldig befunden und sollte – nach dem Athener Brauch der Schuldigsprechung – eine Strafe für sich selbst bestimmen. Er beharrte jedoch darauf, den Athenern, durch seine praktischen philosophischen Unterweisungen nur Gutes getan zu haben, und lehnte die Todesstrafe nicht nur ab, sondern forderte die den Olympiasiegern vorbehaltene Siegerehrung, die Speisung im Prytaneion. Zudem hielt er höchstens eine Geldstrafe für akzeptabel. Das brachte selbst Wohlwollende gegen ihn auf.

Das Volksgericht verurteilte ihn daraufhin zum Tode. Sokrates wurde unverzüglich ins Gefängnis gebracht. Ein religiöses Gesetz verzögerte den Vollzug des Urteils um dreißig Tage. Seine Freunde setzten alle Hebel in Bewegung, um ihm zur Flucht zu verhelfen. Doch er winkte lächelnd ab. Seine Weigerung begründete er mit dem Respekt vor den Gesetzen. Würden Urteile nicht befolgt, verlören Gesetze überhaupt ihre Kraft. Schlechte Gesetze müsse man ändern, aber nicht mutwillig übertreten. Das Recht der freien Rede in der Volksversammlung biete jedem die Chance, andere durch Verbesserungsvorschläge zu überzeugen.

Sokrates nutzte seinen letzten Monat, um mit seinen Freunden tiefsinnige Gespräche zu führen. Als die Stunde des Abschieds nahte, sagte der Wärter ergriffen: »Dich habe ich erkannt als den Edelsten, Sanftesten und Trefflichsten von allen, die sich jemals hier befunden haben. Lebe wohl und suche so leicht wie möglich zu ertragen, was nicht mehr zu ändern ist.« Der Wärter brach in Tränen aus, wandte sich um und ging. Sokrates fügte sich,

»ohne im mindesten zu zittern oder auch nur die Farbe oder die Gesichtszüge zu verändern. ›Beten darf man doch wohl‹, sagte er. ›Man muss beten, dass die Wanderung von hier nach drüben glücklich sei. Deshalb bete ich. So möge es geschehen.‹«

Einer seiner Schüler berichtete: »Bis zu diesem Augenblick hatten wir unsere Gefühle beherrscht. Jetzt konnten wir es nicht länger ertragen. Mir flossen die Tränen, sodass ich mich verhüllen musste, um mich auszuweinen.« Alles schluchzte und war zutiefst erschüttert, nur einer nicht, der zum Tode Verurteilte: »Was macht ihr denn! Ich habe die Frauen fortgeschickt, denn ich habe immer gehört, es solle still sein, wenn einer stirbt.« Danach ordnete Sokrates an, dem Gott Asklepios ein Opfer für ihn zu bringen, trank den Schierlingsbecher und glitt hinüber in eine andere Welt.

SELBSTMORD AUS ANGST VOR DEM TOD

Der österreichische Dramatiker Ferdinand Raimund war das Gegenteil des gelassenen Sokrates. Bereits seine Liebesaffären waren die reinsten Achterbahnfahrten der Gefühle. Als Raimund eine treulose Freundin von seiner Leidenschaft handgreiflich überzeugen wollte, wurde er mit drei Tagen Gefängnis bestraft. Eine andere Geliebte ließ er von einem Freund aus ihrem Elternhaus entführen. Freund und Freundin fanden jedoch Geschmack am pikanten Abenteuer. Während sich die beiden vergnügten, ließen sie Raimund stundenlang im Regen stehen. Eine neue Verlobte starb kurz vor der Hochzeit. Wegen einer anderen stürzte Raimund sich theatralisch ins Wasser, doch trotz dieser Aktion ertrank er nicht. Nach-

dem er einer Kollegin vom Theater, der Soubrette Aloisia Gleich, die Ehe versprochen hatte, erschien er nicht
zur Trauung, weil seine Braut ihn tags zuvor »brutal ge-
bissen« hätte. Zwei Tage darauf musste er sie seines guten
Rufes wegen dennoch heiraten. Die so seltsam begon-
nene Ehe wurde unglücklich, weil Aloisia ihre Lust an
Seitensprüngen nicht unterdrücken konnte und Ferdinand Raimund zur Erholung von seiner anstrengenden
Gattin nebenbei ein Verhältnis mit Antonie Wagner hatte.
Nach der Scheidung zog sich Raimund mit seiner aufge-
wärmten Jugendliebe auf sein Gut Pernitz zurück. Hier
versetzte ihn ein harmloser Hundebiss derart in Panik
vor der Tollwut, dass er sich in der Nacht vom 29. auf
den 30. August 1836 auf dem Weg zum Arzt eine Kugel
in den Kopf schoss.

Raimund bezahlte für seine ins Irrationale gesteigerte
Angst vor dem Hundebiss mit dem Leben, Benjamin
Franklin jahrzehntelang mit Scham und Ärger wegen
einer Lappalie. Der eine hätte durch Gelassenheit sein
Leben erhalten, der Zweite sich viel Kummer ersparen
können.

BENJAMIN FRANKLINS TRILLERPFEIFE

Der siebenjährige Benjamin hatte sich in eine Trillerpfeife verliebt. Er plünderte sein Sparschwein, stürzte
aufgeregt in das Spielzeuggeschäft, baute alle seine Kup-
fermünzen auf der Theke auf und kaufte die Trillerpfeife, ohne nach dem Preis zu fragen. Siebzig Jahre später schrieb er einem Freund: »Ich kam nach Hause und
lief durchs ganze Haus und pfiff voll Begeisterung auf
meiner Trillerpfeife.« Als seine älteren Geschwister ent-

deckten, dass ihr Bruder viel zu viel bezahlt hatte, machten sie sich über ihn lustig. Franklin »weinte vor Scham«. Jahrzehnte später erinnerte er sich als weltbekannter Politiker immer noch daran, dass sein Kummer größer gewesen war als die Freude an der Trillerpfeife. »Als ich erwachsen wurde und in die Welt hinausging und die Menschen beobachtete, stellte ich fest, dass viele, sehr viele von ihnen für ihre Trillerpfeifen zu viel bezahlten. Kurz und gut, ich erkannte, dass ein großer Teil des Elends auf dieser Welt von einer falschen Wertschätzung der Dinge herrührt.« Zu viel für etwas bezahlt zu haben ist ärgerlich. Aber dadurch seine Seelenruhe zu verlieren ist bedenklich. »Glücklich ist, wer vergisst, was nicht mehr zu ändern ist« ist ein kluger Vers vom 19. September 1784 aus dem Erlanger Stammbuch.

DIE FEINDSCHAFT ZWEIER GENIES

Das Erfolgsduo Gilbert und Sullivan, dessen komische Opern wie »Der Mikado« bis heute das Publikum bezaubern, konnte auf der Bühne eine heitere Welt entstehen lassen – privat dagegen vergifteten beide Autoren sich gegenseitig das Leben. Und das, wie bei Franklin, wegen einer Lappalie. Sullivan bestellte für das ihnen beide gehörende Theater einen neuen Teppich. Gilbert sah die Rechnung und flippte vollkommen aus. Doch statt die Rechnung einfach vom eigenen Geld zu begleichen, reagierte Sullivan wutentbrannt. Der Streit eskalierte, endete schließlich vor Gericht, und beide sprachen kein Wort mehr miteinander. Sobald Sullivan die Musik zu einer neuen Oper komponiert hatte, schickte er Gilbert die Partitur mit der Post. Gilbert dichtete das Libretto dazu und schickte Sullivans Noten mit seinem unterlegten Text zurück. Nach einer Uraufführung mussten sie einmal beide gemeinsam auf der Bühne erscheinen. Jeder stand an der anderen Seite des Vorhangs und verbeugte sich in eine andere Richtung, damit sie sich nicht ansehen mussten. Der Hass, der aus der Teppichlappalie entstanden war, vergiftete ihr ganzes weiteres Leben.

1896, vier Jahre nach Sullivans Tod, bedauerte Gilbert die Feindschaft: »Ein Gilbert nützt nichts ohne einen Sullivan – und ich kann einfach keinen finden.« Doch da war es zu spät. Beiden fehlte die Gelassenheit, die Teppichaffäre als das zu sehen, was sie war: eine Bagatelle, die innerhalb von fünf Minuten hätte aus der Welt geschafft werden können.

LINCOLNS GROSSMUT

Der legendäre US-Präsident Abraham Lincoln war klüger. Als während des amerikanischen Bürgerkrieges einige seiner Freunde hemmungslos gegen Lincolns erbitterte Feinde wüteten, antwortete er entspannt: »Eure Hassgefühle sind viel persönlicher und stärker als meine. Viel-leicht hasse ich diese Leute auch gar nicht so sehr. Ich habe nie geglaubt, dass es sich lohnt. Der Mensch hat nicht die Zeit, sein halbes Leben mit Streitereien zu vergeuden. Wenn jemand mit seinen Angriffen auf mich aufhört, wärme ich das nie wieder auf.«

DER RÄUBER, JESUS UND DIE VERKÄUFERIN

Eine verblüffende Gelassenheit sokratischer Größe legte eine Verkäuferin im US-Bundesstaat Florida an den Tag. Der Sender ABC zeigte die Bilder einer Überwachungskamera eines Telefonshops in Pompona Beach – mit einem Räuber, der »Du brauchst keine Angst zu haben« zu der Frau sagte, als er ihren Laden überfiel. Die Verkäuferin erwiderte gelassen: »Die habe ich nicht.« Statt ihm die geforderten 300 Dollar zu geben, verwickelte sie den verdutzten Banditen in ein Gespräch über Jesus. »Ich werde mit Jesus über dich reden«, sagte sie ruhig, bot ihm freundlich ihre Hilfe bei der Suche nach einer Arbeit an und fragte, warum er etwas so Unwürdiges wie Überfälle begehe. Nach ein paar Minuten offenbarte ihr der völlig verunsicherte Räuber, dass seine Waffe nur eine Spielzeugpistole sei, und verließ den Laden – ohne Beute.

GELASSENHEIT IST ERLERNBAR

Wohl jedem ist klar, wie wertvoll Gelassenheit in allen schwierigen Situationen des Lebens ist. Wie aber übt man sich in Gelassenheit? Wie alle Fertigkeiten im Leben des Menschen muss auch diese erarbeitet werden. Der Extrembergsteiger Alexander Huber verrät seine Technik beim Erringen einer Bergwand. »Alle Gedanken, die Ängste, die Sorgen sind für die Tage davor bestimmt. Wenn ich klettere, reduziert sich meine Welt auf die wenigen Quadratzentimeter des nächsten Griffs.«

Um in den Zustand der Gelassenheit zu kommen, gibt es Techniken, die sowohl von Buddha und seinen Nachfolgern als auch von den griechischen Philosophen der

Stoa entwickelt wurden. Die Gelassenheitsphilosophie der Stoiker fußt auf drei Säulen.

1. KLARES DENKEN

Klares Denken ist die Grundvoraussetzung. Diese Gabe besitzt jeder Mensch von Natur aus, wird aber in Stress-situationen oft vergessen. Statt sich unkontrollierter Auf-geregtheiten zu überlassen, versucht der Einsichtige zu-nächst, die eigenen Emotionen in den Griff zu bekommen und danach durch klare Analyse die Geschehnisse oder Zustände zu strukturieren, um das Problem zu lösen. In der Theorie erscheint das leichter, als es in der Praxis ist. Angesichts einer ausweglos erscheinenden Lage nicht den Kopf zu verlieren setzt starke Nerven, Konzentrations-fähigkeit und Tatkraft voraus. Deshalb ist das Verhalten der oben geschilderten Verkäuferin so bewundernswert.

Ich habe eine neunzigjährige Tante, die sich zunächst über nichtigste Dinge aufregt und oft freundliche Mit-menschen zu Unrecht beschimpft, bevor sie sich mit der Sachlage vertraut macht. Seit einiger Zeit sage ich ruhig: »Erst nachdenken, dann reden.« Seltsamerweise hat in-zwischen sogar meine starrsinnige Tante gelernt, ihr auf-brausendes Temperament zu zügeln, statt von Fettnäp-fchen zu Fettnäpfchen zu stampfen. Das heißt, sogar sie, die seit Jahrzehnten für ihre Aggressionsschübe gefürch-tet wird, ist lernfähig geworden und bemüht sich in lich-ten Momenten, ihren Verstand zu benutzen. Seitdem ist der Umgang mit ihr harmonischer geworden.

Jeder, der, bevor er sich aufregt, vor Angst davonläuft oder eine Sache wütend hinhaut, sollte üben, die Ruhe zu bewahren und sich mit der Situation vertraut zu machen. Vieles sieht auf den ersten Blick schlimmer aus, als es ist. Vielleicht hat mein Gegenüber ja doch recht, vielleicht sollte man Nachsicht mit einem überforderten Verkäufer haben, vielleicht hat man eine wichtige Information selbst überhört. Wem nützt der Lärm um nichts? Der überforderte Verkäufer wird entweder aggressiv oder verliert völlig die Nerven, und der wütende Kunde erniedrigt sich selbst durch seinen Kontrollverlust. Außerdem ist dann die Situation festgefahren, weil jeder auf seiner Rechthaberei beharrt.

2. EINSICHTIGES WOLLEN

Einsichtiges Wollen ist die zweite Voraussetzung für den entspannten Umgang mit sich selbst und anderen. Kinder wollen viel und ständig Neues. Anfänger möchten eine Kunst oder Technik sofort meisterhaft beherrschen. Doch das Wollen allein reicht nicht, um die höchste Stufe einer Fähigkeit zu erlangen. Jeder, der etwas gründlich erlernt hat, weiß, dass es bis zur wahren Könnerschaft ein langer Weg ist und dass man dafür einen langen Atem braucht. Denn nach der anfänglichen Begeisterung kommt mit der Ernüchterung die Einsicht, dass nach der alten Volksweisheit noch nie ein Meister vom Himmel gefallen ist. Der Einsichtige wägt seine Kräfte ab, die er zum Erreichen seines Ziels braucht. Verfügt er überhaupt über die nötigen Grundkenntnisse, die ausreichenden Hilfsmittel und die Kraft, den langen Weg zum Erfolg durchzuhalten? Ist das Ziel für die vorhandenen Kräfte nicht zu hoch gesteckt? Und ist man finanziell und seelisch robust genug, Fehler, Niederlagen und Rückschläge zu verkraften?

3. ZIELGERICHTETES HANDELN

Im Gegensatz zu den meisten Philosophenschulen gehen die Stoiker davon aus, dass der Mensch nicht frei ist. Und tatsächlich steht ja fast jeder unter dem Kommando von irgendwem, leidet unter Sachzwängen, wird von seinen eigenen Trieben beherrscht, ist Sklave seiner Gemütszustände oder Leibeigener seiner Krankheiten. Nach Einsicht der Stoiker hat jeder Mensch in Wirklichkeit nur sehr wenige Entscheidungsmöglichkeiten. Für den, der Klarheit in sich selbst möchte, hat Epiktet eine Faustregel aufgestellt, die das zielgerichtete Handeln erleichtert. Es handelt sich dabei um das, was in der Macht des einzelnen Menschen liegt und was nicht in seiner Macht liegt. Das klingt simpel, ist aber die Basis für ein gelassenes Leben. In der Macht des Einzelnen steht das eigene Denken, das selbstbestimmte Handeln, das eigene Wollen und das, worauf man verzichtet. Nicht in der Macht des Einzelnen steht sein Körper, denn niemand weiß, wann er Krankheit oder Tod zu erleiden hat, der Besitz, der sich über Nacht verflüchtigen kann, das Ansehen, das man sehr schnell verlieren kann, und die äußere Position, die jederzeit zum Beispiel durch Machtwechsel oder Krankheit gefährdet ist.

Wer das, worüber er Macht und keine Macht besitzt, nicht klar trennt, wird sein Leben lang aus der Balance geraten und sich selbst und seinen Mitmenschen das Leben schwer machen. Wer diesen grandiosen philosophischen Gedanken verinnerlicht hat, beginnt gelassen zu denken.

VIER SCHRITTE, DIE DAS LEBEN ERLEICHTERN

Zielgerichtetes Handeln kann man genauso einfach beginnen, zum Beispiel indem man alle Papiere von seinem Schreibtisch räumt, die nichts mit der gegenwärtigen Arbeit zu tun haben. Denn das unüberblickbare Papierchaos lässt einen im Voraus verzweifeln, weil man tausend Dinge nicht erledigt hat. Wer seinen Schreibtisch, seinen Aktenschrank oder sein Zimmer aufräumt, schafft Klarheit. Und wer seine Post sofort erledigt, muss dieses Problem nicht tagelang mit sich herumschleppen. Der französische Komponist Eric Satie löste das Postproblem auf bizarre Weise, indem er alle Briefe ungeöffnet hinter sein Klavier warf. Auch das kann eine Art zielgerichtetes Handeln sein. Denn so waren seine unbeantworteten Briefe aus seinem Auge und aus dem Sinn.

Mein Freund, der Musiker und Musikwissenschaftler René Clemencic, räumt immer in der Zeit »zwischen den Jahren«, also zwischen Weihnachten und Neujahr, sein Büro auf. Er ordnet Briefe, Papiere, Rechnungen, Steuerunterlagen, Noten und wirft alles Überflüssige weg. So beginnt er befreit von altem Ballast und mit neuer Energie das Neue Jahr. Wer auf diese Weise jährlich für Ordnung sorgt, hat Kopf und Seele frei für die neuen Werke.

Der zweite Schritt besteht darin, die Dinge nach Wichtigkeit zu erledigen. Wer seine Aufgaben für den Tag nach diesem Prinzip ordnet, lebt leichter, weil er sein selbst gesetztes Ziel täglich erreicht.

Der dritte Trick besteht darin, Probleme sofort zu lösen und nicht vor sich herzuschieben, sofern alle für die Entscheidung notwendigen Informationen vorliegen. Meetings und Besprechungen gehen zügig voran, wenn die Agenda Punkt für Punkt durchgearbeitet und im Anschluss sofort die Entscheidung getroffen wird. Der frühere österreichische Bundeskanzler Schüssel forderte von seinen Mitarbeitern, eine Sache in zwanzig Zeilen zu schildern, das Problem klar herauszuarbeiten und Lösungsvorschläge anzubieten. So konnte die beeindruckende österreichische Verwaltungsreform in kurzer Zeit verwirklicht werden, die Österreich zur Nummer eins der EU-Administrationen machte.

Arbeitstechnik Nummer vier besteht darin, zu organisieren, zu delegieren und zu dirigieren. Ich fragte meinen Freund, den Steuerberater Werner Braun, warum er so erfolgreich sei. Er sagte: »Ich habe kein Problem, Arbeit an andere weiterzugeben. Ich muss nicht alles selbst machen und ich bin nicht vom Kontrollwahn besessen. Dadurch werde ich nicht von Einzelheiten erdrückt und von Unübersichtlichkeit entnervt. Ich setze Vertrauen in meine Mitarbeiter, und dieses Vertrauen wird mit Loyalität belohnt.«

Den meisten Menschen fällt es schwer, Verantwortung abzugeben. Ein anderer Freund delegiert zwar, dann aber überkommt ihn die Kontrollangst. Er lässt sich halb fertige Arbeiten zeigen, korrigiert so lange herum, bis der Mitarbeiter frustriert ist und sich ins Schneckenhaus zurückzieht. Kein Wunder, dass der Freund ständig die Motivation seiner Mitarbeiter bemängelt und die Mitarbeiter wiederum frustriert sind, weil sie zu wenig Raum für eigene Kreativität bekommen.

Der Sonnenkönig Ludwig XIV. von Frankreich war ein genialer Organisator und geschickter Psychologe. Jeder neue Mitarbeiter durchlief – ohne etwas davon zu wissen – ein Testprogramm. Der König gab ihm zunächst kleine Aufgaben. Wurden diese zur Zufriedenheit gelöst, bekam er schwierigere. Wer auf einer Stufe versagte, wurde zurückgestuft und blieb auf dem Posten, auf dem er sich bewährt hatte. Andere stiegen bis in allerhöchste Positionen auf. Niemals machte der König irgendeinem seiner Mitarbeiter Vorwürfe, dass er versagt hätte. Wenn Ludwig jemand falsch eingestuft hatte, sah er das als seinen eigenen Fehler an. Diese Arbeitstechnik sollte jeder Chef lernen.

Zusammenfassung des Kapitels
»Gelassenheit«

1. Gelassenheit ist das Leben in der Gegenwart. Weder die langen Schatten der Vergangenheit noch die Sorgen vor der Zukunft machen demjenigen das Leben schwer, der sich auf das Hier und Jetzt konzentriert.

2. Gelassenheit bedeutet Übereinstimmung mit sich selbst. Wer einsichtig ist, hat weder unerreichbare Wünsche noch will er an Unveränderbarem etwas ändern. Er weiß zudem, dass Glück nicht planbar ist, und nimmt die Dinge, wie sie sind. Dadurch zieht Ruhe in seine Seele ein.

3. Wer seine Emotionen in den Griff bekommt, lebt besser. Gelassenheit ist eine wichtige Voraussetzung für ein gelungenes Leben. Epiktets Faustregel zum Erleichtern des zielgerichteten Handelns heißt: das zu trennen, was in der Macht des einzelnen Menschen liegt, und das, was nicht in seiner Macht liegt. In der Macht des Einzelnen ist das eigene Denken, das selbstbestimmte Handeln, das eigene Wollen und das, worauf man verzichtet. Nicht der Macht des Einzelnen unterliegen sein Körper, sein Besitz, sein Ansehen und seine äußere Position.

4. Wer das, worüber er Macht und keine Macht besitzt, nicht klar voneinander trennt, wird sein Leben lang aus der Balance geraten und sich selbst und seinen Mitmenschen das Leben schwer machen.

5. Wer durch Übung seine innere Balance erreicht hat, ist seelenruhig und frei von Ängsten, durch äußere Dinge geschädigt zu werden. Er tadelt nicht und schmeichelt nicht und ist freundlich zu allen Menschen.

Teil 2

Die Reise
durchs Leben

JEDES JAHR EIN BISSCHEN WEISER
Ratschläge, Beispiele & Erfahrungen

Die zwölf Säulen der Lebenskunst sind Stationen auf dem Weg zum gelungenen Leben. Jeder Tag fordert uns heraus, vernünftig zu handeln. Denn trotz aller Schicksalsschläge, Stagnationen, Irr- oder Umwege geht das Leben immer weiter, und wir müssen es bewältigen, obwohl man manchmal das Gefühl hat, auf der Stelle zu treten und alles habe sich gegen einen verschworen. Wer aber weiß, wozu ein unvorhergesehener Aufenthalt gut ist? Manchmal verhindert er eine Katastrophe, und manchmal bewirkt eine Stagnation ein Umdenken, das geradewegs zum Ziel führt.

In solchen Situationen gelassen die Ruhe zu bewahren ist eine Voraussetzung für ein gelungenes Leben.

Auf jeden Fall gehört Mut dazu, sich von lieb gewordenen schlechten Angewohnheiten zu befreien und neu zu beginnen. Ohne diesen Mut ist nichts im Leben zu verändern. Dabei gilt es herauszufinden, ob man für seine neue Lebensform das nötige Durchhaltevermögen besitzt. Es gibt »Kurzstreckenläufer«, die ihre Energie für kurzzeitige Projekte bündeln können, »Mittelstrecken-läufer«, die sich bei kleinen Projekten unterfordert und bei langfristigen überfordert fühlen, und »Langstrecken-läufer«, die ein weit gestecktes Ziel niemals aus dem Auge verlieren und mit konzentrierter Geduld darauf hinar-beiten.

Jeder kluge Mensch macht sich für jeden Tag, für jedes Projekt, für jeden Lebensabschnitt und manchmal sogar für sein ganzes Leben einen Plan. Pläne können zwar verändert werden, aber sie bilden die Basis für die Reisen ins Ungewisse. Man könnte den Plan mit einem gut aus-gerüsteten Schiff vergleichen, das in unbekannte Meere segelt. Je besser die Planung, umso leichter die Improvi-sation.

Jeder weiß, dass sein Erfolg nicht allein von der eige-nen Tatkraft abhängt. Viele Köpfe und Hände helfen mit. Es beginnt bei unserer Mutter, der wir unsere Mutter-sprache verdanken, und endet bei unseren Kindern, die uns an das Ende unserer Lebensreise begleiten.

Wer sich dankbar für das zeigt, was ihm geschenkt wird, und die Güte, die er erfahren hat, an andere weitergibt, bekommt mindestens genauso viel von seinen Mitmen-schen zurück, wie er gegeben hat. Das kann ein freundli-ches Wort oder Hilfe in höchster Not sein. Man könnte das die ausgleichende Gerechtigkeit Gottes nennen.

Ist Güte die Weisheit des Herzens, so ist die Gerech-tigkeit das Recht des Schwächeren. Jeder, auch der noch so Erfolgreiche, sollte das nie vergessen. Auch ein erfolg-reicher Mensch kann eines Tages der Gerechtigkeit be-dürfen. Hinter jedem siegreichen römischen Feldherrn, der unter dem Jubel des Volkes auf dem Triumphwagen in Rom einzog, stand ein Sklave, der dem Sieger einen Lorbeerkranz über den Kopf hielt und ihm unablässig ins Ohr flüsterte: »Denk daran, dass du nur ein Mensch bist.« Das Rad der Glücksgöttin dreht sich weiter. Viele Mächtige wurden über Nacht zu Angeklagten und hofften dann inständig auf Gerechtigkeit – Gerechtigkeit, die sie selbst oft verweigert hatten.

Toleranz ist die Nächstenliebe der Intelligenz. Ein kluger Mensch lässt andere Lebensformen gelten und »jeden nach seiner Fasson selig« werden, wie Friedrich der Große sagte. Der goldene Mittelweg fordert die ganze Kunst jedes Menschen heraus. Wer ihn beschreitet, wird zum Weisen, der nichts überstürzt, für wichtige Entscheidungen immer genügend Zeit einplant und die Dinge mit Gelassenheit nimmt, wie sie sind.

Der erste Teil dieses Buches zeigt die Grundlagen für einen vernünftigen Umgang mit sich selbst und seinen Mitmenschen.

Der zweite Teil ist vom ersten Lebensjahr bis ins hohe Alter eingeteilt. Manche Lebensjahre bewirken im Menschen große körperliche, geistige und seelische Veränderungen. Daher ist es hilfreich, sich diese bewusst zu machen. Andere Zeiten hingegen verlangen Achtsamkeit auf Bevorstehendes.

1. Lebensjahr

Die Freude und das Lächeln
der Kinder sind der
Sommer des Lebens.

Jean Paul

Ein Kind wird unter Schmerzen geboren. Aber sobald die Mutter es zum ersten Mal anschaut, leuchtet ihr eben noch schmerzgepeinigtes Gesicht in heller Freude. Das beseligende Glück erfasst alle Anwesenden. Das deutsche Wort »Glück« ist mit dem griechischen Wort »glücküs« verwandt, das süß, aber auch angenehm, freundlich und gutherzig bedeutet. Das Glücksgefühl der Mutter ist das erste Gefühl, das das Kind wahrnimmt. Es hört liebevolle erste Worte, eine beruhigende Melodie oder den Gesang eines Vogels. Daher wird es sich sein Leben lang nach diesem Paradies der ersten Stunde zurücksehnen, in der die Welt voller Harmonie war.

Beim Menschen wirken, nach dem Anthropologen Julian Huxley, nur wenige Signalreize als Auslöser für spontane, nicht angelernte Reaktionen des Kindes. Ein ganz wichtiger ist das Lächeln. Kleinkinder antworten auf das Lächeln der Mutter. Sie reagieren jedoch auch auf eine »grobe Nachahmung des menschlichen Gesichts, wenn nur die Mundwinkel nach oben gerichtet sind«. Allein der Umriss eines lächelnden Gesichts wirkt als Auslöser einer angeborenen Antwort. »Die Antwort des Kleinkindes ist in diesem Fall ebenfalls ein Lächeln, wobei das Lächeln des Kindes wiederum ein Lächeln vonseiten der Mutter hervorruft.« Das Lächeln hat also die wichtige Funktion der gefühlsbewegenden Bindung zwischen Mutter und Kind.

Welche Bedeutung diese intensive Beziehung hat, zeigt ein Experiment des Stauferkaisers Friedrich II. Er ließ mehrere Säuglinge von der Außenwelt isolieren und befahl ihren Ammen, sie zu stillen und zu pflegen, sie aber weder anzusprechen noch zu liebkosen. So wollte er herausfinden, in welcher Ursprache die ersten Worte der Kinder wären. »Die Kinder haben aber gar nicht gesprochen und sind aufgrund mangelnder Zuwendung frühzeitig gestorben«, berichtet der Chronist Salimbene von Parma.

> *Liebe, Freundlichkeit und Zuneigung sind*
> *die ersten Werte, die den Menschen*
> *zum Menschen werden lassen.*

2. Lebensjahr

Auch der Weiseste kann
unermesslich viel von Kindern lernen.

Rudolf Steiner

Von Wunderkindern ging bereits in Urzeiten Faszination aus. Wie konnte ein kleiner Mensch Leistungen vollbringen, die die meisten Erwachsenen nicht zustande brachten und Gelehrte wie Schüler aussehen lassen?

Christian H. Heineken

Christian H. Heineken, geb. am 6.2.1721 in Lübeck, begann vierzig Stunden nach seiner Geburt zu sprechen. Unter Anleitung von Christian von Schöneich konnte er mit vierzehn Monaten das Alte Testament auswendig, ein paar Wochen später das Neue, achtzig Psalmen rezitieren und zweihundert Kirchenlieder. Mit zweiundzwanzig Monaten konnte er fließend lesen und wusste alle Knochen des menschlichen Skeletts auswendig. Mit drei sprach er Lateinisch, Griechisch und Französisch und verfasste ein dänisches Geschichtsbuch.

Der Komponist Georg Philipp Telemann schrieb enthusiastisch: »Wahrlich, wäre ich ein Heide, ich würde meine Knie beugen und dieses Kind anbeten!« Und der dänische König rief fasziniert: »Dieses Kind ist ein Wunder«, als Christian seine Einladung zu einem Bankett mit den Worten ausschlug: »Ich bedanke mich untertänigst, Majestät, aber ich esse ausschließlich noch Brei.« Der Vermarktungsrummel um seine Person schwächte das Kind. Es litt an Gelenk- und Muskelschmerzen, Schlaflosigkeit, Kopfweh und extremer Geräuschempfindlichkeit und bettelte weinend um Ruhe. Mit dreißig Monaten prophezeite Christian seinen Tod im Alter von vier Jahren und starb tatsächlich am 27.6.1725.

Christian Heinekens Leben verlief quasi im Zeitraffer. Wozu andere Menschen sechs oder sieben Jahrzehnte brauchen, erfuhr er in vier Jahren. Er besaß einen überdurchschnittlichen IQ, wurde gefeiert wie ein Hollywoodstar, vom König geehrt und von Gelehrten bewundert. Gemessen an unseren Erfolgsmaßstäben lebte er ein gelungenes Leben, obwohl es überaus kurz war. Denn:

Ein gelungenes Leben besteht aus guten Beziehungen zu seinen Mitmenschen.

Jedes Kind ist gewissermaßen
ein Genie und jedes Genie
gewissermaßen ein Kind.

Arthur Schopenhauer

Was ist ein Genie? Amerikanische Wissenschaftler ermittelten in der ersten Hälfte des 20. Jahrhunderts die Faktoren, aus denen sich Intelligenz zusammensetzt. Damit war der Intelligenzquotient (IQ) erfunden. Der geht von einem Durchschnittswert von 100 aus. Wer nun darunter bleibt, weil er zum Beispiel eine mathematische Schwäche hat, gilt in der modernen Welt als geistig minderbemittelt. Wer 130 erreicht, gilt als überaus begabt, und wer gar auf 140 kommt, ist fast ein Genie. Beim Lesen der Biografie des Wunderkindes Francis Galton kam L. M. Terman auf die Idee, den IQ berühmter Menschen zu messen. Seine Mitarbeiterin Catherine Cox entwickelte ein Auswahlprinzip und wertete alle verfügbaren Daten von dreihundert Frauen und Männern aus. Diese ließ sie von drei unabhängigen Psychologen testen und kam so auf eine Weltrangliste. Goethe bekam die Silbermedaille, Leibniz Bronze und Pascal erreichte den siebten Platz im Rennen um das beste Hirn aller Zeiten.

Weltmeister wurde John Stuart Mill (1806–1873). Sein Vater erzog sein begabtes Kind mit äußerster Sorgfalt. Mit drei las John Äsops Fabeln im griechischen Original, danach die Schriften Xenophons, Herodots, Diogenes' etc., mit sieben Platons Dialoge und studierte mit Vaters Hilfe Arithmetik. Nebenher las er Plutarchs Werke und Humes »Geschichte Englands«. Mit acht unterrichtete er seine jüngeren Geschwister in Latein und las dazu Vergil,

Ovid, Cicero usw. Außerdem studierte er die griechischen Klassiker. Aus reinem Vergnügen schrieb der Zehnjährige eine »Geschichte Hollands« und mit elf eine römische Verfassungsgeschichte. Das wären, gemessen an heutigen Unimaßstäben, seine Dissertation und seine Habilitation. Mit zwölf begann er das Studium der Logik und der Philosophie und durchlief einen kompletten Kurs der politischen Ökonomie. Mit vierzehn ging Mill zum Studium der Chemie, Zoologie, Mathematik, Logik und Metaphysik an die Universität Montpellier.

Später machten ihn scharfsinnige Publikationen zu einem führenden Intellektuellen, wie etwa »Die Unterwerfung der Frauen«, mit der er zum Vorkämpfer der Rechte der Frauen wurde.

Mill war über seine kontrollierte Kindheit und gegängelte Jugend nicht glücklich. Er wurde zwar extrem gefördert, aber eigentlich verpasste er dadurch das Paradies der Kindheit.

Zu viel Förderung durch ehrgeizige Eltern kann Kinder unglücklich machen.

Kinder sind Gäste,
die nach dem Weg fragen.

Maria Montessori

Das Wunder der Muttersprache wird jedem Menschen geschenkt, und weitere könnte er bei entsprechender Umgebung leicht erlernen.

Dass Kinder bereits im Mutterleib ein Ohr für Fremdsprachen besitzen, zeigt eine Studie der Universität von British Columbia. Dafür wurden zwei Gruppen von Babys untersucht. Bei der ersten Gruppe befanden sich die Mütter während der Schwangerschaft in einer rein englischsprachigen Umgebung. Die Babys der zweiten Gruppe hörten im Mutterleib neben Englisch auch die philippinische Hauptsprache Tagalog. Gemessen wurde der sogenannte Saugreflex bei Neugeborenen. Dieser wird durch Reize aus der Umwelt ausgelöst: Zunahme signalisiert steigendes Interesse des Babys. Zuerst wurde den Babys zehn Minuten lang eine Sprachaufnahme vorgespielt, auf der sich jeweils eine Minute Englisch mit Tagalog abwechselte. Bei Babys, die im Mutterleib nur Englisch gehört hatten, nahm der Saugreflex bei Tagalog schlagartig ab. Bei Babys, die als Ungeborene bereits beide Sprachen wahrgenommen hatten, blieb das Interesse gleich. In der zweiten Versuchsserie wurde den Babys so lange etwas in einer Sprache erzählt, bis ihr Interesse erlosch. Nun wurde ein zweiter Sprecher eingesetzt, der dem Kind etwas auf Englisch oder Tagalog erzählte. Der Saugreflex nahm bei einem Sprecherwechsel nur dann zu, wenn dabei auch die Sprache gewechselt wurde.

Daraus folgerten die Wissenschaftler, dass sowohl zweisprachig als auch einsprachig heranwachsende Kinder sehr früh zwischen zwei Sprachen unterscheiden. Zweisprachig heranwachsende Babys können daher leichter eine weitere Sprache erlernen.

Jean Paul bekam als Fünfjähriger von seinem Vater Lateinunterricht. Dazu musste er täglich sieben Stunden »Sprüche, Katechismus, lateinische Wörter und Langens Grammatik« auswendig lernen. Nach und nach wurde ihm durch Klang und Schriftbild die lateinische Sprache vertraut, ohne dass er die Texte verstand. Das regte seine Wissbegier und Fantasie an. Nach ein paar Monaten erschloss sich ihm plötzlich der Inhalt nur durch den Umgang mit den Texten, sodass er sich mit seinem Vater lateinisch unterhalten konnte.

Je früher ein Kind lernt,
umso leichter fällt ihm die Arbeit.

5. Lebensjahr

Zwei Dinge sollen Kinder
von ihren Eltern bekommen:
Wurzeln und Flügel.

J. W. Goethe

Die Reformpädagogin Maria Montessori (1870–1952) –
als Assistenzärztin mit dem würdelosen Zustand dürftig
versorgter geistig behinderter Kinder in der Kinderpsy-
chiatrie konfrontiert – gründete in Rom eine Kinder-
krippe für Kinder aus sozial schwachen Familien. »Selbst-
tätige Erziehung im frühen Kindesalter« wurde zu ihrem
Leitmotiv. Statt die Kinder abstrakt lernen zu lassen, entwickelte sie verschiedene Lernmaterialien wie Klötze,
Farbtäfelchen, Riechbüchsen, Sandpapierbuchstaben. Daran lernten die Schüler durch sinnliche Wahrnehmun-
gen wie Berühren und Sehen spielerisch Rechnen oder
die Kombination verschiedener Wortgruppen. Die Er-
gebnisse waren so überwältigend, dass sie sie »mit größ-
tem Staunen und Ungläubigkeit erfüllten«.

Das Schlüsselerlebnis war ihre Beobachtung eines drei-
jährigen Mädchens, das völlig selbstversunken in seine
Beschäftigung mit Einsatzzylinderblöcken, ungestört von
jeglicher Ablenkung, weiterspielte. Den Ausdruck höchster Konzentration des Mädchens, den Maria Montessori
daran beobachtete, nannte sie die »Polarisation der Aufmerksamkeit«.

Es ist, als ob Schwarzer Hirsch, der letzte große Scha-
mane der Ogalalla-Sioux, nach Montessori-Prinzipien
aufgewachsen wäre: »Die Knaben meines Volkes begann-
nen sehr früh das Tun der Männer aufzunehmen, und
niemand lehrte uns. Wir lernten, indem wir einfach taten,

was wir sahen. ... Alle Jungen, vom fünften und sechsten Jahre an, spielten Krieg. Die kleinen Knaben ... taten sich zusammen und kämpften gegeneinander mit Lehmkugeln, die sie mit Weidenstöcken schlugen. Die großen Knaben spielten das Spiel Wirf-sie-vom-Pferd, das eine richtige Schlacht ist, nur dass sie einander nicht töteten. ... Die Reiter fassten einander an und rangen, bis eine Partei alle Mann verloren hatte, denn alle, die zu Boden fielen, galten als tot.«

Auf ähnliche Weise lernten die kleinen Söhne der römischen Patrizier spielerisch die Kunst der Politik, indem sie an den Sitzungen ihrer Väter teilnahmen. Genauso lernten noch vor zwei Generationen die Bauernkinder im Waldviertel die Bauernarbeit, indem sie von ihren Eltern alle wichtigen Fertigkeiten nebenher beigebracht bekamen.

> *Wenn Kinder übermäßig Schul- und Fortbildungsstress ausgesetzt sind, bleibt ihnen kaum Raum für sich selbst und ihre Fantasiewelten.*

6. Lebensjahr

Was ein Mensch an Gutem
in die Welt hinausgibt,
geht nicht verloren.

Albert Schweitzer

Eines Tages hörte ein schottischer Bauer beim Torfstechen Hilfeschreie aus dem Moor. Er ließ den Spaten fallen, lief los und fand einen verzweifelten Jungen bis zu den Hüften im Sumpf stecken. Der Farmer rettete ihn vor einem langsamen, schrecklichen Tod. Am nächsten Tag fuhr ein nobler Wagen auf den Hof des Retters. Ein elegant gekleideter Herr stieg aus und stellte sich als der Vater des Jungen vor. »Ich möchte Ihnen danken und mich erkenntlich zeigen, dass Sie meinem Sohn das Leben gerettet haben«, sagte der Herr. »Nein, ich kann keine Bezahlung dafür annehmen. Es war eine selbstverständliche Tat der Hilfsbereitschaft, die jeder Mensch erfüllt hätte«, winkte der Bauer ab. In diesem Moment erschien ein Junge in der Haustür. »Ist das Ihr Sohn?«, fragte der Herr. »Ja«, antwortete der Bauer. »Ich schlage Ihnen Folgendes vor: Ich möchte ihrem Sohn die gleiche Ausbildung zukommen lassen wie meinem Sohn. Wenn der Junge seinem Vater ähnlich ist, wird er sicher ein Mann werden, auf den wir beide stolz sein können.«

Und so geschah es. Der Sohn des Bauern besuchte die besten Schulen, promovierte an der St. Mary's Hospital Medical School in London und wurde durch seine Entdeckung des Penicillins als Sir Alexander Fleming weltberühmt.

Jahre später erkrankte der Sohn des Herrn, den Bauer Fleming aus dem Moor gerettet hatte, an einer Lungenentzündung. Was rettete diesmal sein Leben? Penicillin. Der Name des Vaters war Lord Randolph Churchill. Der Sohn hieß Sir Winston Churchill.

Niemand weiß, was die eigenen Taten in Kindern bewirken. In diesem Fall wurde eine gute Tat mit einer guten Tat belohnt, die später zum Segen für Millionen von Menschen wurde.

Die beeindruckende Geschichte hat einen kleinen Schönheitsfehler: Sie ist wahrscheinlich nicht wahr, weil die Churchills sich zu jener Zeit gar nicht in Schottland aufhielten und Sir Winston bei seiner Erkrankung nicht durch Penicillin, sondern durch ein anderes Medikament geheilt wurde. Trotzdem besitzt die Geschichte großen poetischen Wert, denn:

> *Gute Taten an Kindern verändern ihr ganzes Leben positiv. Denn Menschlichkeit und Güte arbeiten an den Herzen und am Denken der Menschen.*

Das englische Schulsystem ist
eines der besten der Welt
– wenn man es überlebt.

Sir Peter Ustinov

Als Winston Churchill mit sieben ins Oberklasseninternat St. James kam, geriet er in eine »Prügelhölle«. Alle englischen Erziehungsanstalten waren bewusst darauf angelegt, »ihre Zöglinge zu zerbrechen und dann anders wieder zusammenzuleimen«, wie Churchills Biograf Sebastian Haffner sagt.

Noch mit sechsundfünfzig Jahren erinnerte sich Churchill entsetzt an seine Schulzeit: »Die Härte der Behandlung übertraf selbst alles, was in staatlichen Besserungsanstalten geduldet worden wäre. … Regelmäßig ein- oder zweimal im Monat wurde die ganze Schule in der Bibliothek versammelt. Dann wurden ein oder mehrere Delinquenten von zwei Klassenältesten in einen Nebenraum gezerrt und dort geprügelt, bis das helle Blut herunterlief, während wir andern zitternd und auf die Schreie horchend beisammensaßen.«

Auch der kleine Winston wurde mehrmals grausam geschlagen, weil er den Sinn des hirnlosen Lernens nicht einsehen wollte. »Wo mein Interesse, meine Vernunft oder meine Fantasie nicht aufgerufen waren, wollte ich oder konnte ich nicht lernen.« Erst als er zu stottern begann und körperlich zusammenbrach, erkannten seine Eltern, dass etwas nicht stimmte, und nahmen ihn von der Schule.

Da war der Schaden nicht mehr gutzumachen. Churchill wurde ein ewiger Sitzenbleiber. Dass er nicht zer-

brach, verdankte er der Liebe seiner Kinderfrau Mrs Eve-
rest, die ihn wie eine Mutter erzogen hatte. Er liebte sie
so sehr, dass er sie, als sie ihn in der Public School besuchte, trotz Hohn und Spott seiner Mitschüler umarmte.
Denn klassenüberschreitende Liebesbeweise waren in
der englischen Oberschicht verpönt. Bei ihrem Begräbnis weinte der zwanzigjährige Husarenleutnant, und ihr
Bild schmückte noch das Arbeitszimmer des Premiermi-
nisters. Für Familienleben hatte die englische Oberklasse
keine Zeit. Ein Kind lernte erst als Erwachsener seine Eltern kennen. Auf der Militärakademie und in der Armee
fühlte sich Churchill zum ersten Mal wohl. Ohne schuli-
schen Druck erwarb er sich eine profunde literarische
Bildung und begann kurz darauf, selbst zu schreiben,
und zwar so vollendet, dass ihm später der Nobelpreis
für Literatur verliehen wurde.

*Ein Kind, das einen Vertrauten besitzt,
der ihm beisteht, kann trotz aller Verzweiflung
Lebensmut gewinnen.*

Nicht für das Leben,
für die Schule lernen wir.

Seneca

Sie haben ganz richtig gelesen, so lautet Senecas Satz korrekt. Er kritisierte damit Lehrer, die statt echter Lebensweisheit nur »Schulweisheit« lehrten. Vieles, was wir als Kinder lernen müssen – wenn nicht das meiste –, erinnert an Beschäftigungstherapie, um Kinder zu domestizieren.

Thomas Alva Edison hasste die Schule vom ersten Tag an. »Ich war immer der Letzte in der Klasse. Ich hatte immer das Gefühl, dass mein Lehrer mich nicht mochte und dass mein Vater meinte, ich sei dumm.« Als ihn der Lehrer vor der ganzen Klasse als »Hohlkopf« demütigte, lief der Achtjährige sofort nach Hause und erklärte seiner Mutter, er werde nie wieder eine Schule besuchen. So geschah es, und Edison wurde ohne Abitur oder Uniabschluss zu einem der genialsten Erfinder der Weltgeschichte.

Die Mutter fand die Schulverweigerung ihres Sohnes nicht im Geringsten problematisch und unterrichtete ihren »Al« selbst. Auch sein Vater hatte kein Problem damit, denn dadurch sparte er das Schulgeld. »Meine Mutter hat mich zu dem gemacht, was ich bin. Sie verstand mich, sie ließ mich meinen Neigungen nachgehen.«

Die Mutter unterrichtete ihn in Lesen, Schreiben und Rechnen. Das Schreiben ging allerdings im Schneckentempo voran. Noch als Zwanzigjähriger schrieb er Briefe ohne Punkt und Komma, was – in deutscher Übersetzung – etwa dann so aussah: »Liebe Mutter – Hab'n paar Wochn den Ladn bin ziemlich großgewordn seh ich mehr aus wien Junge – wie geht's euch alln hast du ne Schachtel mit den Büchern aus Memphis gekriegt wo er gesagt hat das er sie schicken will – Sprachen. Dein Sohn Al.«

Interpunktion erleichtert zwar das Lesen, ist aber für ein erfolgreiches Leben nicht unbedingt notwendig. Selbst Goethe schrieb, wie es ihm gerade einfiel. Sogar seinen Namen: manchmal Goethe, manchmal Göte oder auch Göthe.

Viel wichtiger ist, dass der Lehrer im Schüler die Liebe zum Lernen weckt. Und darin war Edisons Mutter ein Genie. Edison verschlang als Kind Gibbons »Verfall und Untergang des Römischen Reiches«, Humes »Geschichte Englands« oder Sears »Weltgeschichte«. Zudem las sie ihm sämtliche Klassiker von Shakespeare bis Dickens vor. Es gab nichts, was ihn nicht interessierte. Aber als sie ihm eine »Schule der Naturphilosophie« gab, weckte sie sein Genie. Er richtete im Keller ein Laboratorium ein und experimentierte. Am Ende seines Lebens besaß er über 2500 Patente.

Es kommt nicht darauf an, was wir lernen,
sondern darauf, dass in uns
die Liebe zum Lernen geweckt wird.

Groß ist der Mann, der
nicht sein Kinderherz verliert.

Mong Dsi

Welche Eltern sind nicht beunruhigt, wenn ihr Kind sich nicht »normal« entwickelt. Was aber ist normal? Lenin lernte auffallend spät laufen, nämlich erst mit drei.

Die Eltern des später weltbe-rühmten Casanova hielten den Sohn für schwachsinnig, weil er in seiner Traumwelt lebte.

Casanova

»Bis zum Alter von achtein-halb Jahren war ich stumpfsin-nig. Nachdem ich drei Monate lang anhaltendes Nasenbluten überwunden hatte, schickte man mich nach Padua, wo ich mich, von der Blödheit geheilt, dem Studium widmete. Man mach-te mich zum Doktor und steck-te mich dann ins Priestergewand.« Das heißt, Casanova holte innerhalb kürzester Zeit alles nach, was Gleichalt-rige gelernt hatten, und überflügelte sie sogar, indem er bereits mit siebzehn an der Eliteuniversität Padua den juristischen Doktortitel erwarb. Kurz darauf wurde er zum Priester geweiht. Er war tatsächlich ein Mann, der sein Kinderherz nie verlor. Das zeigt seine geradezu kind-liche Wissbegier, mit der er die Welt durchforschte.

Heute ist er hauptsächlich als Liebhaber vieler Frauen bekannt. Darüber wird leicht vergessen, dass er den Or-den vom Goldenen Sporn, den zweithöchsten Orden für

Verdienste um die römisch-katholische Kirche, vom Papst verliehen bekam. Er war gern gesehener Gast in den adligen Salons ganz Europas und wurde 1757 Mitbegründer der französischen Staatslotterie. Denn er besaß die Gabe der Überzeugung, und einflussreiche Persönlichkeiten schätzten seine Ratschläge und sein Wissen, darunter Berühmtheiten wie Madame de Pompadour, König Friedrich II., Voltaire, Rousseau, Lorenzo da Ponte, Zarin Katharina die Große oder der Altertumsforscher Winckelmann.

Am Ende seines Lebens war Casanova Bibliothekar des Grafen Waldstein in Dux, wo er seine Memoiren schrieb, die zur Weltliteratur gehören und in über zwanzig Sprachen übersetzt wurden. Im Februar 2010 erwarb der französische Staat von der Familie Brockhaus das Manuskript. Mit über sieben Millionen Euro ist es der höchste Preis, der jemals für ein Manuskript erzielt wurde. Casanovas glänzend geschriebene Erinnerugen sind die wichtigste Quelle für die Erforschung der Kulturgeschichte des 18. Jahrhunderts.

Es gibt kein Thema, das er in seiner unersättlichen Neugier nicht durchforschte.

> *Wer sich die kindliche Wissbegier bewahrt,*
> *erwirbt einen Schatz,*
> *der immer kostbarer wird.*

Mut steht am Anfang
des Handelns,
Glück am Ende.

Demokrit

Es ist fürchterlich, von Lehrern schlecht behandelt zu werden. Noch schlimmer aber ist es, zum Mobbingopfer seiner Mitschüler zu werden. André Gide war ein zartbesaiteter Junge mit Sinn für Poesie und Musik. Als der Zehnjährige ein Gedicht aufsagen musste und so gut vortrug, dass er dafür die beste Note bekam, zog er sich den Hass seiner Klassenkameraden zu. »Man verhöhnte mich, man quälte mich. … Bisweilen kam ich in bemitleidenswertem Zustand zu Hause an: mit stierem Blick, schmutzig, mit blutender Nase, klappernden Zähnen und zerrissenem Anzug.« Gides Mutter war entsetzt. Der Junge wurde krank vor Angst und fühlte sich erst im Bett vor der Schulhölle gerettet. Aber Krankheit dauert nicht ewig. Der Tag der Rückkehr kam näher. Die Angst steigerte sich so sehr, dass er beschloss, Ohnmachtsanfälle vorzutäuschen. Es ging wie geplant. »Ein Blick rückwärts über die Schulter, um einer Stelle versichert zu sein, wo ich mir, beim Fallen, nicht allzu wehtun würde …« Er fiel gekonnt, und das Dienstmädchen fand ihn in seiner gespielten Ohnmacht. Damit hatte er sich vor seinen Mitschülern gerettet. Zumindest für ein paar Tage. »Durch diesen ersten, so erstaunlich gelungenen Versuch ermutigt, rasch auch geschickter und erfindungsreicher geworden, ergänzte ich mein Repertoire durch weitere Anfälle …« Er hatte zwar wegen seines Theaters ein schlechtes Gewissen, aber die Angst vor den Mitschülern war größer als alle moralischen Bedenken seiner Mutter gegenüber. Zudem gab ihm der Erfolg recht. Seine Mutter nahm ihn vom Gymnasium und schickte ihn auf Empfehlung des Arztes wegen seiner unerklärlichen Anfälle zur Kur. Danach wurde er von Hauslehrern unterrichtet. Erst sieben Jahre später kehrte er aufs Gymnasium zurück. Nun hatte er es schwer, weil er unter »erbärmlicher Schüchternheit« litt. Doch endlich schloss er Freundschaft mit dem späteren Autor Pierre Louÿs und dem späteren sozialistischen Politiker Léon Blum, schaffte mit zwanzig sein Abitur, und zwei Jahre darauf erschien sein erstes Buch, »Sümpfe«, das er schon in der Schulzeit begonnen hatte.

> *Die Weisheit der Lüge*
> *hilft manchmal zu überleben.*

Das Kind ist kein Gefäß,
das gefüllt, sondern ein Feuer,
das entzündet werden will.

François Rabelais

 Feuer in Kinderherzen entzünden sich sekundenschnell. Als der kleine Albert Schweitzer das erste Mal eine Orgel hörte, musste er sich überwältigt an die Wand lehnen, damit er nicht umfiel.

Ich entdeckte als Vierjähriger die Kunst der Melodik am Gesang einer Amsel und die Magie der Farbe, als der Lehrer uns Erstklässlern mit blauer Kreide ein Veilchen an die Tafel malte.

Angelika Kaufmann besaß bereits mit fünf den sicheren Strich einer Malerin und wurde von ihrem Vater als Wunderkind präsentiert. Mit elf porträtierte sie den Bischof von Como und malte ihr erstes Selbstporträt. Diese beiden Porträts machten sie zu einer Art Popstar des Rokoko. Zar Paul I. gehörte zu ihren Fans wie Kaiser Joseph II. oder Madame de Pompadour. Der Vater brachte ihr außer Malen und Zeichnen Lesen und Schreiben bei. Ihre Mutter unterrichtete sie in Deutsch, Italienisch, Englisch und Französisch. Für Angelika war die Jugend »ein Fest«, das sich in der Kulisse von »herrlichen Palästen, schönen Villen, eleganten Booten und prächtigen Theatern« abspielte. Das Geld für die Reisen durchs Alpengebiet verdienten Vater und Tochter, indem sie Landpfarrer oder Bäuerinnen ebenso porträtierten wie Herzoginnen und

Kirchenfürsten. Später ließen sie sich in Mailand, Florenz und Rom nieder. Dort malte Angelika Berühmtheiten wie den Altertumsforscher Winckelmann.

1766 porträtierten sich in London der Maler Joshua Reynolds und die fünfundzwanzigjährige Angelika gegenseitig. Als ihr Reynolds einen Heiratsantrag machte, lehnte sie ab und heiratete den schwedischen »Grafen« Frederick de Horn. Die Ehe war kurz darauf zu Ende, als der Heiratsschwindler mit Angelikas sämtlichen Ersparnissen verschwand. Zum Trost wurde sie vom König neben Mary Moser zum einzigen weiblichen Gründungsmitglied der Royal Academy ernannt. Angelikas zweiter Ehemann war der venezianische Maler Antonio Zucchi, der nach dem Tod ihres Vaters auch als ihr Manager agierte. Das Malerehepaar lebte in Rom, wo in ihrem prächtigen Haus Berühmtheiten wie die Herzogin Anna Amalia von Sachsen-Weimar, Goethe und Herder verkehrten, der Angelika als »die kultivierteste Frau Europas« bezeichnete.

Warum die vorletzte Ausgabe des 100-Schilling-Scheins ihr Porträt nach einem Gemälde von Reynolds ziert, ist ein Rätsel, das der damalige österreichische Finanzminister mit ins Grab nahm. Vielleicht wollte er daran erinnern, dass sogar eine Frau es allein mit einer Farbpalette zu Wohlstand bringen kann.

> *Wessen Talente frühzeitig gefördert werden,*
> *der hat den Fuß auf der Leiter zum Erfolg.*

Die gute Mutter fragt nicht:
»Willst du?«, sondern gibt.

Griechisches Sprichwort

Wissenschaftler der Universität von Wisconsin haben herausgefunden, dass die tröstende Stimme der Mutter am Telefon genauso positiv wirkt wie eine Umarmung nach einem stressigen Erlebnis. Dabei wird das Hormon Oxytocin ausgeschüttet (salopp Wohlfühl-, Kuschel- oder Liebeshormon genannt), das die Bindung zwischen Mutter und Neugeborenem beeinflusst und bei Stress ausgleichend wirkt. Damit wird erklärt, warum Studenten nach Prüfungen häufig sofort ihre Mütter oder andere Vertrauenspersonen anrufen.

Erich Kästner, der Autor von »Emil und die Detektive«, verdankte seiner Mutter alles. »All ihre Liebe und Fantasie, ihren ganzen Fleiß, jede Minute ... ihre gesamte Existenz setzte sie fanatisch auf eine Karte, auf mich ... deshalb musste ich gewinnen. Deshalb wurde ich der beste Schüler und der bravste Sohn. Ich hätte es nicht ertragen, wenn sie ihr großes Spiel verloren hätte.«

Mit zwölf bestand er die Aufnahmeprüfung für die Übergangsklasse von der Dresdner Bürgerschüle ins Lehrerseminar, denn nach Mutters Wunsch sollte er Lehrer werden. Hier war er vier Jahre lang Klassenbester und machte ein vorzügliches Abschlussexamen. Aber er wollte kein Lehrer werden, denn er wollte »Neues, immer Neues aufnehmen und um keinen Preis Altes, immer wieder Altes weitergeben«.

Erich wollte studieren, was der Mutter weitere Opfer abverlangte, denn der Verdienst des Vaters reichte kaum aus, die Familie zu ernähren. Die Mutter war sofort einverstanden. Für ihren »patentierten Musterknaben« rackerte sie tagsüber als Friseurin und bis spät in die Nacht als Näherin, denn zunächst musste Erich das Abitur nachholen. Er erreichte es nach ein paar Monaten mit so glänzendem Erfolg, dass ihm das »Goldene Stipendium der Stadt Dresden« verliehen wurde, die Berechtigung zum kostenlosen Studium an der Universität Leipzig. 1925 schrieb Kästner seine Doktorarbeit. Einer seiner Prüfer bemerkte voll Bewunderung, wenn doch »alle Germanistikprofessoren unter uns in der Lage wären, in fünf Jahren ein ähnlich brillantes Werk zu verfassen«.

Die ganze Studienzeit hatte der junge Doktor so spartanisch gelebt, dass er Mama die Hälfte ihrer Studienunterstützung zurückgeben konnte. Von diesem Geld reisten beide zur Belohnung nach Italien. An dieser Mutter-Sohn-Beziehung hätte Dr. Freud seine helle Freude gehabt, denn später berichtete Erich seiner Mama seine sexuellen Erfolge detailgenau in Briefen. Und sie wachte über ihn wie eine eifersüchtige Ehefrau.

> *Durch eine starke Beziehung*
> *zu einem Elternteil*
> *gedeiht das Leben eines Kindes.*

Freiheit wird nie geschenkt,
immer nur gewonnen.

Heinrich Böll

Während normale Dreizehnjährige behütet aufwachsen, zog Amir Kassaei als Kindersoldat in den Golfkrieg und erlebte, wie neben ihm sein bester Freund von einer Mine zerfetzt wurde. Amir erschoss mehrere Menschen, was ihm bis heute Albträume beschert. Nach zwei Jahren floh er ganz allein über die türkische Grenze nach Österreich und stand als Fünfzehnjähriger mittellos und ohne ein Wort Deutsch zu können in Wien auf der Straße. Es ging ums nackte Überleben.

Kassaei lernte Deutsch, ging zur Schule und hielt sich durch Jobs wie Schneeschippen oder Kloputzen über Wasser. Zeit zum Jammern blieb ihm nicht. »Das war hart, aber im Nachhinein die beste Schule«, sagt Kassaei. Er konnte es sich nicht leisten, sich selbst oder anderen etwas vorzumachen. »Ich bin nicht korrumpierbar. Ich brauche kein Segelboot und keine Designeranzüge. Ich sollte eigentlich gar nicht mehr da sein. Mit diesem Wissen geht man souveräner durchs Leben.« Erst nach zehn Jahren sah er seine Familie wieder, als sie ihn in Wien besuchte. Als Deserteur darf er bis heute nicht in den Iran reisen. Allerdings hegt er keine Heimatgefühle für Persien. »Ich fühle mich als Österreicher.«

Kassaei ist im wahrsten Sinne des Wortes ein Selfmademan. Der Werbeexperte gilt laut der New Yorker Branchenbibel »The Big Won« als »der beste Kreative der Welt«, der mit seiner Werbeagentur DDB Kunden wie VW, McDonald's oder Reebok betreut. »Wenn man etwas verändern will, muss man konsequent sein. Aber bei Veränderungen haben die meisten Angst, aus der Angst heraus entsteht Unverständnis, und aus diesem Unverständnis heraus entstehen Vorurteile.«

Kassaei meint, dass die Finanzkrise nicht so sehr den Bankern, sondern vielmehr den Marketingexperten anzukreiden ist, denn die Wurzeln dieser Krise lägen eigentlich im Konsum. »Wer hat denn jahrelang den Amerikanern erzählt, dass sie sich über Konsum definieren sollen? Genau, wir waren es. Also sind wir mindestens mitschuldig.«

Die meisten Unternehmen gaben langfristige Planungen auf, weil ihnen die PR-Leute weisgemacht hatten, dass man ohnehin »jeden Blödsinn durch das richtige Marketing« verkaufen könne. »Es geht nicht mehr darum, möglichst viel zu besitzen.« Infolge der Krise überlegen die Menschen, was wirklich wichtig ist. Nach Kassaeis Meinung müssen »die Kreativen ein neues Selbstverständnis« entwickeln, um das Leben »einfacher, besser und effizienter zu machen«.

> *Je einfacher und unkomplizierter*
> *das Leben gestaltet wird,*
> *umso ausgeglichener wird der Mensch.*

Nicht das Beginnen ist zu loben,
sondern das Durchhalten.

Katharina von Siena

Mit vierzehn riss Wilhelm Voigt von zu Hause aus, weil
er es nicht mehr ertragen konnte, dass der alkoholkranke
Vater die Familie tyrannisierte und die Mutter grün und
blau prügelte. Weil die Flucht spontan erfolgte, stattete er
sich mit ein paar Kleidungsstücken des Nachbarn aus.
Als ihn nach drei Tagen die Polizei einfing, wurde ihm
deshalb der Prozess wegen Diebstahls gemacht. Der Vier-
zehnjährige wanderte für mehrere Wochen ins Gefängnis. Die Oberschule warf den Vorbestraften hinaus.

Wilhelm machte eine Schusterlehre. Weil er als Ge-
selle knapp bei Kasse war, fälschte er eine Postanweisung.
Und weil das so gut klappte, ging er diesem Geldverdienst
so lange nach, bis die Polizei das Geschäft beendete. Er
wurde wegen »schwerer Urkundenfälschung« zu zehn
Jahren Zuchthaus und einer hohen Geldstrafe verurteilt.
Weil er das Geld nicht hatte, musste er zwei weitere Jahre
brummen, insgesamt zwölf.

Mit dreißig wieder frei, wanderte er durchs Ausland
und arbeitete hier und da. Als er mit vierzig in die Heimat zurückkehrte, wurde er verdächtigt, einen Kamm,
eine Serviette und einen eisernen Haken gestohlen zu
haben. Für diese – von ihm bis zum Lebensende bestrit-
tene – Tat kam er erneut ein Jahr ins Gefängnis. Nach der
Entlassung versuchte er durch Raub einer Kasse zu Geld
zu kommen und wurde auf frischer Tat ertappt: fünfzehn Jahre Zuchthaus. Dort reifte in ihm der Plan, wie
man mit einem Schlag reich werden kann. Kaum entlas-

sen, besorgte er sich eine alte Hauptmannsuniform, kommandierte dergestalt kostümiert einen Trupp Soldaten, besetzte das Rathaus Köpenick, verhaftete den Bürgermeister und verschwand mit der beschlagnahmten Kasse. Kurz darauf saß er erneut hinter Gittern. Doch plötzlich behandelte man ihn wie einen Ehrengast. Trotz des Starrummels um seine Person wurde er zu weiteren vier Jahren Haft verurteilt, jedoch auf Intervention Kaiser Wilhelms nach zwei Jahren begnadigt.

Nun reiste Voigt als »Hauptmann von Köpenick« durch die Welt. Aus dem ausgemergelten Häftling wurde ein selbstbewusster besserer Herr, der es glänzend verstand, seine Lebensgeschichte zu Geld zu machen und die letzten zehn Jahre seines Lebens davon gemütlich zu leben.

> *Mit Zuversicht kann man*
> *selbst nach dreißig Jahren Gefängnis*
> *ein neues Leben beginnen.*

Mit fünfzehn muss man
sich entscheiden,
ob man gesund leben
oder Sport treiben will.

Christa Ludwig

In diesem ironischen Satz steckt tiefe Weisheit. Mit fünfzehn brach ich mir beim Fußballspielen das linke Fußgelenk, mit siebzehn nochmals beim Skifahren und mit
einundzwanzig ein drittes Mal beim Geländelauf. Seitdem ist das Fußgelenk nach Ansicht von Dr. Hagel, der
es bei einem Bänderriss verarztete, »nicht mehr ganz jugendfrisch«. Als ich meinem Freund und Nachbarn, dem
Orthopäden Klaus Thenner, erzählte, dass ich bei der Entwicklung meiner Buch- und Theaterprojekte im Liegen
arbeite und jeden Tag vier bis sechs Kilometer durch den
Wald wandere, meinte er, das sei »die vernünftigste Form,
um fit zu bleiben«. Übertriebener Sport führe unweiger-
lich zu Gelenk- und sonstigen Schäden.

Dass dem so ist, das weiß nun fast jeder aus eigener
schmerzlicher Erfahrung oder aus Beispielen in seinem
Bekanntenkreis. Einer, der sich besonders sportlich ge-
bärdete, war der Schriftsteller Ernest Hemingway. Dass
er von seinen Eltern als Kind in Mädchenkleidung gesteckt und fotografiert wurde, löste bei ihm eine lebenslange Krise aus. Bis zum Schluss versuchte er zu beweisen, dass er ein richtiger Mann ist: Auf Fotos posierte
er am liebsten im Großwildjäger-Look mit zackigen
Schaftstiefeln und Knarre. »Nur Daumenlutscher sorgen
sich um die Rettung ihrer Seele«, röhrte er selbstherrlich.
Überall dort, wo Testosteron Männerblut in Wallung

bringt, spielte er sich auf: Als Torero stach er heranstürmende Stiere ab. Als Boxer ließ er so lange auf sich einprügeln, bis er blau im Gesicht war. Im Zweiten Weltkrieg baute er seine Yacht zum privaten U-Boot-Jäger um und kam der französischen Résistance zur Hilfe. Nie war Hemingway weit, wenn es knallte oder die Trommel geschlagen wurde.

Allerdings erwischte es ihn auch fast immer. Beim Boxen haute man dem Fünfzehnjährigen gleich beim ersten Kampf die Nase platt, beim Football wurde er kurz darauf zweimal groggy vom Platz getragen. Im Krieg mussten ihm aus dem rechten Bein 227 Stahlsplitter herausoperiert werden. Er bekam Schüsse in beide Füße, in die Knie und die Hände, und sein robuster Kopf wurde sechsmal lädiert. Bei einem Sturz brach er sich sechs Rippen und überlebte drei schwere Verkehrsunfälle und zwei Flugzeugabstürze. Zudem brachten ihn zehn Gehirnerschütterungen ins Bett.

Als er das eigene Machogehabe nicht mehr ertragen konnte, schoss sich »Papa« auf der Höhe seines Ruhms, einen Unfall vortäuschend, eine Kugel in den Kopf.

> *Angesichts der vielen Sportunfälle sollte man über eine vernünftige Lebensweise nachdenken.*

Die Arbeit ist ein Segen,
der wie ein Fluch aussieht.

Paul Auster

Als er vier Jahre alt war, geschah die Katastrophe: Louis
Braille verletzte sich beim Spielen in der Schusterwerk-
statt seines Vaters mit einer Ahle. Das Auge entzündete
sich und wurde blind, und die Infektion griff auf das gesunde Auge über. Das führte zur völligen Erblindung des
Kindes.

Der intelligente Junge wollte sich jedoch nicht damit
abfinden, Literatur nur durch Vorlesen erleben zu können. Daher machte er sich bereits als Kind Gedanken
über eine Schrift für Blinde. Die Idee, wie diese Schrift
aussehen könne, kam dem Dreizehnjährigen durch einen
blinden Mitschüler, der erzählte, er habe zu Hause eine
Karte entdeckt, auf der Schriftzeichen »durchgeprägt«
seien. Es handelte sich dabei um die »Nachtschrift« des
Hauptmanns Charles Barbier, ein kompliziertes System
von Punkten und Silben, die dieser für militärische
Zwecke erfunden hatte. Braille vereinfachte diese Schrift,
indem er die Silben durch Buchstaben ersetzte und die
Anzahl der Punkte von zwölf auf sechs pro Zeichen re-
duzierte. 1825 hatte der sechzehnjährige Louis Braille die
Blindenschrift erfunden.

Brailles Schriftzeichen waren zwar leicht zu lernen
und einfach zu schreiben. Trotzdem konnte sich die neue
Blindenschrift nicht durchsetzen. Mit siebenundzwanzig
hatte Braille eine Auswahl aus den Werken des blinden
englischen Dichters Milton in Blindenschrift übertragen.
Um zu beweisen, wie schnell Blinde nach seinem System

lesen und sogar schreiben können, stellte er seine Arbeit öffentlich vor. Statt des Triumphes erlebte er eine Enttäuschung. Das Publikum glaubte, Braille habe Miltons Texte auswendig gelernt. Braille schrieb daraufhin an den französischen Innenminister, wurde jedoch mit einer nichtssagenden Antwort abgeschmettert. Er bekam nicht nur keine öffentliche Anerkennung, sondern der neue Direktor der Blindenschule verbot die Verwendung von Brailles Blindenschrift. Dabei handelte er aus egoistischen Motiven, denn er hatte ein »Handleitgerät« erfunden, mit dem die Buchstabenschrift geschrieben werden konnte. Einige Schüler praktizierten trotzdem heimlich Brailles Punktschrift.

1828 erfand Braille, der selbst Organist war, eine ebenfalls auf sechs Punkten basierende Notenschrift, die sich diesmal schnell durchsetzte und bis heute die einzige brauchbare Notenschrift zum Lesen und Schreiben für Blinde ist. Braille erlebte noch das Glück, dass 1850, zwei Jahre vor seinem Tode, seine Schrift für den Unterricht an französischen Blindenschulen eingeführt wurde.

> *Trotz seines schweren Schicksals*
> *hat Braille nicht aufgegeben,*
> *sondern etwas Positives für sich*
> *und andere aus seinem Leben gemacht.*

17. Lebensjahr

Das Leben ist wie ein
Theaterstück. Nicht wie lange,
sondern wie gut es gespielt
wurde, darauf kommt es an.

Seneca

Als die siebzehnjährige Helene Hegemann ihr Buch »Axoloth Roadkill« veröffentlichte, wurde sie von den Feuilletonisten gefeiert, als ob Goethe wiederauferstanden wäre. Für die einen galt sie als »Wunderkind der Bohème« und – nachdem sich herausstellte, dass Teile abgeschrieben waren – für andere als Betrügerin. Der Medienrummel brachte ihr Glück, das Buch wurde zum Besteller, und das ist jedem Autor zu wünschen.

Dem siebzehnjährigen Thomas Chatterton, der bereits mit zehn außergewöhnliche dichterische Kraft zeigte, ging es genau umgekehrt. Mit vierzehn fabrizierte er zahl-

reiche Dokumente und Gedichte angeblich mittelalterlichen Ursprungs, die in Sprache, Ausdrucksweise und Gestaltung so gut nachempfunden waren, dass die »Fragmente eines unbekannten Dichterkönigs des 15. Jahrhunderts« als echt galten, für großes Aufsehen sorgten und zu weiterer Nachfrage führten. Chatterton lieferte, was seine Auftraggeber erwarteten, und versuchte schließlich, von seinem Erfolg auch finanziell zu profitieren.

1769 schickte der Sechzehnjährige eine Auswahl seiner Werke an den berühmten Schriftsteller und Altertums-

148

forscher Horace Walpole. Der hielt die Gedichte für das Schönste, was aus dem englischen Mittelalter überliefert war. Überwältigt von so viel Entgegenkommen, schüttete Chatterton Walpole sein Herz aus, gestand ihm sein Alter und seine Herkunft als Sohn einer armen Witwe und bat ihn, bei der Entfaltung seiner Fähigkeiten und dem Aufbau einer Existenz als Schriftsteller behilflich zu sein. Walpole, enttäuscht, dass er es nicht mit einem Gelehrten, sondern mit einem Advokatenlehrling zu tun hatte, ließ daraufhin die Manuskripte von zwei Experten überprüfen. Die erkannten zwar auf Anhieb, dass die Gedichte gefälscht waren, nicht aber die literarische Qualität der Werke. Walpole teilte Chatterton die Expertenmeinung mit und gab ihm den Rat, erst einmal ein Vermögen zu machen, bevor er sich den schönen Künsten widme.

Entschlossen, sein Glück auf eigene Faust zu machen, ging der Siebzehnjährige nach London. Er glaubte inzwischen zu wissen, nach welchen Gesetzen Literatur Erfolg hat, und schrieb selbstbewusst an seine Mutter: »Kein Schriftsteller kann arm sein, der die Kunst des Buchhändlers versteht.« Doch Erfolg lässt sich nicht erzwingen. Nach einer Reihe von Misserfolgen vergiftete sich der Siebzehnjährige 1770 mit Arsen. Erst zehn Jahre später wurde Chattertons Dichtung als das Werk eines einmaligen Genies erkannt. Die Gesamtausgabe seiner Werke erschien erstmals 1842.

> *Menschen, die sofort alles auf einmal wollen,*
> *scheitern oft an ihrer Ungeduld.*

Wer gibt,
beschenkt sich selbst.

Gwen Arrach

Uneigennützige Menschen, die sich sozial oder politisch engagieren, leben glücklicher als andere, die nur die eigene Karriere verfolgen und nach materiellen Zielen streben. Egoismus schadet der eigenen Zufriedenheit. Das berichten Forscher im Wissenschaftsmagazin »Proceedings of the National Academy of Sciences«.

Turlough O'Carolan, der »Johann Sebastian Bach der irischen Harfe«, wurde 1670 in der irischen Grafschaft Meath als Bauernsohn geboren und wäre wahrscheinlich selbst ein armer Landarbeiter geworden, hätte er nicht als Achtzehnjähriger durch die Pocken sein Augenlicht verloren. Die Gutsherrin Mrs MacDermott Roe entdeckte die musikalischen Fähigkeiten des Blinden, unterrichtete ihn drei Jahre auf der Harfe, besorgte ihm ein Instrument und stellte ihm ein Pferd und einen Jungen als Diener zur Verfügung. Mrs MacDermott Roe handelte vollkommen selbstlos und schenkte damit der Welt einen großen Komponisten.

Mit einundzwanzig wurde O'Carolan zum reisenden Harfner. Und gleich zu Beginn der Reise geschah das zweite Wunder in O'Carolans Lebensgeschichte: Sein erster Gastgeber ermutigte ihn zum Komponieren. Das war der Funke, der O'Carolans schöpferisches Talent entflammte. Schon seine erste Komposition, »Sheebag and Sheemore«, machte ihn schlagartig in ganz Irland berühmt. Von seinem Diener geführt, ritt O'Carolan von Schloss zu Pfarrhof, von Pub zu Ballsaal. Überall wurde er sehnsüchtig erwartet, weil er unterwegs eine neue Komposition entwickelte und die Uraufführung dem Gastgeber oder der Dame des Hauses widmete.

O'Carolans Kompositionstechnik war verblüffend. Da er auf dem Pferderücken die Harfe nicht zur Hand hatte, bildeten die vielen Knöpfe auf beiden Seiten der Jacke die »Saiten« seines Instruments. Auf diese Weise entstanden über 200 bis heute erhaltene Kompositionen. Jedes Werk wurde von der Persönlichkeit des Gastgebers oder des Freundes inspiriert. Damit schuf O'Carolan etwas Neues in der Musikgeschichte: das musikalische Porträt. Während Porträtmaler die Gesichtszüge der Dargestellten auf Leinwand festhalten, brachte der Blinde Temperament und Charaktereigenschaften seiner Gastgeber und Freunde in den ihnen gewidmeten Porträts zum Klingen.

1720 heiratete der Fünfzigjährige Mary Maguier, die ihm sieben Kinder schenkte. Er starb 1738 und wurde in der Gruft der Familie MacDermott Roe auf dem Friedhof von Keadue (County Roscommon) bestattet. Dort findet jährlich im Juli ein Harfenfestival zu seinen Ehren statt.

Auch Blinde können
ein glückliches Leben führen.

19. Lebensjahr

Der Verstand sucht,
doch das Herz findet.

George Sand

Während sich Abiturienten durch ihre Abschlussprü-
fungen bangen, stehen viele Gleichaltrige bereits fest im
Berufsleben. Einige sind in diesem Alter sogar Meister
ihres Faches wie Arthur Rimbaud, der Schlüsseltexte der
Moderne schrieb. Und mit neunzehn, wenn andere ihre

ersten tastenden Versuche
beginnen, hörte Rimbaud,
einer der größten Lyriker
der Welt, auf zu schreiben.
Sein poetisches Werk war
in vier Jahren entstanden.
Der »Mann mit den Wind-
sohlen«, wie ihn Verlaine
nannte, trat in die nieder-
ländische Kolonialarmee ein, reiste nach Java, desertierte
sofort und kehrte nach Frankreich zurück. Er arbeitete
in Ägypten auf einer Plantage, kratzte in Luxor »Rimbaud« in eine Säule, schloss sich Piraten an, die gestrandete Schiffe ausraubten, und wurde Bauaufseher in
Zypern. Später dann war er Kaffee-Exporteur in Aden,
Waffenschmuggler und Sklavenhändler in Somalia.

Mit dreiunddreißig hatte er graues Haar vom trostlosen
Leben fernab der Zivilisation. Er lebte mit einer jungen
Äthiopierin zusammen und später mit einer Dienerin
aus dem »hässlichsten Stamm« der Gegend. Mit sieben-
unddreißig bekam er eine Entzündung im Knie. Als die
Schmerzen unerträglich wurden, verkaufte er alles, was

er besaß, und wurde von Trägern im tropischen Regen zur Küste gebracht. Ein Schiff transportierte Rimbaud nach Marseille, wo ihm sofort das Bein amputiert wurde. Sechs Monate später war Rimbaud tot.

Als junger Mensch war Rimbaud seinem Herzen gefolgt, fand, was er suchte, und wurde ein Frühvollendeter, ohne dass der Tod seine rasante Karriere abgebrochen hätte wie beim fünfundzwanzigjährigen Kompositionsstar Pergolesi oder beim achtundzwanzigjährigen Maler Egon Schiele.

Viele junge Menschen wissen um ihre Talente, werden aber oft durch gesellschaftliche Konventionen, Angst vor dem Versagen, Eltern oder wohlwollende Verwandte daran gehindert, diese zur Entfaltung zu bringen. Mein Freund Christian war ein Opfer bürgerlicher Wertvorstellungen. Während sein unangepasster Bruder zum Entsetzen der Eltern eine Musikerkarriere begann, die ihn seit über zwanzig Jahren mit Freude erfüllt, folgte Christian dem Wunsch seiner Eltern, machte seinen Doktor in Wirtschaftswissenschaften, wurde Manager bei einer Versicherung, verdiente viel Geld und wurde immer unglücklicher in der Welt des Big Business und fragwürdiger Geschäfte. Eine Krebserkrankung brachte ihn zum Nachdenken. Nach der Wiederherstellung seiner Gesundheit änderte er sein Leben, das mit neunzehn Jahren in die falschen Bahnen gelenkt worden war, und ist seitdem ein fröhlicher Mensch.

Was als Erziehung bezeichnet wird,
ist oft die Unterweisung von Vorurteilen.

Sobald das Leid groß
genug ist, geht es vorwärts.

Hermann Hesse

In buddhistischen Ländern wird jemand, dem es psychisch schlecht geht, beglückwünscht. Niemand empfiehlt dem Depressiven eine Psychotherapie oder käme auf die Idee, ihn mit Psychopharmaka zu behandeln. Der Absturz in den psychischen Abgrund gilt als produktiver Lebensabschnitt, eine Zeit der Klärung, in der der Mensch sich neu orientiert und danach gestärkt seinen Lebensweg in eine andere Richtung fortsetzt. Was zunächst wie eine Katastrophe aussieht, entpuppt sich manchmal kurz darauf als Segen. Sehnlich Erwünschtes erweist sich als Chimäre, und man ist später oft froh, dass eine Geschäftsverbindung, eine Reise oder eine Ehe nicht zustande kam.

Der Ordensgründer, Mystiker und Kirchenlehrer Franz von Sales geriet als Zwanzigjähriger in eine Krise, als er sich mit der calvinistischen Lehre von der Vorherbestimmung beschäftigte. Darin behauptet Calvin, Gott habe von Anbeginn festgelegt, welcher Mensch zur Seligkeit und welcher zur Verdammnis bestimmt sei. Diese kompromisslose theologische Diktion versetzte Franz von Sales einen Schock. Er glaubte eine Zeit lang, Gott hätte ihn verdammt, und war über die Ausweglosigkeit derart verzweifelt, dass er nicht nur seelisch, sondern auch körperlich krank wurde.

Im Januar 1587 konnte er sich nur mit äußerster Willenskraft in die Kirche Saint-Etienne des Gres schleppen. Dort betete er das Memorare, eines der beiden Grundge-

bete der katholischen Kirche: »Gedenke, gütigste Jungfrau Maria, man hat noch niemals gehört, dass jemand,
der zu Dir seine Zuflucht nahm, deine Hilfe anrief, um
deine Fürsprache flehte, von dir verlassen worden sei.
Von solchem Vertrauen beseelt, nehme ich meine Zuflucht zu dir, Mutter, Jungfrau der Jungfrauen; zu Dir
komme ich; vor Dir stehe ich seufzend als Sünder. Mutter des Wortes, verschmähe nicht meine Worte, sondern
höre mich gnädig an und erhöre mich. Amen.«

Mit der Kraft dieses Gebetes überwand er die Krise,
vertraute sein ganzes Leben Gott an und gewann die
Überzeugung: Was auch immer Gott mit mir vorhat, es
wird gut, weil Gott die Liebe ist. Dieses vertrauensvolle
»Loslassen« löste sekundenschnell die Düsternis seiner
Seele auf. Es beeinflusste sein positives Gottes- und Men-
schenbild, seine gleichmäßige Heiterkeit und seinen nie
versiegenden Optimismus. Bei ihm bewahrheitete sich
Bernhard von Clairvaux' Satz:

> *Für den, der glaubt,*
> *ist alles möglich.*

21. Lebensjahr

Nicht der Wind, sondern
das Segel bestimmt
die Richtung.

Meister Süm-prüm-flü-long

Im Sturmwind hatte Charlie Chaplin seine ganze Kindheit und Jugend hindurchgestanden. Sein alkoholkran-
ker Vater hatte die Familie verlassen, und die kranke Mutter versuchte, sich und die kleinen Söhne mit Nähen über
Wasser zu halten. »Schließlich zogen wir alle drei ins Ar-
menhaus.« Doch es wurde noch schlimmer. Die Behörde
steckte die Mutter in eine Nervenheilanstalt und den
Sechsjährigen und seinen Bruder ins Waisenhaus. Sie fro-
ren, hatten immer Hunger und wurden »für ihr Verge-
hen, arm zu sein, wie Verbrecher behandelt«. Für kleinste
Fehltritte gab es Prügel, Nahrungsentzug und Karzer.

Später schlug sich Charlie mit kleinen Theaterrollen
durch und lebte vor Furcht, wieder ins Waisenhaus zu
müssen, als U-Boot. Die ganze Zeit ging er nie zur Schule.

Ein paar Jahre später, als er erfolgreich mit einer The-
atertruppe durch die USA zog, wurde ihm seine mangel-
hafte Schulbildung peinlich. Er wollte »vor allem deshalb
gebildet sein, um sich anderen nicht mehr unterlegen zu
fühlen«. Denn der Einundzwanzigjährige war völlig verunsichert. »Ich wünschte mir, ebenso viel zu wissen wie
meine Mitmenschen …, um mich gegen die Verachtung
wehren zu können, die die Welt … dem Ungebildeten
zeigt. Deshalb begann ich, in meiner Freizeit in Buchan-
tiquariaten herumzustöbern.«

Von Bildungshunger getrieben, kaufte er wahllos Bücher. Doch die rührte er kaum an, bis er eines Tages Scho-

penhauers »Die Welt als Wille und Vorstellung« entdeckte. Vierzig Jahre lang las er darin immer wieder, »wenn
auch niemals gründlich«. Doch irgendetwas darin muss
eine Initialzündung bei Charlie ausgelöst haben. Vielleicht missverstand er einfach Schopenhauers berühmten Pessimismus. Denn als der Fünfundzwanzigjährige
seinen ersten Film drehte und vier Jahre später seine
eigene Filmfirma gründete, sah er der Zukunft höchst
optimistisch entgegen: »Die Zukunft, die Zukunft – die
herrliche Zukunft! Wohin sollte sie führen?«

Erfolg und Geld stürzten lawinen-
artig auf ihn herab. Charlie Chaplin
hatte sein Segel gekonnt in den Wind
gedreht, und der blies ihn mit Macht
zum Erfolg. Das ehemalige Heimkind
wurde Millionär. Aber er wurde niemals hochmütig, sondern kämpfte
für Verständigung und Menschlichkeit. »Unser Wissen hat uns zynisch,
die Schärfe unseres Verstandes hat
uns kalt und lieblos gemacht. Wir

denken zu viel und fühlen zu wenig. Dringender als der
Technik bedürfen wir der Menschlichkeit. Güte und
Sanftmut sind wichtiger für uns als Intelligenz. Mit dem
Verlust dieser Eigenschaften wird das Leben immer ge-
walttätiger, und alles wird verloren sein.« Und er war
sich ganz sicher:

Ein Tag ohne Lächeln
ist ein verlorener Tag.

22. Lebensjahr

Wer weiß, wozu es gut ist.
Volksweisheit

Am Anfang ist alles wunderbar: Der Studienstart in der neuen Stadt ist aufregend, man gewinnt neue Freunde, und die Vorlesungen sind spannend. Doch plötzlich ist die Euphorie verflogen. Was tun? Manche beißen sich bis zum Abschluss durch. Andere wechseln das Fach und wieder andere kehren der akademischen Welt den Rücken. Was viele Eltern als Katastrophe empfinden, erweist sich im Nachhinein als Segen. Denn die Seele sucht ihren Weg, und wer ihr folgt, erreicht unerwartete Ziele.

Auch Wilhelm Busch gelangte erst nach Umwegen zu seiner wahren Berufung. Der Vater schickte den Neunjährigen zum Unterricht zu seinem Schwager, dem Pastor Kleine. Dieser Pfarrer war ein pädagogisches Genie und brachte Wilhelm in sechs Jahren einen großartigen Vorrat an Wissen bei. Zudem lebte im Dorf der Müllersohn Erich Bachmann, mit dem Wilhelm Busch eine lebenslange Freundschaft verband. Diese beiden Menschen gaben Wilhelm Busch im ganzen Leben festen Halt. Denn das Kind fühlte sich von seinen Eltern verstoßen. Das Wiedersehen nach drei Jahren war erschütternd. Er lief seiner Mutter entgegen: »Ich erkannte sie gleich; aber sie kannte mich nicht, als ich an ihr erst mal vorbeiging.« Dass er der eigenen Mutter so fremd geworden war, hatte den Zwölfjährigen tief getroffen.

Der Vater schickte den Sechzehnjährigen zum Maschinenbaustudium nach Hannover. Wilhelm gab sich alle Mühe, doch das Wichtigste lag ihm nicht: In Mathematik wurde ihm lediglich »viel guter Wille« bestätigt. Nach vier Jahren vergeblicher Mühe verließ er eigenmächtig das Polytechnikum und erklärte dem Vater, jetzt »in Düsseldorf an der Kunstakademie Malerei zu studieren«. Der Vater fiel aus allen Wolken, unterstützte aber trotzdem den Sohn weiterhin finanziell. In Düsseldorf wurde die Welt für den Kunststudenten trotz Bienenfleißes nicht rosiger als in Hannover. Nach einem Jahr ging er nach Antwerpen, um sich an der Königlichen Akademie der Künste weiterzubilden. Dort begeisterten ihn die Bilder der alten Meister. Am 26.6.1852 schrieb der Zwanzigjährige in sein Tagebuch die bedeutungsvollen Worte: »Von diesem Tage an datiere sich die bestimmte Gestaltung meines Charakters als Mensch und Maler. Es ist mein 2. Geburtstag.«

Dieser Erkenntnis folgte eine schwere Krankheit. Der gescheiterte Kunststudent kehrte ins Elternhaus zurück, sammelte Märchen und Volkslieder und spielte nach weiteren Enttäuschungen an der Kunstakademie in München mit dem Gedanken, in Brasilien Bienenzüchter zu werden. Erst mit dreiunddreißig gelang ihm mit »Max und Moritz« der große Wurf.

Seine Talente zu entwickeln bedeutet
Ausdauer, Disziplin und Glauben an sich selbst.

Frauen sind die Holzwolle
in der Glaskiste des Lebens.

Kurt Tucholsky

Sobald Frauen in einem Team mitarbeiten, steigt nicht
nur die Intelligenz des Teams, sondern auch die der
männlichen Mitarbeiter, wie eine wissenschaftliche Studie nachweist. Was so verblüffend klingt, ist eigentlich
logisch, denn Frauen betrachten die Dinge oft aus anderer Perspektive, und jeder Mann im Team muss sich damit auseinandersetzen. Das zwingt dazu, den eigenen
Standpunkt zu überdenken.

Im Kabinett des spanischen Ministerpräsidenten Za-
patero sind erstmals mehr weibliche als männliche Minister vertreten. Daher darf man gespannt sein, was sich
in Spanien verändern wird.

Kaiserin Maria Theresia trat mit
dreiundzwanzig Jahren das
Erbe ihres Vaters an. Bewusst
setzte sie ihre blendende
Erscheinung als politi-
sches Mittel ein. Damit
gewann sie die Herzen
ihrer Untertanen und
die Bewunderung
ihrer Minister. Körperlich und seelisch enorm robust,
konnte sie bis zu zwanzig Stunden lang konzentriert arbeiten und danach bis in den Morgen tanzen. Sie schaffte
die Folter ab und stellte mit der Einführung des Papier-
geldes Österreich auf solide finanzielle Basis. Auch für
die Reform des Staatsapparates, die Justizreform, die Ein-

führung der Volks-, Haupt- und Berufsschulen, des Pilotprojekts des sozialen Wohnbaus erntete sie Lorbeeren.

Ihre mütterliche Freundin, die Gräfin Fuchs, hatte ihr als höchste Prinzipien Ehre, Anstand, Gerechtigkeit, Nächstenliebe, Höflichkeit und Hilfsbereitschaft beigebracht. Sie verzichtete konsequent auf Lügen im Interesse sogenannter höherer Ziele, auf faule Winkelzüge oder leere Versprechungen und hielt Anwendung von nackter Gewalt für verwerfliche Mittel einer brutalen männlichen Staatskunst. Wenn es bei ihren Ministern zu Gockelgehabe kam, fuhr sie ihnen über den Mund. Und wenn es gar nicht anders ging, machte sie lautstarke Szenen. Die Auswahl ihrer Minister war ein politisches Kunststück. Josef von Sonnenfels verdankte sie die Abschaffung der Folter, die Finanzreform, die Gewerbefreiheit und den uneingeschränkten Verkauf ausländischer Bücher der Aufklärung in Österreich. Van Swieten schuf die Basis für das staatliche Gesundheitswesen, führte 1760 die Pockenschutzimpfung ein und verbot von der Kirche befohlene Bücherverbrennungen.

Fürst Kaunitz griff erfolgreich in die Innenpolitik ein und sorgte für die Förderung der Wissenschaften. Das Einzige, was Maria Theresia bedauerte, war, aus Stolz Krieg geführt zu haben. Die vielen Toten raubten ihr nachts den Schlaf. Abgesehen davon führte Maria Theresia ein zum Segen Österreichs gelungenes Leben.

*Die emotionale Intelligenz der Frauen
löst oft komplexe Probleme.*

Wahren Sie Ihre Würde.
Voltaire/Friedrich II.

Es gibt Menschen, die durch ihr aufbrausendes Wesen, ihre Ungeduld oder ihre unduldsame Besserwisserei das Leben sich und anderen schwer machen.

Ich habe einen Freund, der sich nicht nur, wenn etwas seiner Vorstellung zuwiderläuft, über andere Menschen aufregt, sondern sich geradezu in einen cholerischen Anfall hineinsteigert. Mit seiner würdelosen Art erreicht er eigentlich das genaue Gegenteil von dem, was er will. Die abgekanzelten Mitarbeiter verlieren ihre Freude an der Arbeit, Familienmitglieder ziehen sich in sich selbst zurück, Freunde gehen auf Sicherheitsabstand. Es nützt wenig, wenn er später die verletzte Ehefrau mit einem Blumenstrauß oder den gekränkten Mitarbeiter mit einer Flasche Wein versöhnen will.

Aggressives Verhalten ist Kulturlosigkeit höchsten Grades und eines gebildeten Menschen unwürdig. Wie Untersuchungen zeigen, wirken Verbalattacken genauso zerstörerisch wie körperliche Gewalt. Besonders Menschen, die mächtiger sind als andere, sei es als Vorgesetzte oder als Erwachsene Kindern gegenüber, haben die Pflicht, sich kultiviert zu benehmen und ihre Würde zu wahren. Denn Würde wahren bedeutet, in schwierigen Situationen klaren Kopf zu behalten.

Zarin Katharina hatte es sich angewöhnt, freundlich zu jedem Menschen, sei es ein Leibeigener oder ein Fürst, zu sein. Denn mit Freundlichkeit erweist der Mächtigere seinen Mitmenschen Achtung. Der frühere BMW-Chef Eberhard von Kuenheim geriet bei Niederlagen nie in

Zorn oder schob die Schuld anderen zu, sondern quittierte sie mit einem Lächeln. Kaiser Marc Aurel ermahnte sich in seinen »Selbstbetrachtungen«: »Sage morgens zu dir: Heute werde ich mit einem unbedachtsamen, undankbaren, unverschämten, betrügerischen, neidischen, ungeselligen Menschen zusammentreffen. Alle diese Fehler sind Folgen ihrer Unwissenheit hinsichtlich des Guten und des Bösen. Ich habe klar erkannt, dass das Gute seinem Wesen nach schön ist. ... Keiner kann mir Schaden zufügen, denn ich lasse mich nicht zu einem Laster verführen.« Und so begegnete er jedem heiter und ausgeglichen.

Kultiviertes Verhalten kann man sich antrainieren wie jede andere Fertigkeit. Statt über jemand, der einen Fehler gemacht hat, aufbrausend herzufallen, sollte man zur Beruhigung zunächst bis zehn zählen und dann zum Beispiel sagen: »Ich bin ganz unglücklich. Da ist uns ein Fehler passiert. Ich brauche Ihre Hilfe.« Mit diesem Satz wird signalisiert, dass das Problem gemeinschaftlich behoben werden soll. Eine buddhistische Weisheit bringt das auf den Punkt:

*Sei gut zu dir
und vergib anderen.*

Ein Freund ist ein Geschenk,
das man sich selber macht.

R. L. Stevenson

Forscher der Harvard-Universität haben herausgefunden, dass gute Freunde das Gehirn anregen. Es reagiert auf einen Freund intensiver als auf einen Fremden – selbst wenn man mit Letzterem mehr gemeinsam hat.

Als der fünfundzwanzigjährige Karl Marx zum ersten Mal mit Friedrich Engels zusammentraf, wurde daraus eine lebenslange Freundschaft, die nach ihrem Tod die Welt verändern sollte. Diese Freundschaft war für beide ein Geschenk. Gemeinsam entwickelten sie das »Kommunistische Manifest« und bauten an ihren sozialistischen Visionen, indem sie in Marx' Arbeitszimmer so lange und gedankenschwer auf und ab gingen, bis an der Kehrtwende beim Schreibtisch der Fußboden einen halben Zentimeter tiefer war.

Selbstporträt von Engels:
»Hängematte, enthaltend
mich selbst.«

Kaum hatte sich Engels als Manager in der Textilfabrik seines Vaters in Manchester etabliert, versuchte er, seinen Freund, der inzwischen mit Familie nach London emigriert war, vom väterlichen Geschäft mit zu ernähren. Denn Marx war chronisch pleite. Da kam der gutherzige Millionenerbe in spe auf eine simple, wenn auch leicht kriminelle Idee: Er schlug Marx vor, eine Rechnung zu fälschen: »... Du kannst

meinetwegen schreiben, ich hätte mich durch Frauen-
zimmer in Schulden gebracht ...« Es folgte ein wunder-
samer Geldsegen, und der gute Engels griff immer tiefer
in die Tasche seines alten Herrn: »Im vorigen Jahr habe
ich Gott sei Dank meinem Alten die Hälfte seines Profits
des hiesigen Geschäfts aufgefressen.«

Zehn Jahre später konnte Engels aus dem Vollen schöp-
fen. Sein Vater war gestorben und hatte dem Sohn ein
stolzes Erbe hinterlassen. Jetzt führte Engels das Leben
als vornehmer Privatier, der gerne tief ins Glas schaute.
Für Engels hatte das Trinken philosophische Dimensio-
nen. Als großherziger Mensch ließ er Marx an den Schätzen seines Weinkellers teilhaben: »Du bekommst sehr
guten alten 63er Claret und 57er Rheinwein; Moselwein
habe ich nur noch ein paar Flaschen ...« Friedrich Engels war nicht nur großzügig im Geldausteilen, auch mit
seinem guten Namen half er Karl Marx aus der Klemme.

Als sich die Haushälterin der Familie Marx plötzlich
schwanger fühlte und Marx aus Bammel vor seiner misstrauischen Gattin in den Boden versinken wollte, sprang
Engels rettend ein. Demütig »beichtete« Engels Jenny
Marx die (nicht durch ihn stattgefundene) Schwänge-
rung ihrer Perle, übernahm selbstlos die Vaterschaft und
zahlte die Alimente.

Wer das Glück hat, gute Freunde zu besitzen, kommt
leichter durch die Stürme des Lebens. Denn wie Aristoteles sagt:

Ein treuer Freund ist so viel wert
wie Tausend Verwandte.

Wasser ist nicht zum
Trinken da, sonst hätte Gott
nicht so viel davon gesalzen.

B. Behan

Das wollte Doris Engelhard zunächst nicht glauben. Als sie nach dem Realschulabschluss als Novizin ins Kloster der »Ordensgemeinschaft Armer Franziskanerinnen von der Heiligen Familie zu Mallersdorf« eintrat, wollte sie in die Landwirtschaft. Doch das Kloster brauchte jemanden für die Brauerei. So wurde die Sechzehnjährige zu Schwester Lisana geschickt, einer robusten Exkrankenschwester, die das Mädchen von Kopf bis Fuß musterte. »Sie hat mich angeschaut wie ein Bauer einen Ochsen«, sagt Schwester Doris mit einem Lachen, das wie aus einem Fass klingt, »und für würdig befunden.« Nach der Lehre absolvierte sie Praktika in zwei Brauereien, bestand 1969 ihre Gesellenprüfung und mit sechsundzwanzig als einzige Frau ihres Jahrgangs die Meisterprüfung. Dabei war ihr Bier zunächst zuwider.

Ihre Liebe zum Gerstensaft wuchs mit der Beschäftigung. Seit fünfundvierzig Jahren dreht sich ihr Leben beinahe nur um Bier und Gott. Der Tag im Leben der Klosterschwester beginnt um halb sechs in der Früh mit dem Chorgebet. Später ist Gottesdienst bis um halb sieben. Um 17.45 Uhr ist Sammelrosenkranz, um 18 Uhr erneut Chorgebet, danach Abendessen und um 20 Uhr offizieller Tagesabschluss mit dem Abendgebet. Außer es ist »Sudtag«. Dann brodeln einmal wöchentlich in einem Metallkessel rund achtzig Hektoliter Bier, und Schwester Doris muss ihre Gebete beim Brauen anstimmen. Der

Sudtag beginnt in aller Herrgottsfrüh um halb vier und dauert zehn Stunden. Früher »Knochenarbeit«, geht es heute dank moderner Technologie leichter.

Inzwischen ist für Schwester Doris der Geruch des Bieres die reinste Medizin: »Es gibt nichts Besseres.« Außerdem ist sie überzeugt, dass »Bier schlank macht«. Bei einem skeptischen Blick auf ihre rundliche Figur ergänzt sie, »wenn man nichts dazu isst«. Jeden Abend trinkt sie einen halben Liter. Bier ist seit Urzeiten in der Fastenzeit das ideale klösterliche Stärkungsmittel. Als nach dem Ersten Weltkrieg die Nonnen ihren Braumeister nicht mehr bezahlen konnten, nahmen sie das Geschäft selbst in die Hand. Heute ist Schwester Doris die Herrin der Brauerei und bestimmt, was gebraut wird: helles Vollbier mit 12 % Stammwürze. Das Wochenende dient der Muße. Im Sommer folgt Bierfest auf Bierfest, das ist die beste Werbung für das Klosterbier. »Das Schöne an diesem Beruf ist, dass man mit lebendigen Dingen umgeht: Hefe, Gerste, die Verbindung zur Kundschaft«, sagt die Einundsechzigjährige zufrieden. »Ich würde es sofort wieder machen.« Sie ist sich mit Benjamin Franklin darin einig:

> *Bier ist der Beweis, dass Gott uns liebt und will, dass wir glücklich sind.*

Lass dich nicht entmutigen.

Constantin Brâncuşi

Den Weg zu seinem Lebensziel begann der Bildhauer Brâncuşi buchstäblich zu Fuß, als er 1903 Bukarest verließ, um seine künstlerischen Fähigkeiten in Paris zu entwickeln. Seine Karriere hat überhaupt etwas Märchenhaftes.

Mit elf lief er von zu Hause fort, wurde Gehilfe eines Färbers und später Schäfer. Beim Schafehüten schnitzte er an Wurzeln herum und half sonntags als Schankbursche im Wirtshaus des Bruders. Eines Tages wettete der Siebzehnjährige mit einem Geiger, eine viel bessere Geige bauen zu können, und erschuf das Wunderwerk einer Violine. Ein zufällig anwesender Fabrikant erkannte die Fähigkeiten des Jungen und bezahlte ihm die Ausbildung an der Kunstgewerbeschule in Craiova. Mit zwanzig gewann Brâncuşi ein Stipendium für die Kunsthochschule in Bukarest. Als er die Kunstbände der Bibliothek verschlungen hatte, dämmerte ihm, dass Bukarest tiefste Kunstprovinz war. Er verkaufte seine Skulpturen und wanderte Richtung Paris. Sein Stallgeruch verband ihn mit Bauern, Köhlern, Jägern und anderen Landbewohnern, die ihn mit Essen versorgten und im Heu übernachten ließen.

1904 kam er in Paris an und ging zunächst zur rumänisch-orthodoxen Kirche. Dort nahm man ihn brüderlich auf und verschaffte ihm eine Stelle als Chorsänger. Er studierte an der École des beaux-arts und arbeitete nebenher als Tellerwäscher, Metzgerbursche, Färbergehilfe. Die Professoren erkannten auf einen Blick, welches

Genie in dem jungen Hinterwäldler steckte. In seinem Hinterhofatelier heftete er an die Treppenabsätze, die zu seinen »Olymp« führten, Zettel, die ihn täglich in roter Schrift ermahnten: »Vergiss nicht, dass du ein Künstler bist!« »Lass dich nicht entmutigen!« »Hab keine Angst, du schaffst es!«

Amedeo Modigliani: Porträt von Constantin Brâncuşi

Eines Tages wurde der berühmte Bildhauer Rodin auf ihn aufmerksam, erkannte in Brâncuşi einen Ebenbürtigen und lud ihn ein, in seinem Atelier zu arbeiten. Der Siebenundzwanzigjährige konnte sein Glück kaum fassen. Trotzdem lehnte er ab. Aus dem Leben in freier Natur wusste er: »Im Schatten großer Bäume gedeiht nichts.« Nach und nach bekam er lukrative Aufträge, lebte jedoch bescheiden weiter wie ein Schäfer.

Legendär waren die Festessen in seinem Atelier, wo er rumänische Spezialitäten im Brennofen kochte. Mit seinen zwei weißen Wolfshunden, dem groben Wollumhang, dem Topfhut und dem Rauschebart sah er immer noch aus wie ein Schäfer. Und auch die Angst vor Zaubersprüchen und bösen Vorzeichen konnte er nicht ablegen, obwohl er langsam weltberühmt wurde.

Seinen Erfolg verdankte er seinem Mantra:

> *Schöpfe wie ein Gott,*
> *gebiete wie ein König*
> *und arbeite wie ein Sklave.*

28. Lebensjahr

Die Suche nach sich selbst
kann lange dauern.
    Michel de Chassecourt

Es gibt Menschen, die bereits in ganz jungen Jahren wissen, wie ihr Lebensweg aussehen soll. Mein Freund Gerald Blaich wollte mit vierzehn Förster werden – und er ist es mit ungebrochener Begeisterung seit dreiunddreißig Jahren. Andere kämpfen sich durch dornige Pfade, stürzen in Abgründe und durchirren Labyrinthe, bis sie plötzlich ihren Weg finden. Verzweifelten Eltern zum Trost: Es gibt viele Erfolgreiche, die erst nach vielen Umwegen ihr Ziel erreichen, wie etwa der Dramatiker Gerhard Hauptmann.

Als Kind galt er einfach als dumm. Dem Elfjährigen wurde gleich zu Beginn gesagt: »Du bist ein sehr, sehr schwacher Sextaner.« Das war ein Euphemismus, denn Hauptmann war eine absolute Null. Er blieb zweimal sitzen, und als er mit sechzehn von der Schule gegangen wurde, war sein Zeugnis die Katastrophe. Immerhin hatte er zwei »Gut«: im Fach Betragen und im Freihandzeichnen. Die leise verzweifelten Eltern fanden eine Lehrstelle auf dem Gut seines Onkels. Doch die Arbeit im Stall war Gerhard zu anstrengend. Nach zwei Jahren flüchtete er nach Breslau, um sich dort durch Privatunterricht auf das Einjährigen-Examen vorzubereiten. Es war ein Flop. Der Vater schwankte zwischen Wut und Verzweiflung. Plötzlich hatte Gerhard die Erleuchtung: Er wollte Bildhauer an der Kunstschule in Breslau werden und kam tatsächlich nach zwei Jahren mit dem Zeugnis der mittleren Reife dort heraus. Die Eltern waren glücklich. Doch statt zu bildhauern, wollte er jetzt in Jena Geschichte studieren. Nach einem Semester fand er das langweilig und machte lieber eine Mittelmeerreise. In Rom gestrandet, versuchte er sich als Bildhauer. Es wurde ein Flop.

Der Loser kehrte in die kalte Heimat zurück, hörte an der Berliner Universität Vorlesungen über dies und das und schrieb ein Germanendrama mit dem schaurigen Titel »Promethidenlos«. Die Familie war ratlos.

Da wollte Gerhard die reiche Kaufmannstochter Marie heiraten. Den Eltern fiel ein Stein vom Herzen, denn Marie war die Schwester der beiden Schwiegertöchter, und das waren ordentliche deutsche Hausfrauen. Nun setzte sich der Achtundzwanzigjährige diszipliniert an den Schreibtisch, füllte dicke Notizbücher mit Dialektstudien und bastelte an dem Theaterstück »Vor Sonnenaufgang«. Das Bildungsbürgertum war geschockt, aber jeder musste das Skandalstück sehen. Nach dem vierten Theaterstück war Hauptmann weltberühmt, doch seine Eltern wussten nicht, ob sie sich über den berühmt-berüchtigten Sohn freuen oder sich für ihn schämen sollten. Aber immerhin verdiente er jetzt eine Menge Geld.

Dieses Beispiel sollte alle verzweifelten Eltern trösten, denn:

> *Manche Sorgenkinder brauchen sehr lange,*
> *um ihren Weg zu finden.*

Vor dem Verdienen
kommt das Dienen.

Henry Ford

Angesichts ungebremster Habgier und ausufernder Korruption in Wirtschaft und Politik
wächst der Unmut der Bürger,
die mit Massendemonstratio-
nen reagieren und sich von den
etablierten Parteien abwenden. Auch in der Wirtschaft
ist ein – wenn auch zaghaftes – Umdenken zu beobach-
ten. An der European Business School in Oestrich-Win-
kel können Absolventen einen Eid auf gute Kaufmann-
schaft ablegen und sich verpflichten, Menschenrechte zu
achten, die Risiken ihres Unternehmens ungeschönt dar-
zustellen und Bestechlichkeit zu ächten. »Können« heißt
es leider und nicht »müssen«.

Henry Ford war vor über hundert Jahren weiter. Der
Autodidakt, der mit fünfzehn die Schule verließ, kons-
truierte mit neunundzwanzig sein erstes Auto und gründete 1902 die »Ford Motor Company«. Zehn Jahre später
installierte er das erste Fließband. Es führte zur Rationa-
lisierung in der Herstellung. Ford verbesserte zudem die
Produktionsgänge, indem er die Fertigung von Teilen
standardisierte und die Arbeitsteilung noch weiter vor-
antrieb. Dadurch wurden die Autos auch in der Anschaf-
fung billiger und für die Allgemeinheit erschwinglicher.

Trotz seiner harten kapitalistischen Ideologie war Ford
auch Philanthrop, dem das Wohl seiner Mitmenschen
am Herzen lag: »Jeder Werktätige soll genug verdienen,

um ein Haus, ein Stück Land und ein Auto besitzen zu können«, meinte er und zahlte entsprechend gute Löhne. Während man woanders einen Dollar pro Woche verdiente, bekam jeder seiner Mitarbeiter fünf Dollar pro Tag.

Warum er solch fantastische Löhne zahlen konnte, lag in seiner simplen, aber äußerst erfolgreichen Firmenphilosophie: Reduziere den Verkaufspreis des Produkts, vermehre den Verkauf, mach die Produktion kostengünstiger, verdopple den Ausstoß der Ware, um noch billiger zu werden, und wiederhole diesen Kreislauf unentwegt. Auf diese Weise verkaufte er von seinem Standardmodell mehr als fünfzehn Millionen Stück. Nachdem alles so gut lief, beglückte er seine Mitarbeiter mit Lohnerhöhungen, Arbeitszeitverkürzung und Gewinnbeteiligung in so großem Maße, dass die Vereinigten Staaten ihren hohen Lebensstandard seinen Ideen verdankten.

In seiner Autobiografie sagte Ford: »Das moralische Grundprinzip ist das Recht des Menschen auf seine Arbeit. ... Die Arbeit ist der Eckstein, auf dem die Welt ruht, sie ist die Wurzel unserer Selbstachtung. Und der Arbeitgeber ist verpflichtet, ein noch größeres Tagewerk zu leisten als seine Leute. Der Unternehmer, der seine Pflicht gegenüber der Welt ernst nimmt, muss auch ein tüchtiger Arbeiter sein.« Er sagte auch:

Suche keinen Schuldigen.
Schaffe Abhilfe.

Ein Lebenskünstler ist,
wer seinen Sommer so erlebt,
dass er ihm noch den Winter wärmt.

Alfred Polgar

Eines von Grimms Märchen erzählt in wunderbarer Bild-
haftigkeit von der Lebenszeit.

Als Gott die Welt erschaffen hatte und allen Kreaturen
ihre Lebenszeit bestimmte, wollte er dem Esel dreißig
Jahre geben. Der Esel lehnte entsetzt ab: »Bedenke mein
mühseliges Dasein: von morgens bis in die Nacht schwere
Lasten schleppen und dafür noch Schläge bekommen!
Erlass mir einen Teil der langen Zeit.« Da erbarmte sich
Gott und schenkte ihm achtzehn Jahre.

Auch der Hund meinte, dreißig Jahre seien zu viel.
»Herr, bedenke, wie viel ich laufen muss. Das halten
meine Pfoten nicht aus. Und habe ich erst die Stimme
zum Bellen verloren und die Zähne zum Beißen, was bin
ich dann noch nutze?« Das sah Gott ein und erließ ihm
zwölf Jahre.

Darauf kam der Affe. Gott meinte: »Du brauchst nicht
zu arbeiten wie der Esel und der Hund und bist immer guter Dinge.« »Ach, Herr«, antwortete der Affe, »das
scheint nur so. Ich soll immer lustige Streiche machen,
damit die Leute lachen. Aber wenn sie mir einen Apfel
schenken, so ist er sauer, und sie machen sich über mich
lustig. Wie oft steckt Traurigkeit hinter dem Spaß. Das
halte ich keine dreißig Jahre aus.« Gott war gnädig und
schenkte ihm zehn Jahre.

Da erschien der Mensch. Gott bot auch ihm dreißig
Lebensjahre an. »Nur dreißig Jahre?«, rief der Mensch.

»Wenn ich mein Haus gebaut und Bäume gepflanzt habe, meine Kinder aufwachsen sehe und meines Lebens froh zu werden beginne, dann soll ich sterben?! Bitte verlängere mir meine Zeit.« So gab ihm Gott die übrig gebliebenen achtzehn Jahre des Esels. »Das ist nicht genug«, meinte der Mensch. Da gab ihm Gott auch noch die zwölf Jahre des Hundes. Doch auch die reichten ihm nicht. So gab ihm Gott auch noch die restlichen zehn Jahre des Affen. Damit war der Mensch immer noch nicht zufrieden. Doch Gott gab ihm nicht mehr.

Also lebt der Mensch siebzig Jahre. Die ersten dreißig sind seine Menschenjahre. Da ist er heiter, gesund, optimistisch und lebensfroh. Dann folgen die Jahre des Esels. Da muss er für andere die Lasten tragen und bekommt dafür noch Prügel. Danach kommen die zwölf Jahre des Hundes. Da liegt er zahnlos knurrend in der Ecke und ärgert sich über andere. Und zum Schluss kommen die Affenjahre. Da nimmt ihn niemand mehr ernst, er wird hin und her geschubst und zum Gespött der Kinder.

Ich habe Freunde, die feiern den Eintritt in jedes Lebensalter mit einem Fest. Jedes Mal lachen wir und haben unseren Spaß. So wird der Eintritt in den neuen Lebensabschnitt leichter. Demokrit sagte sehr schön:

> *Das Leben ohne Feste*
> *ist wie ein weiter Weg ohne Wirtshäuser.*

Die Krise ist ein produktiver Zustand.
Man muss ihm nur den Beigeschmack
einer Katastrophe nehmen.

Max Frisch

Den Eintritt des im vorigen Kapitel beschriebenen Esels-
alters bekommt fast jeder mit voller Härte zu spüren. Man
wird mit Arbeit im Beruf überhäuft, muss sich um seine
Kinder kümmern, möchte mit seinem Partner eine harmonische Beziehung leben und noch Zeit für Freunde,
Eltern, Hobbys oder Reisen haben. Wer zudem ein Haus
baut, ist vollends überlastet. Kein Wunder, dass bei vielen
das Burn-out durch Albträume grinst und den Alltag
bedroht. Kaum jemand weiß, wie nah er am Rande des
Zusammenbruchs lebt.

Laut Kunibert Schaffner von der Wirtschaftskammer
Wien ist man sich auch in vielen Unternehmen nicht bewusst, wie gefährdet die Mitarbeiter sind: »Rund sechzig
Prozent der Krankenstände sind auf Stress und Burn-out
zurückzuführen.« Inzwischen gibt es Experten für den
Bereich Stressvermeidung. Irgendwie ist es jedoch per-
vers, an den Symptomen herumzudoktern, statt die krank
machenden Ursachen zu bekämpfen. Je voller der Terminkalender, umso größer wird die Gefahr von krank
machendem Stress und völligem Zusammenbruch. Sich
immer mehr aufhalsen zu wollen ist eine Sucht, die leicht
zu anderen Süchten führt. Der Griff zu Schlaf-, Beruhi-
gungs- oder Aufputschmitteln, Alkohol oder Schokolade
ist verführerisch. Doch was zunächst hilft, erweist sich
bald als Elixier des Teufels, das einen immer tiefer in den
Abgrund zieht. Und so steigert sich mancher sehenden

Auges der Krise entgegen und ist eines Tages tatsächlich krank. Dann erst beginnt das Opfer der modernen Markt- und Spaßgesellschaft, über sein verrücktes Leben nachzudenken.

Meine Tochter Nina hat, wie die meisten erfolgreichen jungen Frauen, einen höchst anstrengenden Beruf. Um sich nicht völlig zu verausgaben, hat sie eine Methode gefunden, sich vom nervenaufreibenden Berufsalltag zu regenerieren. Sie trinkt kaum Alkohol, ernährt sich in erster Linie vegetarisch, vermeidet, wenn es geht, Restaurantbesuche und kocht ihr Essen selbst aus der Gemüsekiste, schwimmt täglich und macht lange Spaziergänge. Außerdem hat sie herausgefunden, dass das private Wochenende der reinste Jungbrunnen ist. Sie schläft, solange es ihr gefällt, trifft sich zwanglos mit Freunden, geht ins Kino, wenn sie Lust dazu hat – oder auch nicht. Das entspannte Wochenende gibt ihr Kraft, die folgenden Arbeitstage mit Gelassenheit zu nehmen.

Je stressiger das Leben ist, umso mehr müssen Ruhezeiten für Ausgleich sorgen. Die Faustregel lautet: ein Drittel Arbeitszeit, ein Drittel Erholung, ein Drittel soziale Kontakte. Denn:

Wer sich zum Sklaven seiner selbst macht, wird unglücklich.

Schlaf! O sanfter Schlaf!
Du liebreiche Amme der Natur.

Shakespeare

Frauen kennen ihn, den beglückenden Schönheitsschlaf. Aber auch Männer erwachen mit strahlender Frische, wenn sie gut geschlafen haben. Tatsächlich ist Schlaf die tägliche Wiedergeburt. Wer zu wenig schläft, fühlt sich matt, ist unkonzentriert, sieht schlecht aus und ist aggressiv zu seinen Mitmenschen. Unser stressiger Alltag führt zu chronischem Schlafmangel. Schulkinder macht er zu Nervenbündeln, Erwachsene kann er in das Burn-out treiben. Viele sind ständig übermüdet – und die meisten merken es nicht einmal, weil Kaffee und andere Drogen sie künstlich wach halten. Die Menschen der Industrienationen schlafen »im Durchschnitt eine Stunde weniger als vor zwanzig Jahren«, sagt der Schlafmediziner Thomas Pollmächer. Wer häufig ausschläft, früher die Augen zumacht, tagsüber Pausen einlegt oder sogar eine Siesta hält, tut sich nicht nur etwas Gutes, sondern bleibt leistungsstark.

Die ideale Schlaflänge gibt es nicht. Fürst Bismarck kam selten vor elf Uhr aus dem Bett, oft wurde es zwei Uhr nachmittags. Fürst Pückler ging erst nach dem Morgenkaffee schlafen und stand dann gemächlich am Nachmittag auf. Die beiden Fürsten gehörten eindeutig zum Nachteulenverein, während Jägernaturen wie Henry Ford oder Turgenew beim ersten Hahnenschrei aus dem Bett sprangen. Keine dieser Lebensformen ist verwerflich. Jeder muss nach seiner inneren Schlafuhr leben, um seinen Tag optimal zu bewältigen.

Die meisten Menschen sind leider in Arbeitsprozesse eingespannt, die ihnen keine Wahl lassen, länger das Bett zu genießen. Doch wer genug schläft, betreibt »aktives Anti-Aging«. Und nur Ausgeschlafene bleiben auf voller Leistungshöhe. Die Schlafforschung zeigt, dass der gute alte Mittagsschlaf Wunder wirkt, um sein »Schlafkonto« aufzufüllen. In Japan wird das Nickerchen am Arbeitsplatz nicht als Faulpelzerei, sondern als Ausdruck besonderen Tatendrangs gewertet. Denn wer sich dabei erholt, erweist sich als besonders fleißig. Schlafmediziner fordern die Abschaffung der Sommerzeit, die vielen Menschen Einschlafprobleme bringt, flexiblere Arbeitszeiten, damit die Arbeitnehmer auf den eigenen Schlafrhythmus Rücksicht nehmen können, späteren Schulbeginn, weil ausgeschlafene Kinder besser lernen, und auch bei uns das Mittagsschläfchen am Arbeitsplatz. Schlaft, meine Freunde. Denn:

> *Wer mehr schläft,*
> *hat mehr vom Leben.*

Gib jedem Tag die Chance,
der schönste deines Lebens zu werden.

Mark Twain

Welch wunderbare Weisheit steckt in Mark Twains Satz. Der schönste Tag im Leben kann geschenkt werden, aber noch besser ist es, die Gelegenheit beim Schopf zu packen, um ihn zum schönsten werden zu lassen. Das heißt: Wer wach und offen durch die Welt geht, zieht das Positive an, entdeckt die einzigartige Gelegenheit und macht etwas Schönes daraus.

In Selma Lagerlöfs grandiosem Roman »Gösta Berling« hält der junge Pfarrer vor der Kirchenkommission und dem Gemeinderat, die über seine Verfehlungen zu Gericht sitzen sollen, eine Predigt. Er weiß, es geht dabei um seine ganze weitere Karriere als Geistlicher. Er konzentriert seine Energie, ruft die Kräfte des Himmels um Beistand an und hält seine letzte Predigt, bei der es um Sein oder Nichtsein geht. Es ist, als ob der Heilige Geist aus ihm spräche, und im Sturm erobert er die Herzen sogar jener, die ihn zum Teufel jagen wollten. »Das Leben hatte ihm seine beste Stunde geschenkt«, sagt Selma Lagerlöf.

Es muss nicht immer die schönste Stunde oder der schönste Tag sein. Aber wer sich bemüht, kann viele schöne Tage und Stunden erleben. Manchmal weiß man erst nach Jahren, dass ein bestimmter Tag oder Moment ganz wichtig für das weitere Leben war. Die Begegnung mit einem Menschen kann binnen Sekunden alles verändern.

Begegnungen dieser Art hatte ich einige, die mein ganzes Leben positiv beeinflussten. Vor dreiunddreißig Jahren kam ich zum ersten Mal in den Hof eines Waldviertler Forsthauses, und ich wusste, das ist mein Haus. Hier möchte ich leben. Und das habe ich bisher keinen Tag bereut. Es war, als ob der Schweizerhof und ich uns gesucht hätten. So wurde aus der schicksalshaften Begegnung ein Rendezvous für mein folgendes Leben. Auf die gleiche Art begegnet man Menschen, die einem das Leben verschönern und manchmal bis zum Tod verbunden sind, Tieren, die ins Leben treten und einem Freude bereiten, oder auch Büchern, die einen ungeheuer positiven Einfluss besitzen.

Als mir in einer verzweifelten Situation die Weisheit des antiken Philosophen Epiktet in die Hände geriet, löste sich innerhalb von ein paar Minuten meine Verzweiflung in nichts auf. Epiktets Weisheit änderte meine ganze Weltsicht. Alles wurde für mich heiterer und leichter. Ich erkannte die Macht guter Gedanken. Und seitdem ich positiv denke, wird alles um mich her schöner. Ich habe dadurch gelernt, selbst die verdrießlichsten Dinge freudig anzugehen, denn sie müssen ja erledigt werden, und sie auf die lange Bank schieben heißt, sich immer mehr damit zu belasten.

Wer Belastendes möglichst schnell entsorgt, schafft Platz für Angenehmes.

Hab Geduld. Alle Dinge sind
schwierig, bevor sie leicht werden.
Michel de Chassecourt

Man nannte sie die »Heldin der Pille«. Und das war sie
tatsächlich. Ohne den Kampf der Krankenschwester Margaret Sanger für das Recht der Frau auf Kontrolle über
den eigenen Körper wäre das orale Verhütungsmittel sicher erst später auf den Markt gekommen.

Auslöser war der frühe Tod ihrer völlig erschöpften
Mutter, die achtzehn Mal schwanger gewesen war und elf
Kinder geboren hatte. Das traumatische Erlebnis setzte
bei der Neunzehnjährigen ungeahnte Kräfte frei. »Mutter ist tot, weil sie zu viele Kinder hatte«, fuhr sie ihren
Vater nach dem Begräbnis an, »es ist deine Schuld.« Sie
heiratete den reichen Architekten William Sanger und
bekam drei Kinder.

Im August 1914 floh die »Geburtskontrollverfechterin«
aus den USA, weil das Gericht sie wegen »verbotener pornografischer Empfängnisverhütungsschriften« per Haftbefehl suchte. Der Vierunddreißigjährigen drohte eine
Gefängnisstrafe bis zu fünfundvierzig Jahren. In Publikationen wie »Was jedes Mädchen wissen sollte« klärte sie
ihre Leserinnen über die am Menstruationszyklus orientierte Empfängnisverhütung genauso auf wie über den
Coitus interruptus. Margret hatte sich dafür als »lüsternes Monster« und als »Mörderin der Ungeborenen« beschimpfen lassen müssen. Allein in New York gab es zu
dieser Zeit rund 100 000 illegale Abtreibungen pro Jahr.

Anfang der 20er-Jahre dachte der Innsbrucker Physiologe Ludwig Haberland über die Möglichkeit einer hormonalen Empfängnisverhütung nach: Doch Haberlands früher Tod 1932 beendete seine Forschung, bevor er das Mittel testen konnte. Nachdem Margret 1917 in die USA zurückkehren durfte, tourte sie erneut durchs Land und hielt Vorträge. Dabei lernte sie Katharine McCormick, die reiche Erbin eines Mähdrescher-Imperiums, kennen. Margret Sangers Visionen von einer »magischen Pille« begeisterten Katharine sofort. Sie spendete für die Forschung an der Antibabypille mehr als eine Million Dollar. 1951 erklärte der Biologe Gregory Pincus Margret Sanger, dass die Entwicklung eines hormonellen Empfängnisverhütungsmittels möglich sei.

Dies war die Geburtsstunde einer Revolution der Sexualität, die zehn Jahre später die USA und die westliche Welt erfasste. 1960 setzte sich die als Mittel gegen Menstruationsstörungen getarnte Antibabypille durch, weil immer mehr Ärzte sie verschrieben. Frauen konnten nun zwischen Babybauch und beruflicher Karriere wählen. Im Schlafzimmer und am Arbeitsplatz verschoben sich die Machtverhältnisse. Margaret Sanger hatte maßgeblich dazu beigetragen – ihr Traum von der Kontrolle der Frau über den eigenen Körper war Wirklichkeit geworden.

> *Erfolgserlebnisse hat nur der,*
> *der darum kämpfen musste.*

Die Kleidermode ist der
teuerste Uniformzwang der Welt.

Maurice Chevalier

Mit der Kleidung dokumentiert man nach außen die Zugehörigkeit zu einer Klasse, einer Rasse, einer Nation, einer Berufsgruppe oder einem Stamm. Topmanager erkennt man an ihren Maßanzügen, Manager an Nobelmarken wie Boss, Armani und Co. oder Oberbayern oder Steirer an ihrer mit Stolz getragenen altväterischen Tracht. Berufsbiker wie die Hells Angels oder hobbybikende Harley-Davidson-Opas kostümieren sich auf wild, Banker und Anwälte auf betont seriös, Musiker, Schauspieler oder Dichter erscheinen malerisch-romantisch, eben so, wie sich normale Arbeitnehmer Künstler vorstellen, und Regisseure, Architekten und Bestattungsunternehmer hüllen sich in zurückhaltendes Schwarz. Daneben gibt es berufs-, klassen- und sogar geschlechtsübergreifende demokratische Bekleidungsgegenstände wie die Outdoor-Jacke oder die Bluejeans, die auch Banker oder Hells Angels nach Feierabend tragen dürfen. Wer die Berufs- oder Stammestracht ablegt, dokumentiert seinen Austritt aus diesem Stamm, denn ein Banker im Künstlerlook wäre, wie ein Künstler im maßgeschneiderten Dreiteiler, ein schwarzes Schaf oder ein weißer Rabe.

Als der fünfunddreißigjährige Mahatma Gandhi beschloss, den Freiheitskampf um die Gleichberechtigung der unterprivilegierten Farbigen zu beginnen, legte er seinen Anwaltsanzug ab und wurde Asket. Er dokumentierte damit äußerlich seine innere Wandlung. Sein gesamtes Leben wurde anders. Statt teure Anzüge zu tragen, webte er in kontemplativer Handarbeit den Stoff für seine wallenden Gewänder selbst, molk eigenhändig seine Ziege, ernährte sich von einer Handvoll Reis und etwas Milch und bekam durch diese spartanische Lebensweise eine Kraft, die Hunderttausende Menschen zweiter Klasse ansteckte und die Kolonialmacht Großbritannien das Fürchten lernte.

Auch Gurus, Propheten, Wahrsagerinnen, Hexen, Priester und andere spirituelle Leitfiguren haben ihre eigene Tracht. Keine Kleidung, keine Mode ist lächerlich. Sie spiegelt das Seelenleben einer Zeit wider, drückt das Selbstbewusstsein oder Selbstverständnis einer Klasse, Kaste oder Religionsgemeinschaft aus. Dem Gruppenzwang kann sich kaum jemand entziehen. Das beginnt bei der »richtigen« Wahl des Markennamens und endet beim aktuellen Schnitt des Sakkos, dem Farbton des Kostüms oder des Krawattenmusters.

Nur eingefleischte Individualisten können es sich leisten, bei Stammes- oder Kastentreffen in abweichendem Outfit zu erscheinen, weil aller Liberalisierung zum Trotz bis heute die Binsenweisheit gilt:

Kleider machen Leute.

Ich habe beschlossen, glücklich zu sein,
weil es besser für die Gesundheit ist.

Voltaire

John Lennon, Cicero, Albert Einstein oder Churchill
waren eingefleischte Anhänger der Siesta. Montaigne, der
Genießer, wies sogar seinen Diener an, ihn mitten in der
Nacht zu wecken, um erneut in den Genuss des wohligen
Wiedereinschlafens kommen zu können. »Das einzig Be-
dauerliche am Schlaf ist der Umstand, dass man sich dessen Freuden, während man schläft, nicht bewusst wird«,
seufzte er. Voltaire, ein anderer Schlafgenießer, war morgens immer so frisch ausgeschlafen, dass er noch während des Anziehens seinem Schreiber seine Geistesblitze
diktierte.

Mittags-, Zwischendurch- und Nachtschlaf steigern
genauso das Wohlbefinden und die Konzentrationskraft
wie Meditation oder wohliges Nichtstun. Müßiggang ist,
entgegen der landläufigen Meinung, nicht aller Laster
Anfang, sondern das Gegenteil. Er regt die Kreativität an
und befähigt zu Spitzenleistungen. Heute, wo die religiöse Arbeitsmoral des Fleißapostels Jean Calvin von den
protestantischen Ländern ausgehend fast die Welt erobert hat, fühlt man sich als bekennender Müßiggänger,
der dem Genuss des Mittagsschläfchens frönt, fast als
Paria. Statt den Schönheits- und Gesundheitsschlaf zu
lieben, sind viele stolz darauf, den erholsamen Schlaf der
zermürbenden Arbeit zu opfern. Der Restschlaf ist bei
siebzig Prozent aller Arbeitnehmer so schlecht, dass sie
kaum noch wissen, wie man entspannt einschläft und erholt erwacht.

Künstler wissen es: Kreative Ideen kommen meistens dann, wenn die Gedanken schweifen. Die Musen sind sehr anspruchsvolle und eifersüchtige Liebhaberinnen, die uns nur küssen, wenn wir uns ihnen mit Haut und Haar hingeben. Und das am liebsten im Bett. Horaz schrieb seine Verse, oft nachts wachgeküsst, sofort an die Wand. Der indische Mathematiker Ramanujan bekam seine genialen Formeln von der Göttin Namakkal im Schlaf eingeflüstert, und auch Gauß löste manches mathematische Problem v o r dem Aufwachen, wie er berichtete. Der Komponist Johann Sebastian Bach hatte im Traum so viele musikalische Einfälle, dass es ihm ein Problem war, »morgens beim Aufstehen nicht auf sie zu treten«.

Die Schlafforscherin Sara Mednick hat herausgefunden, dass ein Nickerchen die Aufmerksamkeit um bis zu hundert Prozent erhöht, die motorische Koordination und die Genauigkeit stärkt, die Wahrnehmungsfähigkeit und Entscheidungsfreude verbessert, das Risiko für Herzinfarkte und Schlaganfälle reduziert, jugendliche Spannkraft verleiht, die Stimmung verbessert, das Abnehmen fördert, Stress reduziert, Gedächtnisleistung und Kreativität vermehrt und die Freude am Sex steigert.

> *Ein Nickerchen*
> *ist der tägliche Jungbrunnen.*

Lebensklugheit ist die Kunst,
alle Dinge möglichst wichtig,
aber keines völlig ernst zu nehmen.

Arthur Schnitzler

Gregor von Rezzori erzählte mir einmal aus einer Zeit tiefer Verzweiflung. Er war mit siebenunddreißig voll im Eselsalter und als Schriftsteller, Vater dreier Kinder und mit der Anstrengung, »den Notwendigkeiten der bürgerlichen Existenz aus dem Weg zu gehen«, völlig überfordert. Er hatte kein Geld, seine Ehefrau hasste ihn und der Misserfolg seines Buches »Ödipus siegt bei Stalingrad« nagte an seinem Selbstbewusstsein.

Er wurde krank. Der Hausarzt stellte eine Rippenfellentzündung fest. Dieser folgte eine Lungenentzündung. Danach erneut eine Rippenfellentzündung. Nach zwei Monaten diagnostizierte der Arzt Lungenkrebs. Rezzori flüchtete sterbenskrank nach München zu einem befreundeten Arzt. Die Untersuchungen brachten nur das Ergebnis, dass Rezzori bei den Röntgenaufnahmen seiner Lungen immer mehr in Verzweiflung geriet. Denn er besaß weder eine Krankenversicherung noch das Geld, um den teuren Krankenhausaufenthalt zu bezahlen. Das wusste auch sein Freund, der Arzt. Ein Einzelzimmer war daher ausgeschlossen und Rezzori in ein Gemeinschaftszimmer mit anderen Patienten zu legen, war ebenfalls problematisch. »Wir Ärzte haben da ein Sonderzimmer für spezielle Fälle«, meinte der Arzt leichthin. »Dort bist du allein und hast deine Ruhe.«

Rezzori kam in das kleine Zimmer, das bis auf das Kreuz an der Wand und das Bett leer war. Er dämmerte erschöpft vor sich hin, bis nach ein paar Stunden ein weiterer Patient hineingeschoben wurde. Dieser lag zunächst bewegungslos unter dem Laken. Dann plötzlich erzählte er etwas über Lenins Mumie. Mitten im Satz brach er ab, und sein Kinn sackte herab. Rezzori sah, dass sein Nachbar tot war. Er rief und pfiff, bis endlich eine barmherzige Schwester in Nonnentracht erschien. »Der ist tot«, krächzte Rezzori. »Ja, Gott hab ihn selig«, sagte die Nonne mit himmlisch süßem Lächeln, schloss mit einem professionellen Griff Augen und Kinn des Verschiedenen und schlug über ihm das Kreuzzeichen. »Und jetzt?«, fragte Rezzori bang. »Bleibt der etwa bei mir? Bringen Sie ihn ins Sterbezimmer!« Die Schwester lächelte ihn freundlich an und sagte: »Sie sind im Sterbezimmer.« Daraufhin bekam Rezzori einen Heiterkeitsanfall.

Alle Bangigkeit und Zukunftsangst war durch den Satz davongeblasen. »Wir sind ja ein Leben lang im Sterbezimmer«, dachte er. »Was kann mir jetzt noch passieren?« Er kam in ein anderes Zimmer und ein paar Wochen später war er geheilt. Was vom Sterbezimmer blieb, war die Heiterkeit, die ihn über alle Sorgen und Verzweiflung hinwegrettete.

Heiterkeit ist das Zeichen der Freiheit.

Ich bin nicht tiefsinnig,
ich bin dick.

Honoré de Balzac

Im Mittelalter und in späteren Zeiten unterschied sich
das Essen von Arm und Reich hauptsächlich durch die
Menge. Während die Reichen schwelgten, nagten die
Armen am Hungertuch. Heute lebt nahezu jeder Mensch
der Wohlstandsgesellschaft weitaus luxuriöser als sogar
Aristokraten und Großbürger im 19. Jahrhundert. Der
Supermarkt versorgt uns das ganze Jahr über mit Luxus-
gütern aus der ganzen Welt: Edelkaffee aus Jamaika, Blu-
men aus Brasilien, Wein aus Kalifornien, fangfrischem
Fisch aus dem Nordpolarmeer, Biogemüse aus Italien
usw. Nicht einmal Könige des 18. Jahrhunderts konnten
so schwelgen.

Die Folgen dieser für fast jeden erschwinglichen Lebensweise sind gut sichtbar. Übergewicht ist in der EU
inzwischen eine Volkskrankheit. Und auch ihr Gegenteil:
Der Abmagerungswahn grassiert. Zaundürr gehungerte
Gesellschaftsdamen und magersüchtige Models bilden
das Idealbild der Medien und verführen zur Nachahmung.
Die einen hungern sich an homöopathischen Mengen
krank, die anderen essen sich Frustpolster an.

Während aber dürr gehungerte Frauen en vogue sind,
sinkt bei anderen das Selbstwertgefühl aufgrund ihres
Übergewichts ins Bodenlose. Statt sich vernünftig, das
heißt genügsam, fettarm und ausgewogen zu ernähren,
trägt man seine überschüssigen Pfunde ins Fitnessstudio
oder zur Fettabsaugung. Obwohl es doch gar nicht so
schwer wäre, sein Idealgewicht zu bestimmen. Außer-

dem stellt sich die Frage, warum jeder aussehen muss wie ein achtzehnjähriges Model aus dem Modekatalog. Wer selbstbewusst zu seinem Gewicht und zu sich selbst steht, kann in unserer magersüchtigen Zeit ebenso Erfolg haben wie Gottfried Fischer mit seiner barocken Pfarrerfigur oder die fröhlichen Rundungen der Komikerin Ilka Bessin zeigen.

Noch vor wenigen Jahren war die Achtunddreißigjährige, die als übergewichtige Cindy aus Marzahn heute große Hallen füllt und als beste Komikerin des Landes gilt, arbeitslos. Inzwischen verdient Ilka Bessin, die Hartz-IV-Empfängern eine Stimme gibt, Traumgagen. Nachdem sie ihren Job als Geschäftsführerin eines Restaurants verloren hatte, stürzte sie in ein Depressionsloch. »Plötzlich hast du keine Aufgabe mehr, du sitzt vor dem Fernseher rum und frisst.« Mit jedem Pfund sank ihre Chance auf einen neuen Job. Während der Arbeitslosigkeit nahm sie 25 Kilo zu. Schließlich raffte sie sich auf und entwickelte eine Mut machende Comedy-Show. »Cindy ist ein Mädchen mit Angst vor der Zukunft, aber auch mit Träumen. Wenn sie hinfällt, steht sie wieder auf. … Die Zuschauer finden es gut, wenn einer aus dem Volk auf der Bühne steht.« Und zu sich selbst steht. Denn:

Selbstbewusstsein
ist der Schlüssel zum Erfolg.

Ein Mensch schaut in die Zeit zurück
und sieht: Sein Unglück war sein Glück.

Eugen Roth

Dieser kluge Zweizeiler ist aus Eugen Roths Gedichtband »Mensch und Unmensch«. Tatsächlich könnte er als Motto über Roths Leben stehen. Jeder Tiefpunkt entpuppte sich bei Roth in der Rückschau als Glücksfall.

Mit neunzehn zog er wie viele andere Abiturienten begeistert in den Ersten Weltkrieg. Ein paar Wochen später war es mit dem großen Hurra vorbei, und Eugen Roth lag schwer verwundet im Lazarett. Dadurch wurde ihm wahrscheinlich Schlimmeres erspart. Von der Kriegsbegeisterung geheilt, wurde er Pazifist, 1922 zum Dr. phil. befördert und darauf Lokalredakteur bei den Münchener Neuesten Nachrichten. Bis 1933 die Nazis den Antimilitaristen aus der Redaktion jagten. Doch statt Trübsal zu blasen, erinnerte sich Roth an Epiktets Rat, die Dinge gelassen zu nehmen, und dichtete, im wahrsten Sinne des Wortes, fröhlich drauflos.

Dabei entdeckte er seine humoristische Ader. Jedes Gedicht begann mit »Ein Mensch«, also über jemand wie du und ich mit seinen Schwächen, die Roth liebenswürdig aufs Korn nahm, wie zum Beispiel:

Ein Mensch erlebt den krassen Fall,
es menschelt deutlich, überall –
und trotzdem merkt man weit und breit
oft nicht die Spur von Menschlichkeit.

Obwohl er sich mit seinen Gedichten als würdiger Wilhelm-Busch-Enkel und Ringelnatz-Bruder präsentierte, wurde er von vielen Verlagen abgelehnt.

Entmutigt schickte der neununddreißigjährige Jungdichter das Manuskript an den Duncker Verlag in Weimar, wo man den Charme der »Menschgedichte« erkannte und sie endlich veröffentlichte.

Roths scheinbar harmlose Menschelei bildete den Kontrapunkt zur Blut- und Boden-Poesie der Nazibarden, traf den Nerv vieler Genervter und erreichte innerhalb von zehn Jahren eine Auflage von 500 000 Exemplaren. Selbst eingefleischte Nazigrößen ließen sich von Roths Menschelei anstecken und schickten ihn – Ironie des Schicksals – zur Unterhaltung der Frontsoldaten auf Lesereise. Dadurch fühlte er sich nach dem Nazispuk ein wenig mitschuldig: »Kein Mensch will es gewesen sein. Die Wahrheit ist: Mehr oder minder waren wir's alle!«

Das Schicksal hatte es gut mit ihm gemeint. Trotzdem grämte sich der Autor, weil die bierernste Literaturkritik ihn als Humoristen hochnäsig übersah. Er war eben auch nur ein Mensch.

Oft merkt man es nicht,
dass das Schicksal es gut mit einem meint.

40. Lebensjahr

Ein Vertrag ist die übereinstimmende
Willenserklärung zweier Parteien.

Anonymus

Wer eine Wohnung mietet oder ein Auto erwirbt, schließt mit dem Rechteinhaber einen schriftlichen Vertrag. Wer im Supermarkt eine Flasche Wein kauft, schließt automatisch einen mündlichen Vertrag mit dem Verkäufer. Verträge regeln das Geschäftsleben. Es gibt auch Eheverträge, die zum Beispiel den mit in die Ehe gebrachten Besitz zwischen den Partnern regeln. Zu Beginn einer Beziehung denkt jeder, die Liebe würde über alle Schwierigkeiten hinweg solche »Belanglosigkeiten« überflüssig machen. In Anbetracht von derzeit üblichen Scheidungsraten von rund fünfzig Prozent sollte kein Liebespaar so naiv in die Ehe schlittern. Bei späteren Scheidungen wird dann oft so lange gestritten, bis die Anwälte reich und die Streitenden arm sind. Verträge zwingen jeden der Partner gleich zu Beginn ihrer Beziehung, alle möglichen Punkte zu durchdenken und Undeutliches so lange zu erwägen, bis Klarheit geschaffen ist.

Einen beeindruckenden »Vertrag« schloss die vierzigjährige Johanna Schopenhauer mit ihrem neunzehnjährigen Sohn Arthur, dem später weltberühmten Philosophen, als dieser zu ihr nach Weimar zog, um sich auf das Universitätsstudium vorzubereiten. Die Mutter hatte ihm eine kleine Wohnung im Haus eines Handwerkers besorgt. Um von vornherein möglichen Zoff zu begrenzen, regelte sie vor Ankunft des Sohnes in einem Brief die Art ihrer Beziehung.

194

»... Du bist in deinem Logis zuhause, in meinem bist du Gast ... ein willkommener lieber Gast, der immer freundlich empfangen wird, sich aber in keine häusliche Einrichtung mischt. ... Ich dulde keine Einmischung, weil es mich verdrießlich macht und nichts hilft. Jeden Mittag kommst Du und bleibst bis drei, dann sehe ich Dich den ganzen Tag nicht mehr, außer an meinen Gesellschaftstagen, wozu Du kommen kannst, wenn Du willst, auch an den beiden Tagen abends bei mir essen kannst, wenn Du Dich dabei des leidigen Disputierens etc., das mich verdrießlich macht, enthalten willst. ... In den Mittagsstunden kannst Du mir alles sagen, was ich von Dir wissen muss. Die übrige Zeit musst Du Dir allein helfen. ... Ich gehe von diesem Plan unter keiner Bedingung ab. ... Du weißt jetzt meinen Wunsch, ich hoffe, Du wirst Dich genau danach richten.«

Vereinbarungen dieser Art zwischen Eltern und Kindern, Freunden und Verwandten schützen zwar nicht vor Verstimmungen, machen aber im Fall unüberwindlicher Schwierigkeiten die Trennung leichter. Arthur Schopenhauer hat die Bedingungen seiner Mutter akzeptiert. Als eingefleischter Pessimist jammerte er jedoch:

> *Welches Kind hätte nicht Grund,*
> *über seine Eltern zu weinen.*

41. Lebensjahr

Zivilcourage ist das,
was von einem Menschen
übrig bleibt, wenn der
Vorgesetzte das Zimmer betritt.

Wernher von Braun

Jeder kennt die Situation: Betrunkene Jugendliche, grölende Fußballfans oder aggressive Neonazis pöbeln in der U-Bahn. Man sitzt genervt oder verängstigt da und hofft, dass nichts Schlimmeres passiert.

Das britische Ehepaar Robinson hatte in Cardiff den fünften Geburtstag seines Sohnes Harry gefeiert und fuhr mit dem Zug in seinen Vorort zurück. Dreißig siegestrunkene Fußballfans bejubelten lautstark den Triumph ihrer Mannschaft. An einer Haltestelle entdeckte die Horde eine junge Frau und bepöbelte sie gleich mit obszönen Schimpfwörtern. Als die Obszönitäten unerträglich wurden, bat die einundvierzigjährige Mutter den Rädelsführer, sich angesichts des Kindes zu mäßigen. Die Bitte löste nur unflätige Beschimpfungen gegen Mrs Robinson und ihren Mann selbst aus. Die anderen Fahrgäste schwiegen und schauten weg.

Da die Familie weder den Waggon noch den Zug verlassen konnte, versuchte Mrs Robinson, den für den Zug zuständigen Sicherheitsmann zu alarmieren, doch der war nirgends zu entdecken. »Wir saßen in der Falle.«

Vor Angst am ganzen Körper zitternd, zog Lisa Robinson die Notbremse. Darauf nun erschien der Zugführer, brachte den Hebel wieder in die alte Position und kehrte in die Zugführerkabine zurück, ohne zu helfen und Mrs Robinsons Bitte, die Polizei zu rufen, zu beachten. Unter weiteren Pöbeleien der Fußballrowdys fuhr die Familie bis zu ihrer Zielhaltestelle. Der neuerlich angesprochene Zugfahrer verwies sie auf den bisher nicht aufgetauchten Sicherheitsmann.

»Er hatte einfach Angst, dazwischenzugehen«, sagte Lisa Robinson. »Das war der Moment, wo ich rotsah. Er hatte während unseres Gesprächs nicht einmal die Sonnenbrille abgenommen.« Sie übergab den Sohn ihrem Mann, sprang auf die Gleise, stellte sich vor den Zug und rief: »Ich bewege mich keinen Millimeter von der Stelle, bis die Polizei alarmiert ist!« Die Fußballfans machten sich daraufhin unter weiteren Beschimpfungen zu Fuß davon. Jetzt reagierte endlich das Bahnpersonal und benachrichtigte die Polizei, die kurz darauf erschien und Zeugen befragte.

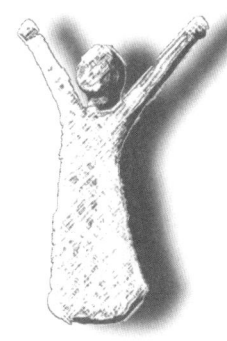

Die Zuggesellschaft Arriva entschuldigte sich für den Vorfall mit einem Blumenstrauß. »Es war eine Furcht einflößende Erfahrung, aber ich bin froh, dass ich es getan habe. Das war ein Sieg für die ganz normale Bevölkerung!«, sagte Lisa Robinson im Interview, die dafür in den Medien als Heldin gefeiert wurde.

> *Mit Mut lassen sich*
> *unerträgliche Dinge positiv verändern.*

42. Lebensjahr

Die Ehe ist der allmähliche
Wärmeverlust, der durch
gegenseitige Reibung entsteht.

Peter Sellers

Der böse Satz hat einen wahren Kern. Untersuchungen zeigen: Die sexuelle Anziehungskraft der Partner verringert sich nach drei Jahren, und nach rund zehn Ehejahren kommt es bei fünfzig Prozent aller Ehen zur Scheidung. Das mittlere Scheidungsalter der Frauen liegt bei 40,3 Jahren, das der Männer bei 42,9.

Auch der zweiundvierzigjährige Hermann Hesse sah in seiner zerrütteten Ehe mit Mia keine Zukunft mehr. Die Wohnung wurde aufgelöst, die drei Söhne bei Freunden untergebracht. Die Last, seine Familie verlassen zu haben, verarbeitete Hesse in seiner Erzählung »Klein und Wagner«, worin die Hauptfigur aus dem bürgerlichen Leben ausbricht und nach Italien flüchtet. Auch Hesse zog 1919 allein ins südliche Tessin. Er mietete vier Räume in einem schlossartigen Gebäude, von dessen dicht bewachsenem Park aus er über den Luganersee blickte, und wurde zu einem der ersten Aussteiger des 20. Jahrhunderts. Auf der Suche nach sich selbst entdeckte er den Buddhismus, wurde Vegetarier und kasteite Körper, Seele und Geist mit sonderbaren asketischen Übungen. Einmal hauste er zum Beispiel nackt in einer Hütte und sang Tag und Nacht »Om«.

Die neue Lebenssituation hatte ihn völlig verwandelt. Seine Liebe zur indischen Kultur und zu den asiatischen Weisheitslehren brachte er in seinem Indienroman »Siddhartha« zum Ausdruck, einem Buch, das zur »Hippie-

Bibel« wurde und den Autor kurz nach seinem Tod 1962 zum Propheten eines neuen Lebensgefühls rund um Anti-Establishment, Kapitalismuskritik und freie Liebe machte. Henry Miller sagte voll Bewunderung über »Siddhartha«: » Einen Buddha zu schaffen, der den allgemein anerkannten Buddha übertrifft, das ist eine unerhörte Tat, gerade für einen Deutschen.«

War Hesses Frau Mia neun Jahre älter als er selbst gewesen, lebte er nun mit der zwanzig Jahre jüngeren Ruth Wenger zusammen. Sie inspirierte ihn zu der Romanfigur Kamala, die Siddhartha die Liebe lehrte. Doch drei Jahre später war auch diese Ehe wieder geschieden. Jede dieser Ehen war ein Irrtum.

Erst die dritte mit Ninon Dolbin brachte Hesse Glück. Vielleicht weil in dem Doppelhaus, in dem sie lebten, jeder seinen eigenen Lebensbereich besaß. Ninon teilte nicht nur seine geistige Welt, sondern regelte Hesses praktischen Alltag und erledigte seine Korrespondenz. Nebenher jedoch verfolgte sie ihre eigenen kunsthistorischen Interessen und begab sich zu mehrmonatigen archäologischen Reisen ins Ausland. Bei Hesse bewahrheitete sich das englische Bonmot:

Das Glück kommt mit der dritten Ehe.

Macht ist die stärkste
Versuchung auf Erden.
Thomas Jefferson

Je höher man in der Hierarchie einer Firma, des Staates oder beim Militär aufsteigt, umso größer wird die Macht. Macht verändert den Charakter, weil man durch die höhere Position in eine neue psychische Situation gerät.

»Jeder kann gut oder böse werden«, weiß der Psychologe Zimbardo, der 1971 durch das »Stanford-Gefängnis-Experiment« berühmt wurde. Die zuvor auf psychische Belastbarkeit und geistige Gesundheit geprüften Probanden verwandelten sich dabei in kriecherische Gefangene oder machtbesessene Wärter. Kaum einer von ihnen konnte dem Machtmissbrauch widerstehen.

Wenn es um Machterhalt- oder zuwachs geht, entwickeln sich kultivierte Menschen des 21. Jahrhunderts in Steinzeitmenschen, die gnadenlos ihren Vorteil suchen und weder vor Schmiergeld, Erpressung, Verleumdung oder Gewalt zurückschrecken. Zuvor freundliche und hilfsbereite Kollegen verwandeln sich in rabiate Machtmenschen, die fähige Mitarbeiter als mögliche Konkurrenten verdrängen und sich in ihren Chefbüros einigeln, deren Türen nur Unterwürfigen problemlos offen stehen.

Macht ist das Resultat der Position an einer Schlüsselstelle des Unternehmens oder basiert auf Fachkompetenz, Beliebtheit oder Mut, Fähigkeiten und Eigenschaften, die es ermöglichen, »den eigenen Willen gegen Widerstreben« durchzusetzen (Max Weber). Voraussetzung bildet aber in jedem Fall zielgerichtetes Machtstreben verbunden mit notwendiger Skrupellosigkeit, weil Kompetenz allein nicht reicht, um eine Machtposition zu erringen.

Macht ist an sich ja nichts Verwerfliches. Sie ist erforderlich, um ein Unternehmen zum Erfolg zu führen. Das Problem ist der Mensch, der die Freiheit der Macht missbraucht. Ein guter Chef ist der, der seine Eitelkeit zurückdrängt, stets den Erfolg des Unternehmens im Auge hat und beim Brainstorming jede Idee gelten lässt. Er muss einen Selbstschutz vor dem Machtmissbrauch aufbauen, weil falsch gehandhabte Macht Karrieren zerstören und ganze Wirtschaftsimperien lähmen kann.

Das Problem des Machthabers besteht darin, dass niemand ihm zu widersprechen wagt. Herrscher vom Mittelalter bis ins 18. Jahrhundert waren sich dieser Gefahr bewusst. Sie erlaubten ihrem Hofnarren zur Gaudi der Hofgesellschaft, alle Missstände anzuprangern. Die Hofnarrenrolle lässt sich heute durch Transparenz und freimütiges Feedback auf allen Ebenen herstellen. Gleichberechtigung im Team reduziert die Fehlerquote und ist eine Ideenquelle, die dem gesamten Unternehmen zugutekommt.

Macht ist eine Leiter
mit angesägten Sprossen.

Erfolg haben heißt geben,
immer wieder geben.
Man kann nicht verhindern,
dass es wieder zurückkommt.

Gottlieb Duttweiler

Lope de Vega schrieb mit vier sein erstes Theaterstück, dem 1500 Stücke plus 500 Fronleichnamsspiele folgten. George Simenon veröffentlichte mit siebzehn den ersten seiner 293 Romane. Mozart komponierte mit fünf sein erstes Andante, der Beginn einer Fülle von Kompositionen. Ob die Arbeit von Bill Gates, George Sand, Jack Kerouac oder Alfred Nobel oder auch nur ein ganz »einfacher« Hausbau – jeder Erfolg ist erkämpft, kostet Anstrengung, Überwindung von Widerständen und Selbstzweifeln.

Nele Neuhaus, eine der meistgelesenen deutschen Krimiautorinnen, wurde mit vierundvierzig von der Göttin des Erfolgs überrascht. »Wenn mir das jemand vor fünf Jahren gesagt hätte, ach, vor einem Jahr – ich hätte es niemals geglaubt.« Schreiben wollte sie seit ihrer Kindheit. Schreiben wurde ihr, als sie vor acht Jahren ihren ersten Krimi begann, zur Reise in eine andere Welt, in die sie abends nach der Arbeit eintauchte. »Das war eine Art Urlaub für mich.« Der Ort ihrer kriminellen Energie hieß New York, und weil sie sich dort nicht auskannte, reiste sie auf dem Stadtplan in die finsteren Orte ihrer Handlung. Sie recherchierte gründlich die Welt der Wirtschaftskriminalität und des Investmentbankings.

Ihr Mann, »der niemals ein Buch gelesen hat«, hielt ihr Schreiben für eine Spinnerei. »Ständig hat er gesagt, mach doch etwas Gescheites.« Genau deshalb musste sie es ihm beweisen und hielt durch.

Als »Unter Haien« fertig war, wollte kein Verlag das Werk verlegen. Daraufhin druckte sie selbst fünfhundert Stück à drei Euro und lud ihre Bekannten vor Weihnachten in ein Gasthaus zu einer Lesung ein. Zweihundertfünfzig Gäste kauften die gesamte Auflage. Ihre nächsten Krimis spielten in ihrer Heimatregion, dem Taunus. Wieder vermarktete sie die Bücher selbst, bis Krimifans in den Buchhandlungen nach ihr fragten. Als Buchhändler der Region bei Nele Neuhaus Bücher orderten, gab sie den Fahrern ihrer Wurstfabrik die Bücherkartons mit.

Auf den dritten Krimi wurde endlich eine wache Lektorin des Ullstein Verlags aufmerksam. Der Verlagsvertreter hatte ihr mitgeteilt, dass in manchen Buchhandlungen ihre Krimis besser als Harry Potter verkauft wurden. Ullstein wurde ihr Verlag, und »Schneewittchen muss sterben« verkaufte sich 360 000 Mal. »Einen solchen Erfolg kann man nicht planen«, meint Nele Neuhaus. Sicher, sie war immer fleißig und habe auch etwas gewagt. »Aber im richtigen Moment kam immer dieser Faktor Glück dazu, den man gar nicht so richtig beeinflussen kann.« Trotzdem bewahrheitete sich bei Nele die alte Volksweisheit:

> *Geduld und Fleiß*
> *macht möglich die Unmöglichkeit.*

Viele Frauen sind nur
auf ihren guten Ruf bedacht,
aber die anderen werden glücklich.

Josephine Baker

Als sie den Mann ihres Lebens traf, war sie bereits über vierzig. Sonst die vernünftigste Frau der Welt, nannte sie ihn »Täubchen«, »Wauwau« oder »Kätzchen« und schrieb ihm mehrmals täglich erotische Herzensergüsse wie ein junges Mädchen. Er konnte sein Glück kaum fassen. Obwohl sie zehn Jahre älter war als er, hatte er sich seit Jahren nach ihr verzehrt und war bereits ins Kloster gegangen. Jetzt rief sie ihn, den Mann, der die lange Reihe ihrer Liebhaber mit seiner Hünengestalt turmhoch überragte. Zarin Katharina die Große und Grigorij Potemkin waren tatsächlich ein einzigartiges Liebespaar.

Zwei Jahre hielt er es aus, von ihr nicht nur mit Kosenamen, sondern auch mit Orden, Geschenken und Titeln überhäuft zu werden. Während sie ihren Zwölf- bis Vierzehnstundenarbeitstag inklusive Sonn- und Feiertagen mit bewundernswürdiger Energie und literweise Kaffee managte (ein halbes Kilo Kaffeebohnen für fünf Tassen!), lümmelte er auf dem Diwan herum und grübelte über sein verpfuschtes Leben nach. Manchmal versank er in völlige Apathie und kam nicht einmal mehr aus dem Morgenrock. Seine imponierende Faulheit war ständiger Anlass für Zank und Streit.

Schließlich trennten sie sich mit Liebeskummer im Herzen. Doch jetzt zeigte sich, wie stark diese Beziehung war. Selbst als er nicht mehr Tisch und Bett mit ihr teilte, tat er alles für ihr Wohl. Zweitausend Kilometer weit voneinander entfernt, blieben sie innig miteinander verbunden. Potemkin wählte jeden neuen Liebhaber für sie aus. Von seinen fünfzehn erotischen Nachfolgern entsprach nur einer nicht seiner Wahl. Jeder Kandidat wurde zunächst von Katharinas Leibarzt auf Herz und

Nieren geprüft. Hatte er keine körperlichen Mängel, so musste eine »Vorkosterin« ihn auf Potenz und Bettqualitäten testen. Der ferne Herzensfreund wurde von Katharina in Eilbriefen über kleinste Kleinigkeiten informiert und um Rat gefragt.

Jetzt, da er nicht mehr für ihr körperliches Wohlbehagen sorgen musste, entwickelte er sagenhafte Aktivität. Als Generalgouverneur der südlichen Provinzen Russlands leistete er wahre Herkulesarbeit. 1783 eroberte er die Halbinsel Krim und stampfte Städte wie Sewastopol oder Cherson aus dem Boden. Er gründete Universitäten, stiftete Kirchen, baute Fabriken, errichtete gewaltige Festungen und legte Häfen an. Ein Dutzend Jahre später lud er die Liebe seines Lebens ein, das ungeheure Werk zu besichtigen, das er für sie geleistet hatte. Es wurde ein Triumphzug vorbei an blühenden Dörfern und jubelnden Menschen. Die große Liebe endete vier Jahre später mit seinem Tod.

Liebe verleiht Flügel.

46. Lebensjahr

Auf der Suche nach
der verlorenen Zeit.
     Marcel Proust

Die meisten Menschen verbringen sehr viel Zeit damit,
Dinge zu tun, die sie nicht mögen. Viele arbeiten jahrzehntelang in einem ungeliebten Beruf, weil sie glauben,
das sauer verdiente Geld würde ihnen später ein glückliches Leben ermöglichen.

Über dieses Phänomen gibt es die Geschichte des deutschen Unternehmers und des griechischen Fischers. Der
Fischer fängt und verkauft täglich nur so viele Fische, wie
er zum Leben braucht. Der Deutsche rechnet ihm vor,
wie viel er verdienen würde, wenn er statt vier täglich
zehn Stunden arbeiten würde. So könne er sich bald ein
weiteres Boot leisten, worin ein zweiter Fischer für ihn
arbeiten würde. Nach ein paar Jahren hätte er eine Flotte
von zehn Booten, würde immer wohlhabender werden
und ein gemütliches Leben führen. Darauf sagte der Fischer lächelnd: »Ein solch gemütliches Leben führe ich
doch jetzt schon.«

Den sechsundvierzigjährigen Düsseldorfer Grillbuden-
manager Ernst überkamen plötzlich Zweifel am Sinn seines Lebens. Die Grillstube war zwar eine Goldgrube, in
der zwölf Angestellte sieben Tage pro Woche für prächtigen Gewinn sorgten. Aber die Lebenszeit verflog immer
schneller, bis Ernst eines Tages das tat, wovon andere ihr
Leben lang reden: Er gab den Job auf, packte den Koffer
und reiste mit seinen Ersparnissen auf die Insel Gomera.

Als das Geld weg war, entdeckte er bei einer Wanderung in der Wildnis die Reste eines Hirtenhauses, das er

für einen Pappenstiel mietete und nach und nach restaurierte. »Ich bin kein Aussteiger, ich bin ein Einsteiger ins Leben«, sagt Ernst lachend. Er führt mit seinem Hund und fünf Hühnern ein entspanntes Leben ohne Strom, Post und Telefon. Im ersten halben Jahr war das Alleinsein fernab der modernen Welt eine Herausforderung. »Das musste ich erst lernen. Ich habe viel geweint. Manchmal glaubte ich, verrückt zu werden. Es war wie Drogen- oder Alkoholentzug.«

Manchmal kommt bei Ernst wochenlang niemand vorbei. Verirrt sich aber ein Wanderer in die Gegend, lädt ihn das Schild ein: »Herzlich willkommen beim Eremiten! In achtzig Metern Kräutertee und Kaktussuppe!« Dann tischt Ernst ein exquisites Drei-Gänge-Menü auf. »Ich liebe es, für andere zu kochen.« Die Zutaten sind – bis auf Fisch und Fleisch aus dem gasbetriebenen Kühlschrank – frisch aus dem Garten. Eine Rechnung gibt es nicht. Die Gäste geben, was ihnen das Essen wert ist. Davon lebt Ernst – und von den Geschichten, die sie ihm aus der großen weiten Welt erzählen. Er hofft, noch fünfzehn Jahre lang sein glückliches Leben führen zu können.

> *Lebenskünstler leben von der Zeit,*
> *die andere nicht haben,*

sagt mein Freund Michael.

Silvester kommt, wach auf, du Christ,
nichts bleibt mehr, wie es war.
Und wer noch nicht gestorben ist,
der freut sich auf ein neues Jahr.

Anonymus nach Brecht

Die Party ist vorbei, die
Fröhlichkeit verflogen, das
neue Jahr beginnt für viele
mit einem Kater und einem
Paket guter Vorsätze, ihr Leben zu ändern.

Mein Freund Frank, ein
willensstarker Mensch, woll-
te es versuchen. »Bis fünfzig will ich ein neuer Mensch
sein«, meinte er. »Die Chinesen sagen, es gibt keine Sache,
die man nicht beim dritten Anlauf erreicht. In den
nächsten drei Jahren werde ich es schaffen.« Als kluger
Planer beschränkte er den Probezeitraum des Experi-
ments »Neues Leben« auf sechs Wochen. »Denn in sechs
Wochen regeneriert sich die Leber«, schmunzelte er und
schüttete demonstrativ den letzten Rest Rotwein in den
Abfluss. Wir feierten den kühnen Entschluss mit einem
Glas Mineralwasser.

Aus sicherer Entfernung beobachtete ich Franks Kampf
gegen Bewegungsmangel, Genusssucht, Fettpolster, Al-
kohol- und Fresssucht und durchfeierte Nächte. Sechs
Wochen sollte das Essen aus täglich fünf Portionen Obst
und Gemüse, etwas magerem Fleisch, Fisch, Vollkorn-
brot und anderen gesundheitsfördernden Lebensmitteln
bestehen. Statt Wein, Kaffee, Bier oder Prosecco sollten

zweieinhalb Liter Wasser seine Leber erquicken. Statt bequem im Aufzug in den dritten Stock zu fahren, würde er die Treppe hochkeuchen, statt bis Mitternacht in lockerer Runde zu hocken, brav um zehn im Bett liegen. Kurzum: Frank wollte genau so leben, wie Ärzte es uns empfehlen. Ein Ernährungsexperte verpasste ihm nach der ärztlichen Untersuchung einen maßgeschneiderten Ernährungsplan. Frank strampelte auf dem Hometrainer gegen sein Hüftgold an und vertrieb seinen Hunger mit Mineralwasser. Nach vierzehn Tagen wog er drei Kilo weniger. Das quälende Verlangen nach dem abendlichen Glas Rotwein klang ab.

Nach drei Wochen kam der Absturz bei einer Geburtstagsfeier. Frank verschlang zwei Hühnerhaxen, schob zwei Stück Torte hinterher, trank eine Flasche Wein, ging erst um drei ins Bett und radelte weder auf dem Hometrainer noch marschierte er durch den Wald. Und das ohne schlechtes Gewissen!

Was war geschehen? Ein vernünftiger Arzt hatte ihm erklärt, dass Radikalkuren meistens nichts nutzen: »Leb weiter wie bisher, nur reduziere nach und nach Essen und Trinken. Wähle die Nahrungsmittel vernünftig aus, geh einmal pro Woche schwimmen und täglich dreißig Minuten spazieren.« Seit er das macht, ist er fit und fröhlich, hat geschmeidige Bewegungen und nimmt kontinuierlich ab.

> *Die Lebenskunst besteht*
> *im vernünftigen Umgang mit sich selbst.*

48. Lebensjahr

Die Ehe ist ein Zustand,
in dem es zwei Leute weder
mit noch ohne einander
längere Zeit aushalten können.

Marie von Ebner-Eschenbach

Wir kennen es aus dem Kino: Ehekriege sind fürchterlich. Dass zwei Menschen, die sich einmal liebten, sich
oft so gnadenlos verletzen können, ist deprimierend.

Nun haben sich Freunde von mir, Manuela und ihr
fünf Jahre älterer Ehemann Georg, nach mehr als zwanzig Jahren Ehe und dreiunddreißig Jahren Liebe getrennt.
In Harmonie! Sie wollen sogar gemeinsam in ihr neues
Haus ziehen. Manuela begründet beeindruckend, warum: »Wir haben uns zwar als Eheleute getrennt, aber die
Familie bleibt zusammen.« Und das ist buchstäblich zu
nehmen, denn der neunzehnjährige Sohn David, dessen
Freundin Michelle sowie Großmutter Rita und Großva-
ter Joachim ziehen ebenfalls mit ein. »Mein Mann bleibt
ja nach wie vor der einzige Mensch, dem ich vertraue, auf
den ich mich nach so viel Jahren gemeinsamer Zeit verlassen kann, weil dieses Vertrauen erprobt ist«, sagt die
achtundvierzigjährige Manuela.

Das scheint durch eine Schweizer Studie bestätigt, wo-
nach das Rezept für eine glückliche Ehe nicht in blinder
Liebe liegt, sondern in der klugen Wahl des Partners. Die
Eheglücksformel ist: wenn die Frau gebildeter ist als der
Mann und er mindestens fünf Jahre älter ist.

Georg ist fünf Jahre älter, und der Intelligenztest von
beiden ist nicht bekannt. Aber ganz offensichtlich hat die
Beziehung nicht nur erstaunlich lange funktioniert, son-

dern vereint beide Partner auch nach der Trennung in herzlicher Freundschaft. Eine schlechte Konstellation ist, wenn die Partner aus unterschiedlichen Kulturkreisen stammen, nicht zur gleichen sozialen Schicht gehören, beide keine gute Bildung besitzen und der Mann zwei bis vier Jahre älter ist und bereits eine Scheidung hinter sich hat.

Manuela und Georg steckten drei Jahre in der Ehekrise und kämpften gegen die immer mehr verloren gehende Beziehung an. Schließlich kamen sie gemeinsam zum Schluss, dass es besser sei, getrennte Wege zu gehen. »Es ist traurig, wir haben die Gefühle füreinander verloren«, sagt Georg. »Wir haben wirklich gekämpft. Aber wir haben es einfach nicht geschafft«, ergänzt Manuela. Trotzdem empfinden sie weiterhin eine »tiefe freundschaftliche Liebe« füreinander. Eine Scheidung ist bisher kein Thema. »Möglich, dass einer von uns irgendwann einen neuen Partner hat, den er liebt und heiraten möchte. Dann würden wir uns natürlich in Frieden scheiden lassen.« Dazu kann man beiden und ihrer Familie nur Glück wünschen.

Benito Juarez sagte sehr schön:

> *Friede ist die Rücksicht*
> *auf das Recht des anderen.*

Das Spielkasino ist
ein Suchthaus.

Ron Kritzfeld

Einer meiner Bekannten ist spiel-
süchtig. Als Handwerksmeister hat
er nicht über Auftragsmangel zu klagen. Aber kaum hat er das Geld für
die Rechnungen kassiert, treibt es
ihn ins Spielkasino, wo er das Geld
voll Hoffnung auf den großen Gewinn verpulvert. Stattdessen vermeh-
ren sich seine Schulden, und wenn es so weitergeht, wird
er verarmen.

Ein spielsüchtiger Taxifahrer erzählte mir, wie er sein
Problem in den Griff bekam: »Ich nehme nur fünfzig
Euro Bargeld und niemals Kreditkarten mit ins Kasino.
Wenn die fünfzig Euro verspielt sind, ist die Party vorbei.
Die Gewinne verspiele ich, trotz guter Vorsätze, hem-
mungslos. Aber durch die Fünfzig-Euro-Regel kann ich
mich vor der Verschuldung retten.«

Telefon- und Internetbetrüger zocken bei leichtgläu-
bigen drei Millionen EU-Bürgern jährlich rund vier Mil-
liarden Euro ab. Der Psychologe Stephan Greenspan, der
das Phänomen der Leichtgläubigkeit untersuchte, weiß:
»Viele Betrüger sind gewiefte Psychologen. Sie sprechen
die stärksten Motivationen an: Gier, Angst, Lust, Mitleid.«
Er weiß, wovon er spricht, denn er selbst verlor durch den
New Yorker Börsengauner Madoff, der seine Opfer mit
sagenhaften Gewinnversprechungen köderte, selbst einen
sechsstelligen Betrag.

Sogar sonst sehr sparsame und kluge Menschen wie meine Mutter gehen Telefonräubern auf den Leim. Ein besonders dreistes Unternehmen aus Wien kündigte ihr sogar den genauen Termin der Gewinnübergabe durch »unseren Herrn Einfalt« mit exakten Flugdaten plus Eintreffen vor ihrer Haustür an. Allerdings hatte sie zuvor noch eine Verwaltungsgebühr von fünfzig Euro zu überweisen. Sie überwies, aber Herr Einfalt erschien nicht. Stattdessen wurde sie mit dem Entschuldigungsschreiben, dass der Glücksbote krank geworden sei, auf den nächsten Termin vertröstet. Natürlich musste sie wiederum die Verwaltungskosten überweisen. Das ging so lange, bis ich die Abzockerei beendete.

Nun kann man sagen, dass eine alte Dame leichter auf Betrüger hereinfallen könne als ein mit beiden Beinen im Berufsleben stehender Mann. Weit gefehlt. Sogar Isaac Newton, der Begründer der modernen Physik, verlor 20 000 Pfund, das vierhundertfache Jahreseinkommen eines Handwerkers, an Anlagebetrüger, als 1720 die »Südseeblase« platzte. Auch der russische Schriftsteller Dostojewski war vom Spielteufel besessen. Vertrauend auf sein »sicheres System«, verspielte er beim Roulette nicht nur sein Geld, sondern auch das seiner Verwandten und Freunde. Bis er endlich, verarmt und vom Wahn des schnellverdienten Vermögens befreit, mit neunundvierzig das Spielen aufgab.

> *Die Gier nach dem schnellen Gewinn*
> *kostet Geld, Seelenruhe, Zeit*
> *und manchmal die gesamte Existenz.*

Ich lass mir das Sterben von
meinen Erben nicht verderben.

Lotte Ingrisch

Der witzige Reim enthält tiefe Weisheit. Mit spätestens fünfzig sollte jeder daran denken, seine Erbschaft zu regeln. Ein nicht vorhandenes oder fehlerhaft formuliertes Testament kann fürchterliche Folgen für die Erben haben und Flüche auf den Erblasser ziehen. Da wohl jeder den Gedanken an den Tod möglichst weit von sich schiebt, scheuen sich die meisten Menschen davor, auch in diesem Bereich des Lebens die notwendige Ordnung zu schaffen.

Ich habe Freunde, wo der Vater, um selbst erlebte schmerzliche Erbauseinandersetzungen mit seinen Geschwistern bei seinen Kindern zu vermeiden, fürsorglich frühzeitig sein Testament aufsetzte und mithilfe eines Rechtsanwalts alles detailliert regelte – aber durch eine winzige Nachlässigkeit Hass und Streit unter seinen Kindern auslöste. Er hatte zwar sein Testament handschriftlich verfasst und gezeichnet, aber, statt rechtsgültig mit seinem Vor- und Zunamen zu unterschreiben, nur mit »Euer Vati« signiert. Da der Name fehlte, war das Testament juristisch ungültig. Die Geschwister stritten um kleinste Gegenstände des Nachlasses, schalteten Rechtsanwälte ein und sprechen seit Jahrzehnten kein Wort mehr miteinander.

Ein anderer fürsorglicher Vater regelte die Erbschaft für seine fünf Kinder auf originell gerechte Weise. Er teilte seine großen Besitztümer in fünf, vom finanziellen Wert her gleiche Pakete und ließ, nachdem er das Einverständnis der Kinder eingeholt hatte, sie darum losen. Alle waren mit ihrem Gewinn zufrieden. Zwei der Kinder tauschten freundschaftlich untereinander zwei Grundstücke. Auf diese Weise wurde dem Vater das Sterben von seinen Erben nicht vergällt, und die Kinder kommen wie zuvor friedlich miteinander aus.

Auch Menschen, die keine Kinder oder Verwandte mehr haben, sollten ein Testament machen. Denn jeder nicht testamentarisch vererbte Besitz fällt in diesem Fall nach dem Ableben automatisch dem Staat zu. Man kann sein Geld einer sozialen Einrichtung spenden, sein Haus der Nachbarin, die einen pflegte, sein Auto einem alten Freund, sein Klavier einem musikalisch begabten Kind oder einen Teil seines Kapitals sogar einem Haustier, das einem durchs Leben begleitete.

Dass Erbschaften seltsame Abenteuer auslösen können, zeigt Pierre Louÿs' Erbschaft. Am Tag der Volljährigkeit bekam der Schriftsteller die damalige Riesensumme von 300 000 Francs. Da eröffnete ihm der Arzt, dass er nur noch drei Jahre zu leben habe. Pierre verjubelte darauf das Vermögen mit seinen Freunden. Danach legte er sich zum Sterben nieder. Doch der Tod kam nicht. Der Arzt hatte sich geirrt.

> *Eine Erbschaft ist gefährlich*
> *wie ein Lottogewinn.*
> *Man sollte sehr vorsichtig damit umgehen.*

Hoffnung ist ein Mittelding
zwischen Flügel und Fallschirm.

Tilla Durieux

Hoffnung ist – neben Glaube und Liebe – eine der christlichen Haupttugenden. Sie ist der Strohhalm, an den man sich klammert – und alle Kräfte bündelt, um aus seiner Misere herauszukommen. Tatsächlich lösen sich mit der Zeit viele Probleme von selbst. Besser aber ist es, mit bewährten Methoden das Leben neu zu gestalten.

Ein Freund, den ich hier Wilfried nenne, steckte mit einundfünfzig plötzlich in einer Lebenskrise. Seine Firma machte pleite, seine Ehefrau hatte die Scheidung eingereicht, und beim Finanzcrash hatte er nicht nur sein Vermögen verloren, sondern jede Menge Schulden gemacht. Das Schlimmste war, dass er seine beiden Kinder nicht mehr aus eigener Kraft ernähren konnte. Er verkaufte alle Wertgegenstände, die er noch besaß, einschließlich des Hauses, und musste, als die Finanznot immer größer wurde, sich von Freunden und Verwandten Geld leihen. »Wenn meine Kinder nicht wären, würde ich mit hundertachtzig gegen eine Wand fahren«, sagte er mir.

Was tut man nun in einer solchen Situation? Wilfrieds Schwester empfahl ihm, seine Identitäts-, Ehe- und Sinnkrise durch die japanische Zen-Meditation zu bewältigen. Wilfried, ein ehemals erfolgsverwöhnter, knallharter Manager, musste lachen. Er hielt es für Hokuspokus, Probleme durch das Abschalten des Ego beim Stillsitzen vor einer Wand wegzumeditieren. Die Schwester brachte den Widerstrebenden in Kontakt mit einer Meditationsgruppe, die sich alle sechs Wochen trifft. Wilfried war zwar skeptisch, ließ sich aber zu einem »Meditationstest« überreden.

Mit siebenundzwanzig anderen am Sinn des Lebens zweifelnden Managern lernte er durch die Stille Meditation, seine Unruhe, seine Sorgen und Ängste zu vergessen. Er fühlte sich leichter und erkannte, dass gerade sein verkrampftes »Erfolg-haben-Müssen« ihm den Weg zur Bewältigung seiner Krise verbaute. Er lernte, auf kleinste Dinge zu achten, wie den Variationen der Melodie eines Vogels zu lauschen, dem Geschmack des Wassers nachzuspüren.

Er lernte, dass Entspanntsein zur eigenen Kraft führt. Nur Ruhe in sich selbst führt zur Kreativität. Und Kreativität ist die Voraussetzung, alle Dinge um sich her neu zu gestalten. Die Meditation führte Wilfried zurück zu seinen wahren Stärken.

Nachdem er sich selbst wiedergefunden hatte, wurde ihm plötzlich klar, dass die Katastrophen, die ihm das Leben zur Hölle machten, eigentlich gar nicht furchtbar waren. Er war gesund, er hatte Erfahrung, er war intelligent und er hatte seine alte Heiterkeit wiedergefunden. Plötzlich wurde ihm die Wahrheit der Weisheit Montaignes klar, dass nur der weiterkommt, der seinen Mitmenschen zulächelt, weil:

> *Noch nie hat einer,*
> *der finster dreinblickt und abstoßend wirkt,*
> *etwas ausgerichtet.*

52. Lebensjahr

Das Bett ist die Oper
des kleinen Mannes.
Italienisches Sprichwort

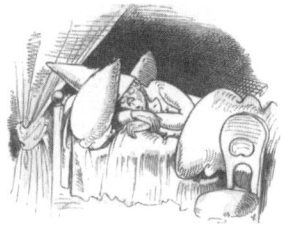

Was auf den ersten Blick so lustig klingt, ist tiefe Erkenntnis. Das Bett begleitet uns von der Geburt bis zum Tod. Es ist das warme Nest der Zärtlichkeit, des Liebesrausches, der genussvollen Erholung, des erquickenden Schlafes, das Schmerzenslager bei Krankheit, das Fahrzeug zur letzten Reise, das Schlachtfeld ehelicher Zerwürfnisse und der Ort der Glückseligkeit nach dem wiedergewonnenen Frieden. Manche genießen dort morgens ihren Kaffee, für andere ist es die Kuschelbank der Siesta, und viele reisen von dort mit einem Buch in schönere Welten. Mindestens ein Drittel unseres Lebens verbringen wir im Bett. Und obwohl wir es beim Schlaf nicht sehen können, wirkt das Bett auf unser Wohlbefinden.

Nun gibt es Betten aus Messing, Eisen, Kunststoff, Wasserbetten und das traditionelle Gestell aus Holz. Welches ist ideal für den Schlaf? Die Alpenbewohner schwören seit Urväterzeiten auf ihr Bett aus Zirbenholz. Die Zirbe, die »Königin der Alpen«, ein immergrüner mächtiger Nadelbaum, der bis zu tausend Jahre alt werden kann, wächst zwischen 1300 und 2850 Meter und übersteht unbeschadet Temperaturen von bis zu -43 Grad Celsius. Aus dem wunderbar duftenden Holz fertigt man in den Alpen und Karpaten Betten, Zirbenstuben und mottenabschreckende Kleiderschränke.

Als vor zwei Jahrzehnten der Zirbenholzabsatz drastisch zurückging, untersuchte die Weizer Forschungsgesellschaft »Joanneum Research« in der Steiermark die positiven Eigenschaften des Zirbenholzes. Was die Älpler immer schon wussten, wurde nun wissenschaftlich bestätigt: Im Zirbenholzbett schläft es sich wesentlich besser. Warum? Weil der Zirbenholzschlaf die Herzschlagfrequenz deutlich reduziert. »Die bessere Nachterholung geht mit einer verminderten Herzfrequenz und einer erhöhten Schwingung des Organismus im Tagesverlauf einher.« Die durchschnittliche »Herzarbeit-Ersparnis« lag bei 3500 Herzschlägen pro Tag, was etwa einer Stunde Herzarbeit entspricht. Das leichter und ruhiger schlagende Herz sorgt für den beschleunigten Erholungsprozess und ein entspannteres und vielleicht sogar längeres Leben. Im Zirbenholzbett schläft es sich tatsächlich besser. Dieser Wohlfühl- und Entspannungseffekt wurde früher auch beim Einrichten von Wirtshäusern oder Kellerstüberln beachtet, um den Gästen eine entspannte Atmosphäre zu schaffen. Mein Freund, der Tischlermeister Gottfried Lechner, entwickelte mit seinem Sohn Roman ein ganzes Programm murmeltierschläfriger Zirbenholzbetten, die gestressten Zeitgenossen zumindest nachts bessere Ruhe schenken. Denn:

*Gut ausgeruht, erscheint sogar
ein trister Regentag rosiger.*

53. Lebensjahr

Ich kann arbeiten,
ich kann fasten,
ich habe Geduld.

Buddhistische Weisheit

Plötzlich geschieht das Unvorstellbare: Eine sicher ge-
glaubte Führungsposition ist weg. Der eben noch Mächtige verliert nicht nur seinen Job, seinen Einfluss, die
Bewunderung vieler, sondern oft auch noch sein Selbstvertrauen.

Ich habe solche Abstürze bei Freunden miterlebt. Topmanager, Theaterintendanten, Chefredakteure verloren
von heute auf morgen ihre Position und waren geschockt.
Die meisten nahmen es scheinbar leicht, weil sie glaub-
ten, bald eine neue Führungsrolle spielen zu können. Sie
lebten weiter wie bisher, verzehrten ihre Abfindung, ihre
Ersparnisse und machten sogar, voll Hoffnung auf die
baldige Verbesserung ihrer Lage, Schulden. Sie gaben weder ihre teure Wohnung auf noch änderten sie ihren groß-
zügigen Lebensstil. Die Schulden wuchsen. »Die Not zeigt
sich zuerst im Gesicht«, sagt ein jiddisches Sprichwort.
Tatsächlich können weder elegante Kleidung noch for-
ciertes Auftreten darüber hinwegtäuschen, dass einem das
Wasser bis zum Halse steht und man nach jedem Strohhalm greift.

Nur einer meiner Freunde erkannte den Ernst der Lage
und handelte rasch und konsequent. Er suchte sich eine
bescheidene Wohnung, trennte sich von seinem BMW,
nahm die Kinder von der Privatschule und pachtete ein
Restaurant. Nach drei Jahren hatte er sein Lokal in eine
Goldgrube verwandelt.

Viele leben weiter auf großem Fuß, bis es zu spät ist. Natürlich sind Schicksalsschläge dieser Art furchtbar, aber warum sollte ein gesunder Mensch, der zupacken kann, nicht seine Lage verbessern können? In den Kriegswirren 1945 flüchteten viele Menschen nur mit dem Nötigsten nach Westen. Dort arbeiteten sich die völlig Verarmten dank zähen Fleißes wieder hoch.

Das Selbsthilfebuch für Gestrandete aller Art ist Daniel Defoes berühmter »Robinson Crusoe«, der nach dem Schiffbruch beherzt sein Leben in die Hand nimmt. »Es war unnütz, mich dabei aufzuhalten, herbeizuwünschen, was nicht zu haben war; und dieser Gedanke war es, der mich zur Arbeit antrieb.« Trotz vieler Rückschläge aus Unkenntnis der Dinge lernte Robinson aus seinen Fehlern und erreichte durch Beharrlichkeit nach und nach jedes seiner Ziele. Der Kampf ums nackte Überleben ließ bei ihm keinen Gedanken ans Jammern aufkommen.

Jeder strandet irgendwann einmal in einer hoffnungslosen Situation und muss um sein Überleben kämpfen. Dann macht Defoes Robinson Mut:

All unser Missvergnügen über das, was uns fehlt, scheint bloß aus Mangel an Dankbarkeit für das zu entspringen, was wir haben.

Wer seinen Körper nicht quält,
den quält sein Körper.

Fritz Lechner

Er wusste, was Not und Elend bedeuten: »Von meinem elften bis zu meinem einundzwanzigsten Jahre, also volle zehn Jahre, habe ich keine einzige Stunde gehabt, in der mich mein Leben zufriedengestellt hätte.« Seine Eltern rackerten von früh bis spät als Hausweber im feuchten Keller am Webstuhl. Zu essen gab es Kartoffeln, Dickmilch, Wasser und Brot. Klar, dass der Junge aus dem Elend herauswollte. Er sparte siebzig Gulden, um sein Theologiestudium zu finanzieren. Der vom Vater befragte Kaplan winkte ab: »Die Ausbildung kostet mindestens zweitausend Gulden. Er soll sich das Hirngespinst aus dem Kopf schlagen.« Kurz darauf brannte die Weberhütte ab, und das vom Munde abgesparte Geld ging verloren. So groß das Unglück war, ein Gutes hatte es: »Seit dieser Zeit habe ich nie mehr Geld gezählt.«

Der Junge wurde Knecht bei einem Bauern, nahm abends Lateinunterricht, kam mit dreiundzwanzig aufs Gymnasium und war so fleißig, dass ihm die Lehrer einen Freiplatz im Dillinger Priesterseminar verschafften. Hier erkrankte der Spätberufene an Lungentuberkulose. Die Ärzte hoben bedauernd die Hände. Gegen die Krankheit gab es kein Heilmittel.

Doch ein Kämpfer wie er gab so schnell nicht auf. Er entdeckte in der Bibliothek ein Buch über eine Naturheilmethode und machte genau das, was der Arzt empfahl: Mitten im November joggte er zur Donau, zog sich aus, sprang ins eiskalte Wasser und joggte zurück an den

warmen Ofen. Das machte er zwei-
bis dreimal pro Woche. Nach ein
paar Monaten war er gesund, schloss
sein Studium ab und wurde Priester.
Nun sorgte er nicht nur für das Seelenleben seiner Anvertrauten, sondern begann dank seiner Selbsthei-
lung, Kranken zu helfen.

Pfarrer Kneipps verblüffend ein-
fache Methoden hatten Erfolg. In Scharen strömten Arme
und von den Ärzten Aufgegebene zu ihm. Um sich Frei-
raum zu schaffen, schrieb der Vierundfünfzigjährige das
Buch »Meine Wasserkur« über seine sensationelle Heil-
methode. Durch diese Anleitung zur Selbsthilfe hoffte
Pfarrer Kneipp, den Strom der Kranken einzudämmen.
Der Besteller bewirkte das genaue Gegenteil und lockte
Scharen von Ratsuchenden aus ganz Europa an. Das stille
Wörishofen wurde zum Kurzentrum, das 1893 33 130
Kurgäste sowie über 100 000 weitere Besucher zählte.

Pfarrer Kneipp zeigte, wie man seinen Körper durch
regelmäßige Bewegung, Abhärtung und vernünftige Ernährung gesund halten kann. Er wusste aber auch, dass
das allein nicht ausreicht, um Menschen gesund leben zu
lassen:

> *Kaum ein Umstand kann schädlicher
> auf die Gesundheit wirken als die Lebensweise
> unserer Tage: ein fieberhaftes Hasten und Drängen
> aller im Kampf um Erwerb.*

Lasst dicke Männer um mich sein,
die im Sommer Schatten geben
und im Winter wärmen.

Christiane Thurn-Valsassina

Der witzige Satz ist eine Variation des Shakespeare-Bon-
mots von den dicken Männern mit den Glatzen, die so
wunderbar schlafen. Ob dicke Männer besser schlafen,
weiß ich nicht. Jedenfalls schnarchen viele wie ein Säge-
werk mit Zahnradschaden. Das soll gar nicht gesund sein,
und daher versuchen manche, sich von ihrer Leibesfülle
zu trennen.

Der Engländer Bob Mewse liebte den Apfelwein, ernährte sich fast ausschließlich von Kartoffelchips, Keksen
und Fertigpizza und war geradezu süchtig nach Schokolade. Er war bereits mit sechzehn ein stämmiger Brocken.
Und dank seiner eher ungesunden Lebensweise wuchs
sein Hüftgold von Jahr zu Jahr Zentimeter um Zentimeter. Auch seine Hosen und Hemden wuchsen, besonders
nach seiner Frühpensionierung, auf die Riesengröße von
XXXXXL. Schließlich brachte er hundertfünfunddreißig
Kilogramm auf die Waage. Die störten ihn eigentlich nur
dann, wenn sie seine Bequemlichkeit behinderten, zum
Beispiel wenn er nicht gleichzeitig gehen und reden konnte oder wenn er sich im Autobus von seinem Sitznachbarn
eingeengt fühlte. Auch schien ihm seine Kellerstiege immer enger zu werden.

Sein ganzes Dasein veränderte sich schlagartig, als er
seine Heimatgemeinde auf Google Street View suchte.
»Ich klickte die Straße an, in der der Kamerawagen stand,
zoomte das Bild heran und entdeckte einen übergewich-

tigen Mann an der Straßenecke, der, den Kopf nach rechts gerichtet, offenbar etwas suchte. Er trug ein zeltartiges Hemd, und seine linke Hand umklammerte einen Plastikbeutel.« Der Anblick des Dicken war so grotesk, dass Bob Mewse in Lachen ausbrach. Bis ihm plötzlich klar wurde, dass die Kamera ihn selbst zeigte. Mewse war so geschockt, dass er einen Monat brauchte, um sich davon zu erholen. Der Fünfundfünfzigjährige ging ins Fitnessstudio, lief auf dem Laufband und stemmte Gewichte. Nichts half. Bis der Trainer ihm einen neuen Ernährungsplan verordnete. Jetzt aß Mewse hauptsächlich Salat, Obst und Gemüse. Nach ein paar Wochen hatte er vierzig Kilo weniger.

Unter dem Fettwanst kam ein disziplinierter muskulöser Mann zum Vorschein, der sich dreimal in der Woche durch Laufen, Liegestützen, Schwimmen und Spazierengehen fit hält. Jeden Morgen springt er freudig aus dem Bett und genießt das Leben. Ganz im Sinne des Apachenhäuptlings Tichii, der meinem Freund Ulli Lommel den weisen Satz auf den Weg gab:

> *Wenn man morgens erwacht, soll man dankbar sein, sich freuen und zuversichtlich in den Tag schauen. Wenn das in den Knochen sitzt, hast du die Hälfte der Schlacht gewonnen.*

Geld ist eine neue
Form der Sklaverei.

Leo Tolstoi

Die meisten Menschen sehnen sich nach Geld. Die, die wenig haben, genauso wie die, die viel haben. Eine vernünftige, nicht zu große Menge Geld verschafft tatsächlich Freiheit, zu viel beschert Sorgen und Misstrauen. Und jeder, der mehr will, als er für ein genügsames Leben braucht, macht sich zum Sklaven. Geld ist etwas Lebendiges. Es kann sich über Nacht verflüchtigen oder einem wie Sterntaler in den Schoß fallen.

Eckhard Freise, der erste Kandidat bei »Wer wird Millionär«, war nach fünfzehn Fragen reich – »und peinlich berührt«. Als Günther Jauch ihm zur gewonnenen Million gratulierte, antwortete er: »So viel Geld für so wenig Arbeit.« Das verschlug dem Starrummel gewohnten Talkmaster fast die Sprache: »Herr Freise, Sie sind jetzt ein Popstar.« Worauf Freise antwortete: »Das werde ich zu verhindern wissen.« Er lud seine Studenten auf ein Bier ein, feierte ein Fest und blieb genau der, der er war.

»Wenn ich dreißig Jahre jünger gewesen wäre, hätte die Million vielleicht auf meinen Charakter abgefärbt. Aber mit Mitte fünfzig ist die Gefahr gering.« Nach Beratung mit seiner Familie spendete Freise einen Teil des Geldes für wohltätige Zwecke und baute eine Doppelhaushälfte. Und das war es schon: »Nach einem Jahr war das Geld weg.«

Eine solche Gelassenheit in Bezug auf Geld hat kaum jemand. Freise hatte beim Tanz ums goldene Fernsehkalb nur aufgrund einer Wette mit seinem Sohn mitgemacht. »Er sollte in einer Theateraufführung zwanzig Minuten Latein reden und wollte kneifen. Wir haben einen Deal gemacht: Er spielt, und ich melde mich bei ›Wer wird Millionär‹ an.« Freise war nur im Vorfeld nervös. Er gewann, weil er dem schnellen Geld ironisch gegenüberstand. »Das ist wahrscheinlich das Geheimnis der Million.« Über Nacht war Freise bundesweit als »der schlaue Professor« bekannt. Auf die Frage eines Journalisten, ob er wieder das schnelle Geld machen könnte, meinte er, das wäre möglich. Aber er sieht nicht den Sinn ein. Freise heißt nicht umsonst »der schlaue Professor«.

Laut mehrerer Studien über Lottomillionäre sollte jeder sich hüten, an diesem zweifelhaften Glück teilzuhaben. Neunzig Prozent geben ihre Arbeit auf und verlieren ihren Ehepartner und ihre Freunde. Vielen Gewinnern bleibt später nicht einmal mehr die eigene Wohnung. In einer späteren »Wer wird Millionär«-Sendung, die Freise sah, ging es bei der entscheidenden Frage um die Gegenstände, die Hans im Glück nacheinander bekam. Freise wusste die Antwort und hätte gewonnen: Hans beginnt mit einem Goldklumpen. Zum Schluss besitzt er nur noch einen Mühlstein. Den wirft er schließlich in den Brunnen, um sich von dieser Last zu befreien. Freise ist sich sicher:

> »Das ist das Glück:
> am besten gar nichts zu haben.«

Wie viel Erde
braucht der Mensch?

Leo Tolstoi

Man könnte ebenso fragen: Wie viele Aktien, Mietshäuser, Luxuslimousinen usw. Angesichts der uferlosen Gier im Kasinokapitalismus des 21. Jahrhunderts ist das eine sehr wichtige Frage. Welche Angst muss Habsüchtigen die Seele zerfressen, welche innere Leere sie antreiben, um immer mehr haben zu wollen? Die selbstzerstörerische Krankheit Gier ist so alt wie die Menschheit. Der siebenundfünfzigjährige Tolstoi wusste genau, wovon er sprach, denn er besaß 1800 Hektar Land, fünf Dörfer und ein paar Hundert Leibeigene. Mit so viel Reichtum könnte man viel Gutes bewirken. Stattdessen wird die Gier nach Mehr bei den meisten Erfolgreichen zum Selbstzweck.

In seiner mit biblischer Kraft verfassten Erzählung »Wie viel Erde braucht der Mensch?« bringt Tolstoi das Phänomen Gier, die den daran Erkrankten zur Selbstzerstörung treibt, auf den Punkt. Der Bauer Pachom kauft ein Stück Land und wird Gutsbesitzer. »Stolz und glücklich darüber« ist damit seine Gier nach mehr geweckt. Er zerstreitet sich mit den Nachbarn wegen Nichtigkeiten. Daraus werden Gerichtsprozesse. Eines Tages verkauft Pachom verbittert sein Land und erwirbt preiswert ein viel größeres Gut. Auch hier kommt es zum Streit mit den Nachbarn. Da hört er, dass es bei den Baschkiren, weiter im Osten, viel mehr besseres Land für weniger Geld gäbe. Pachom wird von den Baschkiren freundlich aufgenommen. Die Vertragsbedingungen sind paradiesisch.

Der Kaufpreis ist gering. Jedoch muss Pachom in einem Tag das Gebiet seines zukünftigen Besitzes zwischen Sonnenauf- und Sonnenuntergang zu Fuß umrunden. Bei Überschreitung der Frist sind Pachoms Besitzrechte allerdings null und nichtig, und die Kaufsumme fällt trotzdem an den Verkäufer.

Pachom schließt lachenden Herzens den Vertrag ab und eilt im Morgenrot los. Es ist ein prächtiges Land. In seiner Gier nach mehr überschätzt Pachom seine Kräfte. Als er beim letzten Sonnenstrahl völlig erschöpft im Lager der Baschkiren ankommt, bricht er tot zusammen. Sein »Knecht nahm die Hacke, grub Pachom ein Grab, genau so lang wie das Stück Erde, das er mit seinem Körper, von den Füßen bis zum Kopf, bedeckte – sechs Ellen –, und scharrte ihn ein.«

Durch seine einseitige Wertvorstellung, dass Besitz das Wichtigste sei, hatte Pachom sein Leben sinnlos geopfert. Ihm fehlte der Sinn für andere Werte wie Kultur, Ausgewogenheit und Freude an kleinen Dingen. Er erkannte nicht einmal die Grenzen seiner körperlichen Leistungsfähigkeit. Mit dem Satz »Wenn ich genug Land hätte, so fürchtete ich niemand, nicht einmal den Teufel« forderte er sein Schicksal heraus. Darüber sollte jeder Erfolgreiche nachdenken. Denn:

Hochmut kommt vor dem Fall.

Nichts ist schlimmer
als gut gemeint.

Heinrich Röper

Otto Martini, mein erster Verlagschef, warnte mich als jungen Mitarbeiter vor falschen Freunden, indem er mir eine Geschichte aus seiner Studienzeit erzählte.

Ein Studienkollege lud ihn bei gutem Wetter stets zum Segeln auf dem Wannsee bei Berlin ein, im Winter zum Skifahren ins Riesengebirge oder in den Harz und zwischendurch mal zum Tennisspielen oder zur Jagd. Da Otto Martini arm und der Freund reich war, war Otto einerseits dankbar, andererseits war es ihm unangenehm, weil er kaum etwas zu den gemeinsamen Vergnügungen beitragen konnte. Als der Freund lachend meinte, Otto würde seinen Beitrag beim gemeinsamen Lernen leisten, wurde ihm schlagartig klar, dass sich hinter der scheinbaren Großzügigkeit nichts anderes verbarg als blanker Egoismus. Denn immer, wenn sie gemeinsam lernen wollten, fand der »Freund« eine Ausrede, warum sie gerade jetzt nicht lernen könnten: Das Wetter sei zu schön usw. Der »Freund« brauchte eine Entschuldigung, um sich für seine Faulheit zu rechtfertigen, und einen Partner, dem er die Schuld für sein Versagen zuschieben konnte. Die scheinbar gut gemeinten Einladungen, die Otto selbst vom Lernen abhielten, waren reine Niedertracht.

Es gibt verschiedene Arten und Abstufungen des gut Gemeinten. Im obigen Fall dient es als Entschuldigung für eigene Faulheit. Im anderen Fall möchte der »Gutmeinende« über andere Macht gewinnen, indem er sie durch scheinbar selbstlose Großzügigkeit »kauft« und abhängig macht.

So erging es meiner Freundin Yvonne, als ihre Tante sie mit der Aussicht auf eine Erbschaft köderte und mehr und mehr der Freiheit beraubte. Bis sie endlich erkannte, dass sie sich wegen einer kleinen Erbschaft selbst zum Dienstmädchen machte, und sich von dem Spuk befreite.

Ein schlimmes »gut Gemeint« gibt es auch beim Konkurrenzkampf um Hunde oder Kinder. So bringt eine »liebe« Tante stets Leckereien oder Kinderspielzeug mit, um sich beliebt zu machen. Die Hunde werden fett und fetter, die Kinder immer verwöhnter. Wenn man endlich den schlechten Einfluss erkennt, ist es meistens zu spät, weil Hunde und Kinder bereits völlig verzogen sind. Andere werden verständnisvoll beonkelt, weil der Onkel keine Aufgabe mehr im Leben hat und ein Opfer braucht, um sich die Zeit zu verkürzen. Oder man wird von Mutter, Großmutter oder Tante so zärtlich bemuttert, dass einem die Luft wegbleibt, weil man als Kinderersatz dient. Oder so gnadenlos bevatert, dass man noch mit dreißig keinen eigenständigen Schritt ins Leben wagt, weil der welterfahrene Vater bis zum Sterbebett den Patriarchen spielen muss, der alles im Griff hat.

Wer in die Stricke bequemer Abhängigkeit gerät, sollte sich bei Erkennen der Lage sofort befreien.

Der sicherste Reichtum ist
die Armut an Bedürfnissen.

Franz Werfel

Die meisten Menschen, die Bilder sammeln, sammeln nicht aus der Freude an schönen Kunstwerken, sondern um Geld anzulegen oder um zu protzen. Nach jedem Krieg oder nach jedem Wirtschaftscrash findet eine Umschichtung der Vermögen statt. Alte Vermögen gehen verloren, neue entstehen in kurzer Zeit. Alte Kunstsammlungen werden versteigert, weil ihre verarmten Besitzer das Geld brauchen, neureiche Börsenjobber oder Waffenhändler wollen mit Kunstwerken ihren Status erhöhen. Und der Neid auf den reichen Kollegen, der zwei Picasso-Werke besitzt, tut das Seine dazu. Heute könnte sich jeder einen van Gogh, einen Rembrandt oder einen Warhol in einer täuschend echten Kopie an die Wand hängen, doch das gilt als proletarisch. Dass Kunstsammeln nicht nur ein teures, sondern auch ein sorgenvolles Hobby ist, ist einem zu Anfang kaum bewusst.

Erich Maria Remarques Freund Silvers berichtet irgendwo, wie ein neunundfünfzigjähriger Kunstsammler seine problematische Beziehung zu seiner Sammlung zur Zufriedenheit löste. Oppenheimer war zweimal bestohlen worden. Einmal bekam er das Bild wieder. Doch nun musste er seine Kunstsammlung hoch versichern, um sich vor weiteren Diebstählen zu schützen. Das wurde auf die Dauer sehr teuer. Und da er seine Bilder sehr liebte, wäre auch die Versicherungssumme für ein gestohlenes Bild kein Ersatz gewesen. Aus Angst vor Kunstdieben traute er sich kaum noch aus dem Haus. Die Verunsicherung ließ ihn nicht mehr schlafen. Endlich fand er dann die Lösung: Oppenheimer verkaufte die gesamte Sammlung an ein Museum in New York. Plötzlich war er frei. Er konnte sorglos verreisen, wann und wie lange er wollte. Er hatte Geld für die besten Hotels der Welt. Und wenn er seine Bilder sehen wollte, ging er in »sein« Museum, wo sich nun andere um Versicherung und Diebstähle Sorgen machen mussten, und erfreute sich an seinen Lieblingsbildern. Voller Geringschätzung blickte Oppenheimer nun auf Sammler herab, bei denen man nicht weiß, ob die Kunstwerke ihre Gefangenen oder sie die Gefangenen ihrer Kunstwerke sind.

Ähnlich wie Oppenheimer löste mein verstorbener Freund, der Sprach- und Mythenforscher Felix Karlinger, das Problem seiner ins Uferlose wachsenden Bibliothek. Kurz vor der Emeritierung verschenkte er sämtliche Bücher an seine Schüler und Freunde. Er selbst begnügte sich für seine wissenschaftlichen Arbeiten mit ein paar grundlegenden Werken. »Ich bin jetzt in dem Alter, wo ich mir erlauben kann, meine ureigensten Gedanken zu Papier zu bringen, ohne den Text mit Fußnoten zu durchsetzen«, sagte er weise.

Ein Teil der Lebenskunst besteht darin, sich von Überflüssigem zu befreien.

Wenn der Deutsche hinfällt,
steht er nicht auf,
sondern sieht sich um,
wer ihm schadenersatzpflichtig ist.

Kurt Tucholsky

Wenn jemand in seinem Beruf abstürzt, sucht er meistens einen Schuldigen. Kaum jemandem kommt in den Sinn, dass die Schuld bei ihm selbst liegen könnte. Dabei müsste man nach dem griechischen Weisen Epiktet die Ursache hauptsächlich bei sich selbst suchen. Denn jeder Fehler beginnt im eigenen Kopf. Irgendetwas hat man falsch gemacht oder sich falsch positioniert oder eine Aufgabe unterschätzt oder einen Konkurrenten nicht beachtet.

Wenn erst das Kind in den Brunnen gefallen ist, nutzt alles Lamentieren nichts, sondern man muss das Beste aus der Situation machen. Nur wer nach einem Absturz emotionslos die Situation analysiert und sich wieder aufrappelt, um weiterzukämpfen, hat die Chance, aus dem Schicksalsschlag zu lernen und zum Erfolg zu kommen. Letztlich liegt jedem gelungenen Leben das Konzept vieler Hollywooddrehbücher zugrunde: Der Held gerät in Turbulenzen, stürzt ab und erreicht den Point of no Hope. Die Sache, um die er kämpft, und sogar sein eigenes Leben stehen auf dem Spiel. Da rafft er all seine Kräfte gemäß der alten Wikingerermutigung »Gedanken sind härter, das Herz ist kühner, der Mut größer, wenn Macht schwindet« zusammen. Dadurch gelingt es ihm, den scheinbar unbesiegbaren Gegner oder die tödliche Gefahr zu überwinden und beim Happy End zu triumphieren. Nicht die bösen Kollegen, der heimtückische Chef, die Profitgier des Unternehmens oder die soziale Kälte im Land haben Schuld, sondern die eigene Fehlentscheidung oder die Angst, das sinkende Schiff zu verlassen. Hat man am Anfang der Zusammenarbeit die rosa Brille aufgehabt und ungute Gefühle verdrängt? Hat man sorgsam recherchiert, wie es in der neuen Firma zugeht? Hat man zuvor die Stimmung im Büro ausgelotet und an zufriedenen Gesichtern abgelesen, ob in dem Unternehmen kultivierter Teamgeist herrscht?

Mark Twain hatte seinen eigenen Verlag gegründet und Hunderttausende Dollar in eine neuartige Setzmaschine investiert, die den Buchdruck revolutionieren sollte und durch die er sich einen Jahresumsatz von fünfundfünfzig Millionen Dollar erhoffte. Es wurde ein grandioser Flop. Als zudem sein Verlag Bankrott machte, war er ruiniert. Andere hätten Konkurs angemeldet, doch Mark Twain konzentrierte alle verbliebenen Kräfte, um seine Gläubiger nicht mit in den Ruin zu reißen. Der sechzigjährige Weltstar brach zu fünf Lesereisen rund um den Globus auf und hatte nach vier Jahren die ungeheure Schuldenlast abbezahlt.

Eine Niederlage ist die Gelegenheit,
es beim nächsten Mal besser zu machen.

Veränderung ist das,
was die Leute
am meisten fürchten.

Fjodor Dostojewski

Warum muss man eigentlich nach vorgegebenen Mustern leben? Warum soll man nicht endlich das machen, was man immer gerne wollte?

Mein Freund Till Heimeran, der Erbe eines Verlags, den er nicht haben wollte und nur aus Familientradition weiterführte, verkaufte mit vierzig das Unternehmen und zog in ein Forsthaus im österreichischen Weinviertel. Er legte einen Garten an, verschönerte sein Haus, erlernte die Kunst des Weinbaus, kelterte seinen eigenen edlen Tropfen und wurde Schriftsteller. Da er genug Geld hatte, konnte er das Leben eines unabhängigen Literaten führen. Diese Lebensform machte ihm Freude, Unternehmer sein ganz und gar nicht.

Nun könnte man sagen, es sei ganz leicht, ein selbstbestimmtes Leben zu führen, wenn man das nötige Geld hat. Aber das ist nicht wahr, wie die Geschichte über den »Einsteiger ins Leben« Ernst zeigt (siehe 46. Lebensjahr).

Der später berühmte Maler Paul Gaugin hatte einen gut bezahlten Posten als Börsenmakler und hätte mit Frau und Kindern ein gemütliches Leben bis zur Rente führen können. Da gab er eines Tages den sicheren Job auf, um Künstler zu werden. Auf der Suche nach dem Ursprünglichen versteigerte er seine wertvolle Bildersammlung und reiste aus dem kommerziellen Pariser Kunstbetrieb in das Land seiner Sehnsucht. Dort, auf einer Marquesas-Insel in der Südsee, malte er großflächige, teppichartige Bilder mit völlig neuen Farbkombinationen und schrieb ein Buch über sein Leben bei den Eingeborenen. Gaugin war jetzt zwar arm wie eine Kirchenmaus, aber er hatte seinen Traum verwirklicht und der Welt wunderbare Bilder geschenkt. Statt zu reden, hatte er eines Tages gehandelt.

Warum muss man bei jeder Illusion des Wirtschafts- und Politikwahnsinns mitmachen? Warum mit der Masse der Menschen in Hysterie verfallen über schwankende Börsenkurse, verkehrsstörende Vulkanausbrüche oder Politikerrücktritte? Warum muss man immer mehr arbeiten und hat trotzdem immer weniger Geld? Warum soll man an der Angst vor Dingen teilnehmen, die man sowieso nicht ändern kann? Warum macht man jeden Tag stumpf dasselbe, obwohl man Wunderbares tun könnte?

Das Wichtigste, was ich von meinem Lehrer Nikolaus Harnoncourt lernte, war der Satz »Ein Musiker muss auf der Bühne etwas wagen«. Das ist eine großartige Weisheit. Denn wer immer nur das macht, was er seit jeher gemacht hat, kommt niemals weiter. Machen Sie einfach etwas Neues. Jetzt ist noch Zeit dazu. Lassen Sie alles sausen, was Ihnen hohl und schal erscheint. Warum langweilen Sie sich auf öden Partys? Das Leben ist unendlich reich. Man muss nur zugreifen.

Die Römer sagten: Carpe diem.

Nutze den Tag.

Vorsorge verhütet Nachsorge.
Deutsches Sprichwort

Wer die sechzig überschritten hat, ist in unserer modernen Zeit Gott sei Dank noch nicht alt, wie rüstige Rentner beim Bergsteigen, Radfahren oder in den Hörsälen der Universitäten beweisen. Manche geraten jetzt sogar in eine Art zweite Pubertät, indem sie endlich das tun,

was sie schon immer wollten, zum Beispiel als Easy Rider kostümiert samt Bikerbraut jugendfrisch auf der Harley Davidson durch Marokko knattern oder Reisen im Fesselballon unternehmen. Andere wilde Alte ziehen im Wildwestlook mit Zelt und Knarre auf die Bärenjagd in Kanadas Urwäldern, und wieder andere segeln piratenverachtend über die Weltmeere. Frauen dagegen nutzen zunehmend die Jahre zwischen fünfzig und siebzig, um die neue Lebensform der Au-pair-Oma auszuüben, indem sie in einem Land ihrer Träume Leihenkelkinder betreuen, was vielen große Freude bereitet.

Bei aller neu entfesselten Energie sollte man nicht vergessen, dass das Alter im Anmarsch ist. Wenn, wie bei meinen Freunden Jörg Drews, Till Heimeran oder Hermann Buchner, das Leben überraschend mit siebzig endet, sind Überlegungen für das Greisenalter überholt. Da aber keiner weiß, wie lange er lebt, sollte er ein paar Dinge bedenken, die immer wieder verdrängt werden.

Als meine 93-jährige Mutter plötzlich dehydriert mit einer Lungenentzündung im Krankenhaus lag, suchte ich in ihren Unterlagen vergeblich nach einer gültigen Patientenverfügung. Sie hatte zwar zwanzig Jahre zuvor eine ausgefüllt, doch diese besaß wegen der veralteten Form keine Rechtsgültigkeit mehr. Ohne Patientenverfügung kann auch der nächste Angehörige keine Entscheidungen über Wohnort, Finanzen, Behandlungen usw. treffen. Er muss sich im akuten Fall an das Amtsgericht wenden, und das kann dann dauern. Gottlob war meine Mutter nach dem Krankenhausaufenthalt wieder geistig klar, sodass sie mir die Patientenverfügung unterschreiben konnte. Außerdem ließ ich mir von ihr ein paar Blankounterschriften geben. Was sich ebenfalls bewährte.

Als sich die Aufregung gelegt hatte, der Umzug in ein Seniorenheim organisiert und viel Kleinkram erledigt war, drängte meine Tochter, dass ich ebenfalls eine Patientenverfügung unterschreiben sollte. Ich sagte: »Ja, mach ich«, vergaß es dann aber wieder. Als sie mir schließlich das Formular mailte, füllte ich es aus, unterschrieb es und ließ es von einem Freund gegenzeichnen. Das wäre erledigt. Allerdings sollte man sie alle paar Jahre bestätigen bzw. aktualisieren. Die Japaner sagen:

*Die eine Generation baut die Straße,
auf der die nächste fährt.*

63. Lebensjahr

*Neid ist das Eingeständnis
der eigenen Minderwertigkeit.*

Victor Hugo

Oder ist der Neid anderer nicht auch eine Form von Lob, die aufrichtigste Art der Schmeichelei? Einer meiner Freunde hat den Ausdruck »positiver Neid« geprägt. Er meint damit die Bewunderung für die Leistung eines anderen, die man selbst nicht zu leisten imstande ist. Oder *noch* nicht. Im Gegensatz zum selbstzerstörerischen Neid auf den materiellen Besitz, den sozialen Status, die geistigen und körperlichen Gaben eines anderen, der viele Menschen krank macht – in Österreich sagt man: »Ihn frisst der Neid.« –, spornt der positive Neid an.

Die englische Autorin Rosamunde Pilcher sagt: »Ich hätte nie das Romanschreiben begonnen, wenn mich nicht der Neid auf die Bücher von Doris Lessing dazu herausgefordert hätte.« Die Fünfundzwanzigjährige hatte unter dem Pseudonym Jane Fraser Liebesgeschichten für Frauenmagazine geschrieben – am Küchentisch, weil es in ihrem Haus keinen Platz für einen Schreibtisch gab. Mehr als einen Hungerlohn brachte diese Arbeit nicht ein. Das ärgerte die inzwischen dreiundsechzigjährige Kurzgeschichtenautorin so sehr, dass sie beschloss, ganz groß herauszukommen. Der Neid stachelte sie zur Familiensaga »Die Muschelsucher« an, von der allein in Deutschland über 1,7 Millionen Exemplare verkauft wurden. Seitdem machten ihre fünfundfünfzig Romane mit über sechzig Millionen verkauften Exemplaren sie zu einer der erfolgreichsten Schriftstellerinnen der Welt. Und noch mehr Erfolg brachten ihr die Verfilmungen ihrer Herzschmerz-Geschichten im ZDF. Eigentlich müsste Rosamunde Pilcher dem »positiven Neid« dafür ein Denkmal setzen lassen. Die Frage ist, welcher geniale Bildhauer das Kunststück fertigbrächte, der Allegorie des sonst so negativen Neides ein positives Gesicht zu geben.

Eine zweite positive Spielform des Neides ist der »Brotneid«. Nach den Untersuchungen des Soziologen Helmut Schoeck in seinem Werk »Der Neid und die Gesellschaft« bewirkt das Wissen um die destruktiven Kräfte des Neides die Vereinigung der Menschen, »um ihr Hab und Gut miteinander zu teilen, um es so vor neidischen Feinden von außen zu schützen«. Der Neid sorgt somit für Konformität und die Verbindung zur Schutzgemeinschaft.

Der Psychoanalytiker Rolf Haubl unterscheidet zwischen dem »negativen feindselig-schädigenden« und dem »depressiv-lähmenden« Neid einerseits und dem die eigene Energie anfeuernden »positiven ehrgeizig-stimulierenden« und dem »empört-rechtenden« Neid andererseits, der das Gerechtigkeitsgefühl anregt, um ungerechte gesellschaftliche Zustände ins Gleichgewicht zu bringen.

Wen der Neid krank macht,
ist ein armer Teufel.
Wer ihn als Ansporn versteht,
es Beneideten gleichzutun,
bringt seine Talente zur Entfaltung.

64. Lebensjahr

Wer zu spät kommt,
den bestraft das Leben.

Michail Gorbatschow

Das Bonmot machte ihn zu einem bekannten Autor ge-
flügelter Worte. Nun kommt jeder irgendwann einmal
zu spät. Und das kann unangenehme Folgen haben. Man
bekommt eine erhoffte Wohnung nicht, den ersehnten
Ehemann nicht, weil ihn inzwischen eine Rivalin wegge-
schnappt hat, ein Flugzeug nicht, weil man zu spät losge-
fahren ist usw.

Vor fünfundzwanzig Jahren gründeten andere Eltern
und ich eine eigene Schule für unsere Kinder. Der Weg
war dornig, weil die Mächtigen der niederösterreichi-
schen Schulbehörde die Idee gar nicht gut fanden. Nach
einigen chaotischen Planungszusammenkünften, bei
denen die künftigen Schulkinder wild herumtobend bewiesen, dass es sich um ein alternatives Projekt handelte,
engagierten wir zwei Unternehmensberater. Die bewirk-
ten Wunder. Kaum hatten sie ihre tragbare Tafel entfal-
tet, kehrte verblüffende Ruhe ein. Nun ging die Planung
beinahe generalstabsmäßig voran. Aufgaben wurden
verteilt, Protokolle angefertigt, Verantwortliche ernannt
usw. Nach anderthalb Jahren durften wir mit Unterstützung des Unterrichtsministeriums und zum Schrecken
der Landesschulbehörde unsere Schule einweihen.

Bei der Einweihungsfeier sagte Peter Burger: »Jetzt
haben wir die Schule für unsere Kinder gegründet, jetzt
sollten wir mit der Planung unseres Altersheims beginnen.« Wir lachten herzlich über den guten Witz. Inzwischen sind unsere Kinder groß, die Schule gibt es nicht

mehr, und wir sind schneller älter geworden, als wir uns das je vorstellen konnten. Die meisten von uns wohnen allein oder zu zweit in großen Häusern. Jeder besitzt Auto, Motorsäge, Rasenmäher usw.

Die Idee, mit lang erprobten Freunden gemeinsam ein Anwesen zu bewohnen, bekommt plötzlich Reiz. Auf die Dauer wird das ständige Rasenmähen, Bäumeschneiden, Schneeschaufeln usw. nicht nur langweilig, sondern mühsam. Gemeinsam ginge alles leichter, und statt der vielen Autos bräuchte man nur zwei oder drei. Und so wäre es mit fast allen Dingen. Wir könnten unsere Häuer verkaufen oder vermieten und in einem nicht zu großen Anwesen mehrere bedarfsorientierte Wohnungen einrichten, jede mit eigenem Eingang und eigener Küche. Ein großer Salon könnte als Gemeinschaftsraum dienen. Ein Hausmeister könnte alles instand halten, eine Hausdame für Reinigung und Küche sorgen. Die Idee ist vernünftig.

Andere, wie der frühere Bürgermeister von Bremen, Henning Scherf, leben mit Freunden längst vor, wie eine solche Alten-WG funktioniert. Nur müssten wir langsam mit der Planung anfangen, denn die Zeit rast immer schneller dahin, und irgendwann können wir die Idee nicht mehr verwirklichen.

Statt zu reden, sollte man handeln.

Entweder man langweilt
sich durchs Leben
oder man muss leiden.

Madame de Staël

Endlich ist das Rentenalter erreicht. ... Glückstrahlend nimmt der altgediente Mitarbeiter Abschied von seinem Chef und den Kollegen. Die lang ersehnte Freiheit ist da. Endlich kann man morgens schlafen, solange man will. Kein Termindruck, kein Mobbing missgünstiger Kollegen, keine Auseinandersetzungen mehr mit der Abteilungsleiterin oder schwierigen Kunden.

Mein Freund Felix blühte beim Näherrücken der Rente immer mehr auf. Als sich die Tür der Firma für immer hinter ihm schloss, sah er um zehn Jahre jünger aus. Er war dem ungeliebten, nervenaufreibenden Berufsalltag entronnen. Zunächst machte er mit seiner Frau die lang geplante Weltreise. Als sie nach zwei Monaten zurückkamen, schlief Felix sich von den Strapazen aus. Dann werkelte er an seinem Haus herum, bis alles perfekt in Schuss war. Stolz präsentierte er den schön ausgebauten Dachboden, die abgeschliffenen und honigduftend eingelassenen Fußböden, die neue Haustür. Es war, als sei seine Fröhlichkeit aufs Haus übergesprungen: Es strahlte jeden einladend an. Jetzt war es Zeit, den Gartenzaun zu erneuern und den Garten zur Perfektion zu bringen. Angesichts der blühenden Pracht packte mich geradezu der Neid. Dann kam der Herbst und schickte die Gartenarbeit in den Winterschlaf. Langeweile kroch aus den frisch getünchten Wänden. Felix wurde trübsinnig. Er hatte keine Aufgabe mehr und geriet in eine Sinnkrise.

Was sollte er mit seinem Leben anfangen? Der Rentenschock hatte ihn voll erwischt. Das Betreuen der Enkelkinder reichte nicht, die Lücke, die der Verlust der Berufsarbeit gerissen hatte, auszufüllen. Felix probierte dies und das und war nahe daran, Hilfe bei einem Psychotherapeuten zu suchen, als er ein Betätigungsfeld entdeckte, das seinem Wesen entsprach. Er engagierte sich bei Amnesty International, kümmerte sich um Flüchtlinge und fand schließlich in der neuen Aufgabe Befriedigung. Dadurch verwandelte sich sein Trübsinn in Frohsinn.

Vielen, die mit der Rente ihre alltäglich erfüllende Aufgabe verlieren, geht es so. Zuvor hatte man sein klar gegliedertes Arbeitsleben, das außer dem Lebensunterhalt auch für den Lebensinhalt sorgte. Nun fehlt etwas Wesentliches. Daher sollte man sich früh eine Aufgabe suchen. Ein anderer Freund ist ein ausgesprochen vergnügter Rentner. Er schreibt seit Jahren mit wachsender Begeisterung eine Serie schrulliger Kriminalromane. Die täglichen Morde und Abenteuer des Kriminalinspektors bei der Suche der Täter füllen ihn völlig aus. Trotz der höchst anstrengenden Arbeit als Schriftsteller ist er glücklicher als vorher.

> *Die Zeit nach der Berufsarbeit*
> *sollte sorgfältig geplant werden.*

Altern ist eine schlechte Gewohnheit,
die ein beschäftigter Mann
gar nicht erst aufkommen lässt.

André Maurois

Wer diese Weisheit beherzigt, begibt sich in einen inneren Jungbrunnen. Schriftsteller, Gelehrte, Künstler oder
Vollblutpolitiker verwenden kaum einen Gedanken an
die Pensionsgrenze. Die Schaffensfreude lässt sie das Alter
vergessen und spornt sie zu schöpferischen Höchstleis-
tungen an. Goethe beendete 1831 nach siebenundsech-
zigjähriger Arbeit seinen »Faust«. Da war er fast zweiund-
achtzig Jahre alt.

Der neunundsiebzigjährige Samuel Hahnemann, der
Begründer der Homöopathie, heiratete nach einer stür-
mischen Liebesgeschichte die vieranddreißigjährige französische Malerin Mélanie d'Hervilly. Verjüngt zog er mit
ihr aus dem provinziellen Köthen in Sachsen-Anhalt ins
mondäne Paris. Hier eröffnete er trotz seines hohen Alters eine Praxis, in der er prominente Patienten aus ganz
Europa behandelte, deren berühmtester Patient Niccolò
Paganini war. Als sich der »Teufelsgeiger« der schönen
Frau Hahnemann erotisch näherte, zeigte sie ihm die kalte
Schulter, und die Behandlung war beendet. »Nebenher«
arbeitete Hahnemann an der sechsten Auflage seines »Or-
ganon«, dem Standardwerk der Homöopathie. Er starb
im damals hohen Alter von siebenundachtzig Jahren mit
sich und der Welt zufrieden, denn er war sich sicher: »Ich
habe nicht unnütz gelebt«, ein Sinnspruch, der auch seinen Grabstein ziert: »Non inutilis vixi«.

Der berühmte Maler Oskar Kokoschka, dessen Name

im Tschechischen »Unkraut« bedeutet, behauptete von sich selbst: »Unkraut vergeht nicht«, und damit hatte er Recht. Obwohl er noch im hohen Alter rastlos seine Bilder gestaltete, konnten ihn weder die Arbeit noch der Whiskey umbringen, den er stets zur Hand hatte und der ihm offenbar gut bekam, denn er wurde fast vierundneunzig  Jahre alt. Kokoschka meinte, »man muss bis zum Schluss alle Energie aus sich herauspressen«, erst dann habe man sinnvoll gelebt. Lebensenergie wurde bei ihm dadurch offenbar intensiviert, denn er wurde immer schöner.

Der englische Kriegsheld Winston Churchill war nicht nur ein überragender Staatsmann, sondern wurde nach seiner Wahlniederlage 1945 mit einundsiebzig zum Maler und Schriftsteller. Für sein sechsbändiges Werk über den Zweiten Weltkrieg erhielt er 1953 sogar den Nobelpreis für Literatur. Konrad Adenauer wurde 1945 mit dreiundsiebzig der erste Bundeskanzler und blieb es bis zu seinem Rücktritt vierzehn Jahre lang.

Udo Jürgens sang: »Mit sechsundsechzig Jahren, da fängt das Leben an. Mit sechsundsechzig Jahren, da hat man Spaß daran. Mit sechsundsechzig Jahren, da kommt man erst in Schuss. Mit sechsundsechzig ist noch lang nicht Schluss.« Prophetische Worte, denn:

Der Vorteil dieses Alters besteht darin,
dass oft der Bonus der Erfahrung,
der Lebensklugheit und der Gelassenheit
die verminderte Energie mehr als ausgleicht.

Melancholie ist Heimweh
nach sich selbst.

Anton Kuh

Es gibt sie, die ewig Strahlenden, die mit ihrem geradezu unverschämten Optimismus Mitmenschen auf die Nerven gehen. Wie manche überall ein Haar in der Suppe finden, finden solche Frohnaturen stets »alles halb so schlimm und alles doppelt so gut«, wie Heinz Rühmann treffend sagte. Voltaire hat diesem Menschentyp mit seiner Satire »Candide oder die beste der Welten« ein Denkmal gesetzt. Das Gegenteil ist der Trauerkloß, der immer das Glas halb leer findet und die Zukunft in düsteren Farben sieht. Der normale Mensch (sofern es ihn überhaupt gibt) erlebt Freud und Leid, stürzt in psychische Jammertäler und steigt wieder auf in euphorische Höhen. Wer sich freut, dem geht es gut.

Wen die Acedia quält, die Düsternis der Seele, will sich am liebsten unter der Bettdecke verkriechen und das Telefon abhängen. Kirchenlehrer Thomas von Aquin hielt die Gemütskrankheit Acedia für eine der sieben Todsünden und ihre Töchter Bosheit, Groll, Kleinmütigkeit, Verzweiflung, stumpfe Gleichgültigkeit und schweifende Unruhe des Geistes für sechs weitere Quälgeister des Menschen.

Diese Erkenntnis hilft aber denen nicht, die gerade unter der Geißel der Acedia leiden. Martin Luther vertrieb sie, indem er fromme Lieder zur Laute sang. Wenn Professor Robert Burton das Oxforder Wetter so aufs Gemüt schlug, dass er aus dem Fenster springen wollte, raffte er sich auf und eilte zur Themse. Hier hörte er so lange dem Fluchen der Schiffer zu, bis er »mit eingestemmten Händen von Herzen lachte«. Doch das half nur kurz. Eines Nachts kam ihm die Erleuchtung: Die Schwermut musste die Mitgift »seines Sterns« sein. Burton war unter dem »Merkur« geboren, und »Merkurialisten sind einsam, zu Kontemplation und subtilen Gedanken geneigt, Poeten und Philosophen« und daher in grüblerische Gedanken versunken.

Nacht um Nacht saß er bei seiner Kerze und zerbrach sich den Kopf, um dem Urgrund seines Trübsinns auf die Spur zu kommen. Seine großartigen Gedanken schrieb er auf. So entstand im Laufe von zwanzig Jahren »Die Anatomie der Melancholie«, das fröhlichste und brillanteste Werk, das jemals über Trübsinn verfasst wurde. Das Schreiben war Selbsttherapie: »Ich schreibe über Schwermut, um ihr aus dem Weg zu gehen.« Aber so witzig hat wohl nie jemand vor und nach ihm über dieses Thema geschrieben.

Wenn mich das böse Lächeln der Acedia streift, versuche ich ihr durch lange Spaziergänge zu entfliehen. Andere räumen energisch das Haus auf, wieder andere joggen ihr davon oder stemmen sich die Depression im Fitnessstudio vom Leib. Das Wichtigste ist Bewegung, denn im Davonrennen findet man sich selbst wieder.

Atmen bedeutet leben, und Atman heißt im indischen Sanskrit Seele.

68. Lebensjahr

Wir treffen uns in
unseren Träumen wieder.
Mark Rowlands

Eines Tages kommt ein Anruf, das Unfassbare ist geschehen. Ein Elternteil, ein Freund, ein lieber Verwandter ist gestorben. Als die Nachricht vom Tod meines Schwiegervaters kam, trank ich ein Glas Wein auf sein Wohl und zi-

tierte, da er klassischer Philologe gewesen war, das altgriechische Skolion des Seikilos auf die Vergänglichkeit. So versuchte ich, meiner Trauer Herr zu werden. Ein anderes Mal, beim Anruf eines Freundes, dem die Ärzte mitgeteilt hatten, dass er nicht mehr

lange zu leben habe, nahm ich es gefasster, weil er scherzte: »Ich schaue mir jetzt die Radieschen von unten an.« Sein unverwüstlicher Humor machte mir das Herz leichter. Als meine Freundin Christiane nach langer Krankheit starb, war es für sie, ihre Familie und Freunde eine Erlösung. Sie schrieb im Bett sechs Monate ihre »Letzten Fragmente einer langen Reise«. Als ihr Mann Giorgio beim Totengottesdienst in der Kirche die Abschiedsrede hielt, stockte er plötzlich. Ich dachte, er könne vor Trauer nicht weitersprechen. Später erfuhr ich den wahren Grund: Giorgio sah plötzlich Christiane als Kobold aus dem Sarg springen und fröhlich herumtanzen. Diese Geschichte gab uns allen Trost.

Manche Menschen sind untröstlich. Andere bewältigen den Verlust, indem sie etwas mit dem Verstorbenen gemeinsam Begonnenes fortsetzen, wie Edmond de Goncourt, der mit seinem Bruder Jules jahrelang ein grandioses Tagebuch verfasst hatte. Nach dem Tod von Jules wurde das Tagebuch zum Dialog mit dem Verstorbenen.

Die Schriftstellerin Lotte Ingrisch nahm den Tod ihres Mannes, des Komponisten Gottfried von Einem, ganz gelassen. Sie sagte mir: »Er ist gar nicht tot, sondern nur in andere Sphären versetzt. Wir unterhalten uns weiterhin wie bisher.«

Als der Philosoph Mark Rowlands seinen Wolf Brenin am Strand begraben hatte und nachts bei einem Feuer Abschied nahm, wurde ihm klar, dass der Sinn des Lebens »in seinen höchsten Momenten zu finden ist«. Und die geschehen meistens in Verbindung mit geliebten Wesen. Rowlands ist sich sicher, das Wichtigste ist »das Ich, das zurückbleibt«, wenn die Hoffnung mit dem geliebten Wesen gestorben ist. Bei Begräbnissen wird jedem klar, dass auch ihm die Zeit alles rauben wird, allen Besitz, alle Hoffnungen, seine Ziele, seine Wünsche, alles wird die Zeit verschlingen. Aber:

> *Was die Zeit uns nie rauben kann,*
> *ist die Person, die wir in*
> *unseren besten Momenten waren.*

Was du behältst, ist verloren,
was du weitergibst, ist gewonnen.

Georgisches Sprichwort

Was so widersprüchlich klingt, hat einen weisen Kern. Fast jeder neigt dazu, mehr haben zu wollen. Das liegt in der Natur des Menschen, der ja nackt von seiner Mutter Schoß kommt und nach Nahrung, Wärme und Liebe verlangt. Diese Dinge geben ihm Sicherheit auf dem Weg durchs Leben. Später, wenn er selbst Familie hat, muss er diese Sicherheit seinen Kindern und seinen alternden Eltern geben. Er baut einen Beruf auf, eine Karriere, ein Haus. Sein Wissen nimmt ebenso zu wie seine schönen und schmerzlichen Erfahrungen. Das geht so lange, bis er eines Tages den Erfahrungsschatz und seine Besitztümer kaum mehr überblicken kann. Berge von Büchern, Möbeln, Kleidungsstücken, Fotoalben usw. umgeben einen. Dinge, von denen man das meiste gar nicht braucht, von denen man sich aber ebenso wenig trennt wie von lieb gewonnenen schlechten Gewohnheiten. So wird man zum Gefangenen seines Reichtums.

Einer meiner Freunde erbte ein Schloss mit einer herrlichen alten Bibliothek und kostbaren Antiquitäten. Dieser Reichtum ist so groß, dass er den Freund überwältigt, denn die Dinge müssen ja nicht nur gepflegt werden, sondern es muss im Schloss etwas Lebendiges geschehen, damit es sich nicht in eine Gruselburg verwandelt. Wer sich aufrafft, Wohnung und Schränke zu entrümpeln, befreit sich nicht nur, sondern schafft Platz für Neues. Wer schöne Dinge weiterschenkt, erfreut nicht nur andere, sondern gewinnt Raum in seiner Seele.

Genauso ist es mit dem erworbenen Wissen. Sokrates und andere Weise wussten, dass Wissen nur dann wirklichen Wert hat, wenn es nicht verkauft wird. Daher ist die grandiose kostenlose Enzyklopädie Wikipedia, durch die weltweit jeder Mensch sein Wissen erweitern kann, eine Großtat im Sinne der griechischen Philosophen. Jeder, der Wikipedia mit Spenden und Erweiterungen der Texte unterstützt, arbeitet an der geistigen Entwicklung der gesamten Menschheit mit. Denn kostenlos weitergegebenes Wissen ist ein Gewinn für alle.

So ähnlich verhält es sich auch mit einer anderen Art der Energie, dem Geld. Geld, das gehortet wird, besitzt keinen Wert. Je mehr es ist, umso mehr vergrößert sich die Angst, es zu verlieren. Wenn es in sinnvolle Projekte gesteckt wird, verwandelt es sich in Kultur und Freude, die auf einen selbst zurückstrahlt. Das beginnt im Kleinen. Wer einem Freund Geld leiht, bekommt es oft nicht wieder und verliert mit dem Geld zugleich einen Freund. Wer ihm das benötigte Geld schenkt, verliert den Freund nicht und bekommt, wenn er selbst in Not gerät, von diesem oft unverhofft Unterstützung.

> *Das ist die Weisheit der*
> *ausgleichenden Gerechtigkeit.*

70. Lebensjahr

Wir wissen nicht, ob wir gesandt sind,
zu ernten oder zu säen.

Michel de Chassecourt

Keiner weiß, welche Auswirkung ein Geistesblitz hat. Mancher Geniestreich verändert die Welt und macht den Autor reich und berühmt. Bei anderen wird die Autorenschaft vergessen. Die einen säen, und andere ernten die Früchte.

Claude Rouget de Lisle, dem Autor der »Marseillaise«, bescherte sein Welthit Verbitterung. Der Bürgermeister von Straßburg bat nach einer flammenden Rede zur Rettung Frankreichs den Hauptmann Rouget de Lisle, ein »Marschlied für unsere braven Soldaten« zu dichten. Noch in derselben Nacht (26.4.1792) machte er sich an die Arbeit, und bei Sonnenaufgang war das Lied fertig. Fünf Stunden später riss ihn ferner Kanonendonner aus dem Schlaf. Der Krieg hatte begonnen. Am Abend präsentierte er das neue Lied den Spitzen der Straßburger Gesellschaft. Der Bürgermeister ließ es drucken und an die Truppen verteilen. Doch keiner der Generäle ließ es singen. Ein paar Monate später saßen fünfhundert junge Kriegsfreiwillige in Südfrankreich abmarschbereit bei einem Bankett. Plötzlich schlug ein Medizinstudent an sein Glas. Statt einer Rede sang er das Lied. Mitgerissen stimmten alle ein und trugen es auf ihrem Marsch durch die Städte und Dörfer. Die »Marseillaise« eroberte im Sturm das ganze Land. Der Kriegsminister ließ 100 000 Exemplare drucken. Alle waren begeistert. Nur einer nicht. Der Liedermacher. Denn sein Name war beim Druck vergessen worden.

Als mit seinem Lied auf den Lippen des freiheitstrunkenen Volkes das vollständige Chaos ausbrach, weigerte sich der Dichter, den Eid auf die Republik zu leisten. Er wurde ins Gefängnis geworfen, und nur durch den Sturz des Tyrannen Robespierre wurde sein Kopf gerettet. Er hing die Hauptmannsuniform an den Nagel und versuchte, vom Schreiben zu leben. Doch weder seine Opern noch seine Gedichte hatten Erfolg.

Napoleon, der neue mächtige Mann, hielt die »Marseillaise« für den »größten General der Revolution, und die Wunder, die sie vollbrachte, sind ohne Beispiel«. Dafür wollte er den Dichter belohnen, doch der lehnte, noch immer verbittert über die Kränkung, nicht als Autor genannt worden zu sein, ab. Dummheit und Stolz wuchsen bei Rouget de Lisle leider auf einem Holz. Er hätte nicht nur eine Apanage erhalten, sondern mit Napoleons Protektion zum gefeierten Bühnenautor werden können. Von Gläubigern gejagt, von der Polizei bespitzelt, verkroch er sich in der Provinz.

Vierzig Jahre nach Entstehung des Liedes geschah ein Wunder: Der neue König Louis Philippe setzte dem siebzigjährigen Autor eine kleine Pension aus. Davon vegetierte er noch sechs Jahre, bis er 1836 verbittert starb. Er hatte sich selbst das Leben vergällt.

> *Wer sich eine Kränkung zu sehr zu Herzen nimmt,*
> *tut sich selbst nichts Gutes.*

Wir irren allesamt,
doch jeder irret anders.

Lichtenberg

Dieser großartige Aphorismus regte Beethoven im Dezember 1826 zu seinem letzten Werk, dem winzigen gleichnamigen Kanon, an. Die Melodie ist so einfach, dass man sie nach dreimaligem Hören singen kann. Wer einen rechthaberischen Chef, eine zum Raunzen neigende Ehefrau, einen nörgeligen Freund hat, sollte den Kanon mit seinen Leidensgenossen einüben und bei einer zwanglosen Geburts-, Weihnachts- oder Faschingsfeier der versammelten Festgesellschaft vorsingen. Lockerer Anlass und ironische Form werden ihre Wirkung nicht verfehlen, weil der durch die Blume kritisierte Kritikaster gute Miene zum bösen Spiel machen muss. Wenn er/sie später zur Nörgelei ansetzt, beginnt man leise die Melodie zu summen, die, von anderen übernommen, sofort für Entspannung sorgt. Ich habe es erprobt. Die Wirkung ist phänomenal und verwandelt Nörgler mit der Zeit in zivilisierte Menschen.

Bereits der große Humanist Erasmus von Rotterdam karikierte in seinem urkomischen Buch »Lob der Torheit« die menschlichen Unzulänglichkeiten. Mein Freund Hans-Jürgen hat sich dank dieses Buches vom Überkritikus in einen verständigen Menschen verwandelt. Wenn er schlecht gelaunt oder depressiv ist, benutzt er das »Lob der Torheit« als Therapie, bei der er nach ein paar Zeilen aus vollem Halse lachen muss.

Mir geht es so bei »Hägar dem Schrecklichen« – Cartoons von Dik Browne. Browne, 1918 in New York geboren, bekam für seine Wikingerfigur, die 1973 ihren Siegeszug um die Welt begann, viele Preise. Seither entstand täglich ein neuer Cartoon, der in rund 1900 Zeitungen in achtundfünfzig Ländern erschien. Obwohl Dik Browne mit einundsiebzig starb, erlebt Hägar dank Diks Söhnen Robert und Chris weitere Abenteuer.

Cartoonisten wie Dik Browne, satirische Literaten wie Ephraim Kishon, Komiker wie Otto, Comicautoren wie Wilhelm Busch, kauzige Philosophen wie Diogenes oder schrullige Heilige wie Philipp Neri halten Mitmenschen einen Spiegel vor, damit sie lachend die eigenen Schwächen erkennen können.

John Cleese, das einundsiebzigjährige Monty-Python-Mitglied, der mit Filmen wie »Ein Fisch namens Wanda« Millionen verdiente, ist nach der Scheidung von seiner dritten Ehefrau pleite. Alyce Faye Eichelberger bekam von ihm dreizehn Millionen und erhält sieben Jahre lang eine Million Dollar dazu. Ein Interviewer fragte Cleese, was er für Geld machen würde. Werbung ja, aber auf keinen Fall bei einer Realityshow mitwirken. »Das ist das Ende der westlichen Zivilisation!« Alle Satiriker sind Moralisten, die die Welt verbessern wollen.

> *Wer sich in ihrer Kunst erkennt,*
> *hat die Chance,*
> *ein besserer Mensch zu werden.*

72. Lebensjahr

Willst du besser sein als wir,
lieber Freund, so wandre.

Goethe

Goethes Weisheit ist weiser, als sie auf den ersten Blick
erscheint.

 Kirk I. Erickson von der
Universität Pittsburgh
weiß durch seine For-
schungen: »Die Größe
des Gehirns nimmt im
fortgeschrittenen Alter
ab. Dadurch kann es zu
Gedächtnisproblemen
kommen.« Bei seiner
Studie mit 299 zu Beginn demenzfreien Senioren zeigte
sich, »dass die ausdauerndsten Spaziergänger ihr Risiko
für Gedächtnisschwund über Jahre hinweg halbieren«
konnten. Damit wird bestätigt, dass »körperliche Aktivität und geistige Leistungsfähigkeit sowohl in früheren als
auch späteren Lebensjahren eng miteinander verbunden
sind«. Erickson notierte akribisch, welche Entfernungen
seine Probanden pro Woche zu Fuß zurücklegten. Neun
Jahre später zeigte sich bei Hirnmessungen, dass Spaziergänger, die wöchentlich zehn bis sechzehn Kilometer unterwegs waren, über mehr graue Hirnmasse verfügten als
Faulpelze. Regelmäßiges Fitnesstraining in den mittleren
Lebensjahren führt also zum »Erhalt der Hirnmasse, der
Denkprozesse und des Gedächtnisses im späteren Alter«.
Ein kluger Kopf sollte daher täglich zum Wanderstab
greifen.

Der berühmte Philosoph Aristoteles, der Schüler Platons und Erzieher Alexander des Großen, gründete 334 v. Chr. in Athen eine Philosophenschule. Der geniale Gelehrte, der alle Wissensgebiete beherrschte und auf eine Weise verwaltete und weiterentwickelte, dass sie für viele Jahrhunderte maßgeblich wurden, war im Privatleben ein leicht schrulliges Original. Eigentlich war er der Urtyp des Professors, sogar in seiner äußerlichen Erscheinung: dünnschenkelig, mit spitzem Bäuchlein und Glatze flitzte er mit seinen Studenten im Schattengang seiner Philosophenschule unablässig redend auf und ab. Das trieb er so exzessiv, dass der Spottname für seine mobile Lehrmethode sogar als Ehrenname auf seine Schule überging: Peripatetiker (die Umherwandelnden). Offenbar war Aristoteles die Beziehung zwischen Umhergehen und fortschreitendem Denken klar.

Friedrich Schiller raste beim Dichten seiner Theaterstücke bei sich steigernder Dramatik schneller werdend um sein Stehpult, wobei er die Dialoge so laut herausbrüllte, dass am Fenster Vorübergehende dachten, er würde sich handgreiflich mit jemandem streiten.

Der Philosoph Seume, laut Goethe der »berühmteste Wanderer«, hielt Wandern im wahrsten Sinne des Wortes für eine demokratische Tätigkeit: »Sowie man im Wagen sitzt, hat man sich sogleich einige Grade von der ursprünglichen Humanität entfernt.«

> *Der tägliche Spaziergang*
> *bringt das Gehirn auf Touren.*

Zuhören ist das beste Mittel gegen
Einsamkeit, Geschwätzigkeit und Heiserkeit.

Johannes Pieps

Es gibt Dampfplauderer, die sich selbst gern reden hören. Es gibt eloquente Selbstdarsteller, die immer im Mittelpunkt stehen müssen. Und es gibt Schwätzer, die zu allem ihren Senf geben müssen. In jedem Fall sind Nonstop-Sprecher eine Qual, weil sie andere nicht zu Wort kommen lassen, meistens alles besser wissen und immer langweiliger werden. Kluge unter ihnen erkennen irgendwann, dass die Zuhörer abschalten und kommen dann zum Punkt wie André Heller, der seinen Endlosmonolog in einer Runde mit der Ankündigung abbrach: »Jetzt sage ich noch einen Satz und dann höre ich auf.«

Zuhören ist eine Kunst, bei der man viel lernt. Wer viel redet, verrät nicht nur viel von sich selbst, sondern auch ihm anvertraute Geheimnisse. Viele Indiskretionen basieren nicht auf vorsätzlichem Vertrauensbruch, sondern auf dem sich wichtigmachenden »Hast du schon gehört?«. Zuhören kann man lernen, indem man sich aus dem Gespräch ausklingt und einfach andere reden lässt.

Der amerikanische Psychologe Carl Rogers hat einige Regeln für das »Konzept des aktiven Zuhörens« entwickelt, das sich positiv auf Dauerredner und ihre Opfer auswirkt. Wer eine gute Haltung annimmt, signalisiert seinem Gegenüber: »Sprich. Ich höre dir zu.« Das bedeutet allerdings nicht, mit seinem Gesprächspartner gleicher Meinung sein zu müssen. Ein verständiger Mensch hält seine Meinung zunächst zurück und unterbricht nicht, um sich ein Bild von dem Problem und dem Charakter seines Dialogpartners zu machen. Sobald man einen Zusammenhang, eine Abschweifung oder einen Bezug auf eine andere Person nicht versteht, ist es gut, nachzufragen. Dann weiß Ihr Gegenüber, dass er/sie ernst genommen wird. Und weil fast jeder mit seinem Anliegen Verständnis wecken möchte, sollte man zwischendurch »Ja«, »Natürlich«, »Finde ich auch« oder »Das ist gut«, sagen und hin und wieder verständnisvoll nicken. Sollten Pausen entstehen, empfiehlt Rogers, ganz gelassen zu bleiben. Pausen sind oft ein Zeichen für Nervosität, Ratlosigkeit oder dafür, dass der Gedanke noch nicht richtig entwickelt wurde. Freundlicher Blickkontakt signalisiert Anteilnahme. Macht einem der Gesprächspartner Vorwürfe, bleibt man ganz ruhig und lässt ihn ausreden. Vielleicht lag ihm das Problem schon lange auf der Seele, und nun ist es endlich ausgesprochen. Dann hilft es, statt sich zu rechtfertigen, sich in die Lage seines Gesprächspartners zu versetzen.

Menschen, die zuhören können,
sorgen für friedlichen Gedankenaustausch.

74. Lebensjahr

Ich liebe das Lachen
und ich möchte noch mehr
Menschen lachen sehen.

Dalai Lama

Dem Oberhaupt der Tibeter ist trotz allen Widrigkeiten das Lachen nicht vergangen. Der Vierundsiebzigjährige weiß: Lachen macht das Leben leichter. Einer meiner Freunde, ein Topmanager, zeigt auch in brenzligsten Situationen niemals Nerven, sondern lächelt über Niederlagen hinweg. »Wer lacht, ist unangreifbar«, sagt er.

»Noch nie hat einer, der finster dreinblickt und abstoßend wirkt, etwas ausgerichtet, das hat schon der Philosoph Michel de Montaigne gesagt.« Die positive Energie des Lachens nimmt Gegnern den Wind aus den Segeln und zwingt sie oft, mit in das Gelächter einzustimmen. Lachen verblüfft sogar potenzielle Mörder, wie Tiziano Terzani feststellte, als er damit Kämpfer der Roten Khmer so verunsicherte, dass er überlebte.

Nun gibt es verschiedene Arten des Lachens. Das offene, herzliche Lachen stärkt das Gemeinschaftsgefühl und kann wildfremde Menschen sekundenschnell zu Freunden machen. Das hämische, böse, geringschätzige, spöttische oder kränkende Lachen ist eine ehrverletzende, demütigende Waffe zur Herabsetzung eines anderen Menschen. Wer ausgelacht wird, wird von der Gemeinschaft ausgegrenzt. Es gibt Chefs, die sich in ihrer Entourage ein Lachopfer aussuchen, das zur Gaudi der übrigen Mitarbeiter täglich durch eine Spotthölle getrieben wird.

Lachen am Arbeitsplatz sollte man nur kontrolliert einsetzen. Denn schnell *verscherzt* man es sich mit einem Vorgesetzten, weil Lachen auch anarchistische Energien freisetzen kann, die Autorität aller Art infrage stellen. Kluge Kirchenfürsten, die sich dieser Gefahr bewusst waren, kanalisierten das Lachbedürfnis ihrer Untertanen, indem sie Karnevalsfeiern als Ventile duldeten, um danach die auf den Kopf gestellte Ordnung wiederherzustellen. Beim französischen Eselsfest wurde zum Beispiel der Esel als Bischof kostümiert und in die Kirche getrieben, wo das Volk sich über sein »Amen-Iah« vor Lachen zerkugelte.

Dass Lachen gesund ist, ist medizinisch nachgewiesen. Durch die Ausschüttung von Hormonen stärkt es das Immunsystem, regt das Herz-Kreislauf-System, Zwerchfell, Stimmbänder, Gesichts- und Bauchmuskeln stark an und führt zu Entspannung und Entkrampfung. Beim Lachen werden siebzehn Muskeln im Gesichtsbereich und achtzig Muskeln am ganzen Körper betätigt. Die Lunge transportiert drei- bis viermal so viel Sauerstoff und fördert die Verbrennung von Cholesterin. Die Herzinfarktgefahr wird durch viel Lachen halbiert. Man kann sogar Krebszellen weglachen, weil Lachen die körpereigene Immunabwehr stärkt. Bereits Curzio Malaparte wusste:

Jedes Mal, wenn ein Mensch lacht,
fügt er seinem Leben ein paar Tage hinzu.

Auf deinem Grabstein wird man lesen:
Das ist fürwahr ein Mensch gewesen.

Goethe

Viele Dichter ließen es sich nicht nehmen, ihren eigenen Grabspruch zu dichten. Manche herrlich selbstironisch wie John Gay, der Autor der »Beggar's Opera«, dessen Grabstein in der Westminster Abtei in London seine Lebensphilosophie zeigt: »Ein Witz ist das Leben. Überall zeigt sich's. Einst dacht ich es nur, doch heute – da weiß ich's.« Heinrich Heines Grab in Paris dagegen schmückt sein wehmütig-tröstliches Gedicht: »Wo wird einst des Wandermüden letzte Ruhestätte sein? Unter Palmen in dem Süden? Unter Linden an dem Rhein? Werd ich wo in einer Wüste eingescharrt von fremder Hand? Oder ruh ich an der Küste eines Meeres in dem Sand. Immerhin mich wird umgeben Gotteshimmel, dort wie hier, und als Totenlampen schweben nachts die Sterne über mir.«

Im selbst verfassten oder selbst gewählten Grabspruch jedes Menschen zeigt sich sein Charakter, denn der in Stein gemeißelte Grabspruch will wohlüberlegt sein, weil er vielleicht Jahrtausende übersteht, wie eine Grabsäule bei Ephesos aus dem 1. Jahrhundert v. Chr. zeigt: »Ich bin ein Bild im Stein, mich stellte Seikilos hierher, wo ich für ewig bleibe, als immerwährendes Zeichen unsterblichen Gedenkens.« Darauf folgt ein Trinklied mit Noten: »Lacht des Lebens Licht dich an: Halt dir Gram und Kummer fern. Deine Tage sind gezählt.«

Solche Melancholie lag dem Geschäftsmann John Donough aus New Orleans fern. Er ließ 1843 sein puritanisches Erfolgsrezept für ein erfolgreiches Leben auf seinen

Grabstein meißeln: »1. Bedenke stets, dass die Arbeit für uns eine Lebensbedingung ist. 2. Die Zeit ist Gold. Darum vergeude keine Minute, sondern wende jeden Augenblick nützlich an. 3. Behandle alle Menschen so, wie du selbst behandelt werden möchtest. 4. Verschiebe nie auf morgen, was du heute tun kannst. 5. Trage nie einem anderen etwas auf, was du selbst auszuführen vermagst. 6. Missgönne niemandem sein Eigentum. 7. Halte auch den kleinsten Umstand der Beachtung wert. 8. Gib nicht aus, was du nicht einnimmst. 9. Verzehre nicht deine Güter, sondern vermehre sie. 10. Lass in allen Angelegenheiten deines Lebens die größte Ordnung herrschen. 11. Bemühe dich, im Laufe deines Lebens so viel Gutes wie möglich zu stiften. 12. Versage dir nichts, was zu deinem Behagen notwendig ist. Aber lebe in ehrenhafter Einfachheit und Mäßigkeit. 13. Arbeite bis zum letzten Augenblick deines Lebens.«

Rabindranath Tagore dichtete:

Schöne Tage –
nicht weinen, dass sie vergangen,
sondern lächeln, dass sie gewesen.

76. Lebensjahr

*Je eitler man sich in der
eigenen Wichtigkeit sonnt,
umso stärker wird der Sonnenbrand.*

Michel de Chassecourt

Nachdem der »Endlospapst« Pius XII., der fast zwanzig Jahre lang die Geschicke der katholischen Kirche bestimmt hatte, 1958 ins Paradies aufgestiegen war, konnte sich das Kardinalskollegium auf keinen Nachfolger einigen. Schließlich wählte es als »Übergangspapst« den Patriarchen von Venedig, Angelo Roncalli. Erzbischof Angelo hatte, als er zur Papstwahl anreiste, darum gebetet, dieser Kelch möge an ihm vorübergehen. Doch Gott bestimmte es anders.

Nun, da der »liebenswürdige Kauz in Filzpantoffeln«, wie er von einigen Kirchenfürsten genannt wurde, auf dem Heiligen Stuhl saß, entwickelte er eine für konservative Kreise bestürzende Energie, die humorfreien Klerikern das Fürchten lehrte. Johannes XXIII. lebte fröhlich nach seiner Maxime »Christlicher Glaube heißt: Heiterkeit, innere Ruhe und Glaube an Gott«.

Mit seiner nonchalanten, gütigen und selbstironischen Art eroberte er binnen Kurzem die Herzen auch nicht katholischer Menschen. Sie liebten ihn, weil er starre Dogmen wie die Unfehlbarkeit des Papstes mit spielerischer Leichtigkeit in die Rumpelkammer des Vatikans beförderte, ohne die Sache selbst zu verdammen: »Ich bin zwar jetzt unfehlbar, gedenke aber nicht, davon Gebrauch zu machen.« Als er einmal gefragt wurde: »Wie viele Menschen arbeiten im Vatikan?«, sagte er harmlos lächelnd: »Ungefähr die Hälfte.«

»Johnny Walker«, wie er wegen seiner langen Spaziergänge in den Gärten des Vatikans hieß, war tatsächlich ein Ereignis, weil er die von der Kirche gepredigte einfache heitere Lebensweise beispielhaft vorlebte. Ein Papst war für ihn kein Fürst von Gottes Gnaden, sondern ein demokratisch gewählter Leiter einer Glaubensgemeinschaft. Und als jemand seine

Demut in höchsten Tönen pries, weil er sich weigerte, sich im päpstlichen Tragsessel herumtragen zu lassen, antwortete er: »Ich bin gar nicht demütig – ich bin dick und habe Angst, herunterzufallen!«

Kurz nach seiner Wahl schüttete ihm ein junger Bischof sein Herz aus. Die Bürde seines Amtes sei so schwer, dass er nachts nicht mehr schlafen könne. Johannes XXIII. antwortete: »Mein Sohn, als ich zum Papst gewählt wurde, war ich erschrocken vor der Bürde dieses Amtes, und ich konnte eine Zeit lang überhaupt nicht mehr schlafen. Einmal bin ich dann doch kurz eingenickt, und da erschien mir ein Engel im Traum. Ich erzählte ihm meine Not. Daraufhin sagte der Engel: ›Giovanni, nimm dich nicht so wichtig.‹ Seitdem kann ich wunderbar schlafen.« Welch wunderbare Weisheit für den inneren Frieden:

Nimm dich nicht so wichtig.

Erst denken, dann reden.
Yorick Huntinghall

Wenn es für Kinder anders läuft, als sie es sich gerade vorstellen, reagieren sie sofort. Je nach Temperament weinen sie, bekommen Wutanfälle oder verkriechen sich beleidigt. Je älter man wird, umso mehr wirkt die Zivilisierung durch Schule, Umfeld, Familien- oder Berufshierarchie. Dann muss man manche Kröte schlucken, um durch sein emotionales Verhalten andere nicht zu kränken oder sich selbst zu schaden.

Die Ehefrau eines meiner Freunde ist der Schrecken selbst verständigster Mitmenschen, weil sie ihren Emotionen nach Kleinkinderart freien Lauf lässt. So kann es vorkommen, dass sie gleich nach der Begrüßung am Outfit eines Besuchers etwas zu beanstanden hat (»Der Hut ist unmöglich!«), weil sie immer genau weiß, was richtig ist.

Den eigenen Geschmack, eigene Glaubensnormen, eigene Wertvorstellungen als Maßstab für andere zu setzen sorgt fast immer für Unfrieden. Mit der Selbstgerechtigkeit der weißen Rasse gewappnet, zogen die Kolonialmächte los, um der übrigen Welt die »Segnungen« des Christentums und der europäischen Zivilisation zu bringen – meistens mit fürchterlichen Folgen. Während raubgierige Könige ihre Piraten losschickten, um fremde Völker auszubeuten, sorgten fanatische Missionare unter dem Deckmantel der Nächstenliebe für die Ausrottung »falscher« Glaubensideen.

Inzwischen sind die Industrienationen schlauer geworden. Demokratisch geschult, verbreiten sie ihre »Segnungen« nicht mehr mit Feuer und Schwert, sondern benutzen zur Eroberung der globalen Märkte subtilere Methoden, indem sie den Bewohnern von Drittweltländern mithilfe von Diktatoren Konsumgüter aufzwingen, auf diese Weise davon abhängig machen und nun hemmungslos von den verschuldeten »Partnern« profitieren. Wer in dieser Falle sitzt, kommt kaum noch heraus. Erst wenn der Druck unerträglich wird, beginnen sich die Unterdrückten zu wehren. Wiederum mit meistens fürchterlichen Folgen.

Selbstgerechtigkeit ist also ein Charakterzug, der im günstigsten Fall zu Verstimmung, im schlimmsten Fall zu Not und Elend führt. Viele politische Auseinandersetzungen, Nachbarschaftskonflikte und sogar Kriege entstehen durch die wild gewordene Zunge eines rechthaberischen Menschen. Und je größer seine Macht ist, umso katastrophaler sind die Folgen, wie wir nicht nur aus der Geschichte, sondern auch aus eigener Erfahrung wissen. Wer seine Emotionen im Zaum hält und ruhig nachdenkt, bevor er losschreit, hilft, die Welt ein bisschen besser zu machen.

Denn, wie ein jiddisches Sprichwort sagt:

Die Welt steht auf der Spitze der Zunge.

78. Lebensjahr

Je mehr die Sehschärfe abnimmt,
umso klarer sieht man
mit den inneren Augen.

Sokrates

Eine Volksweisheit sagt: Die Weisheit kommt mit dem Alter. Dass das nicht nur beim Menschen so ist, zeigt eine Studie von Karen McComb und ihrem Team von der University of Sussex in Brighton. Ältere Leitkühe einer Elefantenherde, besonders über sechzig Jahre alte Chefinnen, treffen bessere Entscheidungen als jüngere. Eine ständige Bedrohung für die Jungtiere der Herde sind Löwen, deren hungriges Brüllen von den älteren Leitkühen aufgrund ihrer Erfahrung besser gedeutet wird. Zudem bestimmen sie die Verteidigungsstrategie. Das fanden die Zoologen anhand von Aufnahmen heraus, die sie den Elefanten in Kenia vorspielten.

Erfahrung und Weitergabe überlebenswichtigen Wissens sind demnach, so folgerten die Forscher, ein Grund für die Langlebigkeit der afrikanischen Elefanten, die in freier Wildbahn bis zu siebzig Jahre alt werden können. Sie leben in Herden von rund zehn Kühen und deren Nachkommen. Die Leitkuh behält ihre Führungsrolle bis zum Tod. Männliche Elefanten sind Einzelgänger. »Die Sozialstruktur des Elefanten ist ähnlich wie beim Menschen«, meint McComb. »Ähnlich langlebig, fällt auch hier die Führungsrolle meistens erfahrenen Älteren zu.« Erfahrung und Weitergabe des Wissens sind also entscheidend für das Überleben menschlicher Gemeinschaften.

Als in Kurosawas Film »Die sieben Samurai« die Bauern eines Dorfes von einer Räuberbande versklavt werden sollen, wendet sich der verzweifelte Gemeinderat an einen alten Weisen. Der empfiehlt, mit den vorhandenen Wertgegenständen Samurai zu engagieren. Der Rat erweist sich als gut. Die Erfahrung des Weisen beeinflusst die Verteidigungsstrategie, und das Dorf wird gerettet.

Hildegard von Bingen empfängt eine göttliche Inspiration und gibt sie an ihren Schreiber weiter.

Hildegard von Bingen, eine der hervorragendsten Frauen des Mittelalters, die erste deutsche Naturforscherin, Ärztin, Komponistin und eine der größten Mystikerinnen, wurde mit achtunddreißig Äbtissin des Benediktinerinnenklosters zu Bingen bzw. Eibingen. Sie leitete mit ihrem Wissen zwei Klöster, hielt – für die damalige Zeit etwas unerhört Neues – Predigten auf Marktplätzen und führte einen der umfassendsten Briefwechsel des Mittelalters: Sie korrespondierte sogar mit Kaiser Friedrich und Papst Alexander III., denen sie Ratschläge erteilte. Noch im hohen Alter diktierte sie ihr letztes großes Werk, »Liber divinorum operum«, das sie 1173/74 abschloss. Ihre geistige Kraft und Weisheit beeinflussen bis heute Kultur, Mystik und in zunehmendem Maße sogar das Gesundheitswesen.

Weisheit ist das Resultat von Erfahrungen,
die für sich selbst und andere wertvoll sind.

Wenn ich wüsste,
dass morgen die Welt unterginge,
würde ich noch heute
ein Apfelbäumchen pflanzen.

Martin Luther

Alle paar Jahre taucht epidemieartig Weltuntergangs-
stimmung auf und ängstigt sogar rationale Menschen.
Mein Freund Joe meinte neulich: »Wozu tue ich mir das
alles an? Im Jahr 2012 geht nach dem Maya-Kalender sowieso die Welt unter!« Wie oft schon wurde der Welt-
untergang prophezeit und fand dann nicht statt.

Als das Jahr 1000 näher rückte, wurde die Christenheit
durch die Prophezeiung aus der Offenbarung des Johannes von Angst ergriffen, die an Hysterie grenzte: »Und
wenn die tausend Jahre vollendet sind, wird der Satan
losgelassen werden aus seinem Gefängnis, und er wird
ausgehen und verführen die Völker in den vier Ecken der
Erde ...« Bußprediger stachelten den Wahn an. Zu Ende
des Jahres 999 erlahmte das Leben.

In Rom, dem Zentrum der Christenheit, stockte der
Handel. Die Kirchen standen drei Monate lang Tag und
Nacht offen. Jeder Tag war wie Sonntag. Das Weihnachts-
fest wurde in ungewöhnlicher Demut gefeiert. Die Menschen schliefen bei offenen Türen. Niemand stahl mehr
etwas, denn wer etwas wollte, bekam es geschenkt. Schulden wurden nicht mehr eingetrieben. Ununterbrochen
gab es Beichte und Absolution, wurden Messen und das
Abendmahl gefeiert. Streit herrschte lediglich über die
Art des Weltenendes. Entweder würde eine Sintflut he-
reinbrechen oder ein Erdbeben die sündige Welt ver-

schlingen. Wucherer taten Buße, indem sie sich mitsamt ihren Schuldscheinen verbrannten. Von der Subliciusbrücke sprang ein sich umarmendes junges Paar in den Tiber, um sich durch Selbstmord vor dem Grauen zu retten. Verbrecher führte man aus den Gefängnissen in die Häuser der Reichen, wo man ihnen erlesene Weine und Speisen vorsetzte. Nächstenliebe und Barmherzigkeit breiteten sich ebenso rasch aus wie die Angst. Vögel wurden aus ihren Käfigen, Pferde aus den Ställen in die Freiheit entlassen.

In der Silvesternacht lagen Herren und Knechte sich ihre Sünden beichtend in den Armen. Das waren die Bußfertigen. Andere hurten, soffen und feierten. Und wieder andere versteckten zusammengeraffte Schätze. Papst Sylvester II. feierte ernst die Messe im Petersdom zu Ende. Jeder erwartete einige Trostworte. Doch er stand nur ins Gebet versunken da. Jeder hielt den Atem an und zählte die Glockenschläge mit: eins, zwei, drei … Der zwölfte Schlag donnerte – und verklang. Totenstille folgte. Papst Sylvester segnete lächelnd die Gemeinde. In diesem Moment begannen alle Glocken zu läuten, und der Chor jubelte von der Empore »Te Deum laudamus!«. Da fielen sich die Menschen lachend und weinend einander in die Arme.

> *Der Weltuntergang*
> *hatte nicht stattgefunden.*

80. Lebensjahr

Das Leben ist kurz.
Mach das Beste daraus.
Lame Deer, Medizinmann
der Lakota-Indianer

Je älter man wird, umso schneller scheint die Lebenszeit davonzufliegen. Die Sommerferien der Kindheit kommen einem in der Rückschau wie eine endlose Folge von Sonnentagen vor, für den Erwachsenen vergeht ein Monat wie im Fluge.

Eastwoods Abdrücke
vor dem Grauman's
Chinese Theatre

Als der achtzigjährige Filmregisseur und Schauspieler Clint Eastwood gefragt wurde, ob er an ein Leben nach dem Tod glaube, sagte er: »Darüber denke ich nicht viel nach. Ich sehe das ganz pragmatisch: Wir haben dieses eine Leben geschenkt bekommen, und es ist unsere Aufgabe, das Beste daraus zu machen.« Eastwood meint, wer sich zu viele Gedanken über den Tod mache, würde sein Dasein in der Gegenwart unnötig belasten. Diese lebenszugewandte Philosophie lässt Eastwood vor Optimismus und Tatendrang geradezu bersten, wie seine kompromisslosen Filme, seine Pläne und sein großes Interesse an neuen Techniken zur Filmproduktion zeigen. Er beschäftigt dafür sogar einen eigenen Berater.

Obwohl der Regisseur kaum an den Tod denkt, schildert er in seinem Film »Hereafter« eine Frau, die eine traumatische Nahtoderfahrung durchlebt. Im Zuge der

Recherchen interviewte Eastwood Menschen, die Ähnliches erlebt hatten. Die höchst unterschiedlichen Geschichten hatten einen gemeinsamen Kern: Jeder erlebte im Grenzbereich zwischen Leben und Tod das »Gefühl tiefster Geborgenheit«. Dadurch war Menschen, die diese Geborgenheit erlebt hatten, die Angst vor dem Sterben genommen. Nach Überwindung der Krise lebten sie intensiver als bisher. Jeder Augenblick wurde wertvoll, die Beziehungen zu anderen Menschen oder auch Tieren wurden tiefer.

Eastwood, frisch und heiter wie ein Fünfzigjähriger, wundert sich, warum Menschen sich nach dem Ruhestand sehnen und dann in Untätigkeit dahindämmern. »Mir war es immer ein Rätsel, warum Billy Wilder mit sechzig aufgehört hat, Filme zu drehen.« John Huston, der legendäre Regisseur von »Mobby Dick«, drehte seinen letzten Film »Die Toten« im Rollstuhl und ließ sich – statt wie früher mit Whisky – mit Sauerstoffflaschen versorgen. Der portugiesische Regisseur Manoel de Oliveira sitzt noch mit 102 im Regiestuhl. »Warum sollte ich aufhören?«, fragt Clint Eastwood. »Solange ich auf meinen Beinen stehen kann, mache ich weiter.«

In diesem Weitermachen, im Formen von Dingen, die einen im tiefsten Innern bewegen, im Ringen mit sich selbst und der Materie, bis man zufrieden ist, liegt das Geheimnis der täglichen Selbsterneuerung.

Picasso nannte das sehr schön:

> *Man braucht sehr lange,*
> *um jung zu werden.*

81. Lebensjahr

Man darf nicht verbittern.
Sabine Siebenlist

Frau Siebenlist verlor ihre Tochter Fenja im Juli 2010 in Duisburg, als einundzwanzig Teilnehmer der Love Parade starben und über fünfhundert verletzt wurden. Sie hatte neunzehn Stunden vergeblich auf die Erlösung aus der Ungewissheit gewartet. Fenja war erstickt. Der Schock war so stark, dass Sabine Siebenlist sechs Monate arbeitsunfähig war. Ihr früheres Leben war zerstört.

Dann tauchte die Idee zu einem Mahnmal für die Opfer auf. Frau Siebenlist wurde zum Jurymitglied gewählt. Die Bewertungen der Entwürfe gaben ihr neue Kraft. »Ich hatte das Gefühl, diese Arbeit gehört zu meinem Muttersein. Vielleicht schaut meine Tochter von irgendwoher zu und sagt jetzt: ›Gut gemacht!‹« Die konkrete Trauerarbeit hatte heilsame Wirkung auf die Psyche der Mutter. Die Frage nach der Schuld verlor für sie die Bedeutung. »Meine Tochter ist tot. Sie bleibt tot. Man darf nicht verbittern.«

Ob sie jemals das fertige Mahnmal besuchen wird, weiß sie nicht, denn sie begegnet der Tochter inzwischen in »einem anderen Raum«. Dieser Raum ist die immaterielle Welt der Musik.

Frau Siebenlist hat die Weisheit Epiktets verinnerlicht und sich durch die Auseinandersetzung mit ihrem Leid vom Kummer befreit. Epiktet sagt: »Jedes Ding hat zwei Handhaben. Je nachdem, wie man es fasst, wird es unerträglich oder erträglich. Tut dir dein Bruder unrecht, so sage nicht: Er kränkt mich. Das ist die Handhabe, womit es unerträglich ist. Sage vielmehr: Er ist mein Bruder, der

Genosse meines Lebens. Das ist die richtige Auffassung, welche die Sache erträglich macht.«

Anton Tschechow erzählt in einer Geschichte von einem Gutsbesitzer, der sich über alles und jeden aufregte. Die Rechthaberei verbitterte nicht nur seiner Familie und den Dienstboten das Leben, sondern ihm selbst noch viel mehr. Schließlich wurde der Besserwisser sogar von geduldigsten Freunden gemieden und vereinsamte nach und nach. Da besuchte ihn eines Tages ein älterer Freund, den er jahrzehntelang nicht mehr gesehen hatte. Dieser Freund erkannte sofort die negative Weltsicht des Gutsbesitzers und sagte ihm einen Satz, der sein ganzes Leben änderte: »Ändern Sie Ihren Charakter. Wenn Sie das nicht tun, werden Sie verbittert sterben.«

Das brachte den Gutsbesitzer zum Nachdenken. Plötzlich erkannte er, dass er sich im Laufe der Jahre in einen Griesgram verwandelt hatte. Er regte sich nicht mehr über Fehler oder Gewohnheiten der Menschen seiner Umgebung auf, begann mit dem Schreiben eines Buches und verwandelte sich durch die Freude an der Arbeit zurück in den liebenswürdigen Menschen, der er einmal gewesen war.

> *Freude schafft Freude.*
> *Verbitterung lähmt die Seele.*

Wer es dahin gebracht hat,
dem eigenen Leben
zuschauen zu können,
ist dem Leiden des Lebens
entronnen.

Oscar Wilde

Ein väterlicher Freund, der beeindruckend heiter lebte, erzählte mir einmal, wie er zu seiner glücklichen Lebensform gekommen war. »Mir war mit dreißig zufällig ein Buch von Erasmus von Rotterdam in die Hand gefallen. Darin unterhalten sich Polygamus und Glycion über die vernünftigste Art, das Leben zu gestalten. Der Dialog hat mich so beeindruckt, dass ich bis ins hohe Alter von der Richtigkeit überzeugt bin.« Ich war gespannt, und mein Freund erzählte, er hätte sich, ebenso wie Glycion in Erasmus' Buch, einen Beruf gesucht, der ihm zwar Ansehen brachte, aber ihn weitgehend vor lästigen Verpflichtungen schützte.

Als Professor an einer Musikhochschule konnte er von seiner Lehrverpflichtung gemütlich leben, ohne Neid und Intrigen allzu sehr ausgesetzt zu sein. Die Ferien waren paradiesisch lang, die wöchentlichen Unterrichtsstunden paradiesisch kurz. Um nicht in Intrigen hereingezogen zu werden, hielt er zu Kollegen freundliche Distanz, bemühte sich jedoch, sich keine Vorteile auf Kosten anderer zu verschaffen. Eine größere Karriere an der Hochschule vermied er ebenso wie das öffentliche Präsentieren seiner Fähigkeiten. Freunden tat er Gutes. Wenn durch Boshaftigkeit oder die Verkettung unglücklicher Umstände Groll gegen ihn aufkam, dämpfte er diesen sofort durch eine

Entschuldigung. Durch Gefälligkeiten brachte er leisen Unmut zum Verstummen. Rechthaberei betrachtete er als kleinkariertes Gezänk und hielt sich aus fruchtlosen Diskussionen heraus. Er versuchte, niemand durch ein lockeres Scherzwort zu beleidigen, schenkte jedem, vom Hausmeister bis zum Verwaltungsdirektor, ein freundliches Lächeln, bekämpfte keines Menschen Überzeugung, verurteilte nichts, was ein anderer angeordnet hatte, und stellte sich nie als etwas Besseres hin. Eigene Geheimnisse behielt er für sich und wollte die von anderen nicht wissen. Über Abwesende schwieg er oder sprach nur freundlich über sie. Aus fremden Streitigkeiten hielt er sich heraus.

Mit dieser Einstellung entging er bis ins zweiundachtzigste Lebensjahr der Missgunst und erhielt sich das Wohlwollen seiner Mitmenschen. »Ich bemühe mich, in allem das Gute zu sehen, so kommen keine negativen Gedanken auf.« Auf Beleidigungen reagiert Bruno mit einem Lächeln und vergisst sie sofort. Alles, war er tut, macht er gewissenhaft. Sein Unterricht ist bis heute ebenso mustergültig wie seine Zuverlässigkeit. »Angenehm leben kann nur der, der gewissenhaft lebt«, meint Bruno. Er geht bis heute jeden Tag spazieren, hält Vorträge in gebildeten Runden und hat sein Leben so eingerichtet, dass er immer Zeit hat.

Du versäumst sowieso nichts.

Du darfst nicht müde werden.
Wenn du müde wirst,
haben die anderen gewonnen.

Harry Belafonte

Mit dem Song »Mathilda« wurde Harry Belafonte weltberühmt und noch vor Elvis zum Popstar. Während Elvis
allerdings längst im Himmel über Memphis schwebt,
steht der dreiundachtzigjährige Belafonte gut gelaunt
mit beiden Beinen auf der Erde und wirkt wie ein gut er-
haltener Sechzigjähriger. Er meint, sein jugendliches Aussehen verdanke er dem Glück der Ruhelosigkeit. Vielleicht ist ja sein Name Programm: Belafonte bedeutet
schöne Quelle, und die schöne Quelle der Lebenslust
scheint in Harry nie zu versiegen, obwohl er früher auf
dem besten Weg war, »ein drogenabhängiges Wrack« zu
werden.

Nachdem sich sein erstes Album über ein Million Mal
verkauft hatte, wurde der arme Boy aus Harlem, der
wegen Dieberien haarscharf am Gefängnis vorbeige-
kommen war und tiefer in die Kriminalität abzugleiten
drohte, ein Popstar. Das war nur auf den ersten Blick toll:
»Auf einmal fliegt dir alles zu: Geld, Drogen, Mädchen.
Und zwar in absurder Dimension.« Harry Belafonte ist
sich sicher: »So sieht die Hölle aus – in Verkleidung des
Himmels.«

Um die Mitte der 1950er-Jahre wurde Eleanor Roosevelt auf den Calypso-Sänger und Schauspieler aufmerksam. Sie wollte durch ihn Kontakt zur schwarzen US-
amerikanischen Bevölkerung herstellen. So wurde die
Bürgerrechtsbewegung Harry Belafontes Ersatzdroge.

»Später gab mir mein Mentor Martin Luther King die Möglichkeit, meine Kräfte zu bündeln und auf ein Ziel zu richten.« Dieser Kampf war Belafontes Rettung. Martin Luther King lehrte ihn, die Wut auf den Rassismus und die militante Arroganz der Weißen »in andere Energien umzuwandeln und in friedliche  Bahnen« zu lenken. King setzte Harry Belafonte strategisch gezielt ein. Er sollte Robert Kennedy für die Gleichberechtigung der Schwarzen gewinnen. So baute Harry eine Zweckfreundschaft mit Kennedy auf. »Um die Seele von jemandem zu erreichen, musst du sozialen Kontakt herstellen.« Kennedy wurde unter Belafontes Einfluss zum Kämpfer für eine gerechte Sache.

»Du darfst nie aufhören, an die Menschen zu glauben«, meint Belafonte lachend. Dieses zuversichtliche Lachen steckt an und ermutigt nicht nur jeden in seiner Nähe, sondern auch die Massen seiner Fans im Konzertsaal oder TV. Er engagierte sich in Südafrika mit Nelson Mandela im Kampf gegen die Apartheid, rettete in Ruanda Kinder vor dem Genozid, gab Benefizkonzerte für Aidskranke und organisierte in Afrika Hilfe für Kranke und Hungernde. Die Freude blitzt ihm aus den Augen. Er ist ein Mann, dem man zutraut, noch mit hundert die Menschen für das Gute zu begeistern. Harry Belafontes Erfolgsrezept heißt:

Wer Hoffnung hat, hat Kraft.

Ehebruch ist das einzige Delikt,
das einen Komplizen braucht.

Floriot

Mit fast vierundachtzig entschloss sich der Herzog von
Richelieu, zum dritten Mal zu heiraten. Schlimme Ma-
genschmerzen waren der Auslöser. »Unglück ist manchmal nützlich, denn dieses bewog mich zu heiraten. Ich
wollte eine schützende Barriere zwischen meiner Alters-
schwäche und meinem Sohn aufrichten. Ich sah, wie er
sich als Herr des Hauses aufspielte. Er wollte, dass man
mich zur Ader lässt. Ich wäre tot gewesen, wenn nicht
mein Kammerdiener, der mich pflegte, sich gewehrt und
geschworen hätte, dass man nur über seine Leiche an
mein Blut käme.« Sobald die Krise überwunden war,
machte Richelieu der dreiundvierzig Jahre jüngeren
Witwe Madame de R. einen Heiratsantrag und warnte
seinen Sohn: »Trotz meiner vierundachtzig Jahre rechne
ich noch damit, ein Kind zu haben, das ein besserer
Mensch als Sie sein wird.«

Die Drohung war durchaus ernst gemeint. Denn erstens stand Richelieu im Ruf, die Hälfte aller französischen
Adligen zum Hahnrei gemacht zu haben, und zweitens
besaß seine Auserwählte einen sehr viel jüngeren Liebhaber. Was auch immer passierte: Kurz nach der Hochzeit
war die Herzogin schwanger – und überraschte ihren
Mann in flagranti beim Ehebruch. Vehement bestand sie
nun darauf, »dass er die Gewohnheit aufgab«, täglich
einen Löffel seines Aphrodisiakums zu schlucken. Offenbar nützte diese Intervention nichts, seine Neigung zum
Seitensprung zu bremsen, denn immer wieder erwischte

sie den Schwerenöter in Situationen, bei denen sie sich als störende Dritte vorkam. Der Urgroßneffe des berühmten Kardinals Richelieu war zunächst Diplomat und Offizier und schließlich Marschall von Frankreich. Er starb im Alter von zweiundneunzig Jahren, enttäuscht darüber, dass er seine Drohung gegenüber seinem Sohn nicht hatte wahrmachen können. Eine Fehlgeburt hatte die Hoffnung auf einen weiteren Sohn zunichtegemacht.

Lebensfreude und Optimismus
lassen die Mühsal des Alters vergessen.

Die Neigung der Menschen,
kleine Dinge für wichtig zu halten,
hat sehr viel Großes hervorgebracht.

Lichtenberg

Sophokles, ein Gigant unter den Dramatikern, wurde 497/496 v. Chr. in Athen als Sohn eines reichen Rüstungsfabrikanten geboren und von den besten Lehrern in allen Fertigkeiten des damaligen Gentlemans unterwiesen. Er konnte fast den ganzen Homer auswendig und wusste, wie man eine Rede aufbaut, damit sie die Zuhörer fesselt. Er sang formvollendet und begleitete sich auf der Leier. Zudem war er ein As im Ballspiel, ein eleganter Tänzer, kühner Boxer und ausdauernder Langstreckenläufer. Sein wohlproportionierter Körper war so perfekt, dass ihn der berühmte Polygnot bat, für ihn Modell zu stehen. Die Athener nannten ihn den »Liebling der Götter«. Und das zu Recht, denn Sophokles ist noch nach 2500 Jahren weltberühmt.

Wie ein Hollywood-Drehbuchautor entwickelte er aus den Charakteren des Stückes die Dramatik. Seine Szenenführung selbst ist oft ein atemberaubender Krimi, geschickt berechnet durch Verzögerungen, Überraschungen, Verschleierungen und plötzliche Enthüllungen, Irreführungen auf Hohlwege, falsche Entwarnungen und positive Entwicklungen vor der Katastrophe. Das Timing ist so perfekt, dass jedes seiner Stücke vor Spannung knistert. Dazu kommt die wunderbare Sprache des Dichters.

Kein Wunder, dass die Jury ihm zwanzig Mal den ersten Preis beim Theaterwettbewerb zuerkannte. Mit Bienenfleiß schrieb Sophokles rund hundertdreißig Theaterstücke. Als er seinen Hit »Antigone« auf die Bühne brachte, riss es das Publikum buchstäblich von den Sitzen.

Und dann passierte etwas, was heute undenkbar wäre: Der Dichter wurde für diese Leistung von den Bürgern Athens zum leitenden General für den Krieg gegen Samos berufen. Dabei war er bereits Schatzmeister des Athenischen Bundes, also Finanzminister. Wo er die Zeit hernahm, »nebenbei« seine unsterblichen Bühnenwerke zu schreiben, ist ein Rätsel.

Überall verehrt wegen seines liebenswürdigen und heiteren, bescheidenen und vornehmen Charakters, genoss Sophokles sogar noch als Greis die Liebe berühmter Hetären. Mit feiner erotischer Empfänglichkeit war er sein ganzes Leben lang »den Schönen hold«. Als ein Freund den Fünfundachtzigjährigen fragte, ob er noch immer gern mit Damen schlafen würde, sagte er: »Um Gottes willen, Junge! Es ist doch eine Wohltat, endlich nicht mehr unter der Geißel der Potenz zu stehen.« Mit fünfundachtzig schrieb er auch eines seiner berühmtesten Stücke: »Ödipus auf Kolonos«. Sein Tod soll einem Dichter angemessen gewesen sein: Er schlief 406 v. Chr. beim Vorlesen eines seiner Stücke für immer ein.

> *Wer Geist und Seele bis ins hohe Alter jung erhält, führt ein erfülltes Leben.*

86. Lebensjahr

Wehmütig grüßt der,
der ich bin, den,
der ich sein möchte.

Sören Kierkegaard

Gregor von Rezzori variiert: »… den, der ich hätte sein
können.« Wohl die meisten Menschen hatten schon einen Gedanken dieser Art. Viele sehnen sich danach,
ihren ungeliebten Brotberuf aufzugeben, um endlich das
zu machen, wovon sie vielleicht schon seit ihrer Kindheit
träumen. Doch die Verantwortung für die Familie, die
Sorge um das ererbte Familienunternehmen oder auch
die Angst vor der eigenen Courage hindert sie, den Traum
in die Tat umzusetzen. Und so warten viele auf die Rente,
um dann endlich, finanziell abgesichert, einen ihrer
Träume wahr zu machen. Doch was in der Vorstellung so
einfach erschien, erweist sich dann als viel schwieriger als
gedacht. Um zum Beispiel Maler oder Bildhauer zu werden, braucht man große Disziplin. Denn es ist etwas anderes, ein paar Hobbybilder zu malen, als sich der Kritik
des Kunstmarktes auszusetzen.

Anthony Quinn, der Hollywoodstar, der unvergesslich
den »Alexis Sorbas« verkörperte, betrieb mit ungeheurer
Energie neben seiner Filmarbeit seine Karriere als Bildhauer, Maler und Designer von Schmuck und Uhren, bis
er im hohen Alter tatsächlich auch auf diesem Gebiet
ernst genommen wurde. Als er am 3. Juni 2001 mit sechs-
undachtzig starb, war er tatsächlich auch in der bildenden Kunst zu dem geworden, »was er hätte sein können«.

Der Inder Bholaram Das war Richter und saß als Freiheitskämpfer sogar einmal im Gefängnis. Mit hundert

wollte er sich den letzten Wunsch erfüllen: den Doktortitel. Er sieht schlecht und bewegt sich schwerfällig:
»Meine Gesundheit wird von Tag zu Tag schlechter. ...
Aber hier«, sagt er, sich an die Stirn tippend, »bin ich
noch fit.« Der älteste Student der Welt schreibt seine
Doktorarbeit, um seinen »unstillbaren Wissenshunger
zu befriedigen«. Die Professoren der Guwahati-Universi-
tät in Assam sprechen ihn mit »Sir« an. »Er ist ein Beweis
dafür, dass die Fähigkeit zu lernen nichts mit dem Alter
zu tun hat. Bholaram Das exerziert lebenslanges Lernen
auf beispielhafte Weise«, lobt Okhil Kumar Medhie, der
Vizekanzler der Universität. »Wir sind aber auch froh,
dass er uns mit seiner Arbeit einzigartiges Wissen zur
Verfügung stellt.« Die Doktorarbeit handelt von der
Rolle des Neo-Vaishnavismus, einer Religion in Das'
Heimat. In ein, zwei Jahren hofft er, fertig zu werden.

Wer einen lang gehegten Traum Wirklichkeit werden
lässt, beglückt sich selbst. Nach Ansicht des Dalai Lama
ist Glücklichsein der Sinn des Lebens. Natürlich braucht
man dazu Fleiß und eiserne Disziplin, denn:

> *Vor den Erfolg*
> *setzen die Götter den Schweiß.*

Es ist das Lächeln,
das glücklich macht.

Eric-Emmanuel Schmitt

Es gibt die Macht der bösen Gedanken, und es gibt die Macht der Freundlichkeit. Wenn ich in einer Behörde oder in einem Geschäft von finsteren Gesichtern empfangen werde, möchte ich am liebsten gleich wieder umkehren. Ich habe erlebt, wie fröhliche kleine Kinder beim Anblick eines bösen Gesichts in Weinen ausbrachen. Ein freundliches Lächeln ist nicht nur ein Willkommensgruß, der das Leben leicht macht und die eigene Seele wärmt, sondern es vergoldet wie ein Morgensonnenstrahl das Zimmer. Wer mit einem Lächeln empfangen wird, öffnet sein Herz und gibt die gute Laune zurück.

Als 2010 dreiunddreißig Bergleute in der chilenischen Atacama-Wüste in siebenhundert Metern Tiefe verschüttet wurden, wurden sie über Wochen hinweg durch viele kluge Aktionen gerettet: Dank des besonnenen Schichtführers lebten die Eingeschlossenen weiterhin diszipliniert ihren Tag-Nacht-Rhythmus. Einer der Bergleute, der in der evangelischen Kirche das Predigen gelernt hatte, stärkte, unterstützt von einem katholischen Kirchenchorsänger, beim regelmäßigen Gebet den Glauben an die Rettung. Ein Elektriker, der die Kamera bedienen lernte, sorgte für ständigen Kontakt mit den Familien der Bergleute sowie dem Rettungsteam und konnte über den Fortgang der Rettungsbohrungen informieren. Ein Tüftler hielt das Schlauchsystem intakt, sodass die Wasserversorgung klappte, ohne die sie in kurzer Zeit verdurstet wären.

Das waren alles höchst wichtige Leistungen, aber die vielleicht überlebenswichtigste war die unerschütterliche gute Laune, mit der Mario Sepúlveda Tag für Tag aufs Neue die Lebensgeister seiner Mitgefangenen wach hielt. Immer wenn die Stimmung in Verzweiflung umzuschlagen drohte, sorgte er mit einem Witz, einem auf-

munternden Wort für neuen Lebensmut. Noch verblüffender war, als Mario »vor Energie berstend« aus der Rettungskapsel stieg, jubelnd seine Frau umarmte, seine Arbeitstasche öffnete und an die erstaunten Ingenieure, Minister und den Staatspräsidenten Geschenke verteilte: Steine.

Eine Studie beweist es: Uneigennützige, fröhliche Menschen, die sich sozial oder politisch engagieren, leben glücklicher als jene, die nach materiellem Besitz streben oder egoistisch die eigene Karriere verfolgen. Freude machen macht froh. Der Vater meines Nachbarbauern Ignaz Hauer war ein durch und durch positiver Mensch. Er nahm die Dinge von der leichten Seite, weil er wusste, dass Griesgrämigkeit jede Sache mühsamer und schwerer macht. Noch ein paar Wochen vor seinem Ableben war der Neunzigjährige heiter und freute sich über kleinste Kleinigkeiten.

Er wusste, dass es nichts Wichtigeres gibt, als anderen Freude zu schenken.

Sein Leben war seiner Lehre
vollkommen gleich.
Gedenktafel der Athener
für Zenon

Zenon, ein Handelsherr aus Zypern, erlitt bei einer Geschäftsreise nach Phönizien vor Attika Schiffbruch und verlor sein gesamtes Vermögen. Statt froh zu sein, sein Leben gerettet zu haben, irrte er jammernd über den Verlust durch Athen. Da fiel sein Blick auf die Bücher eines Buchhändlers. Er nahm ein Buch und begann zu lesen. Plötzlich rief er begeistert aus: »Wo sind die Männer, die solches lehren?« – »Man nennt sie Philosophen«, antwortete der Buchhändler und zeigte auf einen Passanten. »Da geht zufällig einer.« Zenon eilte Krates nach, stellte sich vor und wurde sein Schüler.

Der verarmte Geschäftsmann fand seinen neuen Reichtum in der Philosophie. Er lernte, dass der Mensch lernen müsse, freiwillig zu entbehren, um, befreit von allen äußeren Bedürfnissen, wirklich frei zu werden. Zenon entwickelte die Lehre der Bedürfnislosigkeit der Kyniker weiter, indem er den Zweck der Philosophie darin sah, Selbstbeherrschung und Veredlung des Lebens zu gewinnen. Zum Muster der eigenen Ethik geworden, setzten ihm die Bürger Athens zur Erinnerung den schönen Gedenkstein.

Weil Zenon im Säulengang der Stoa poikile, der »bemalten Vorhalle«, lehrte, nannte man ihn und die nachfolgenden Philosophen seiner Schule Stoiker. Sie lehrten den Glauben an die menschliche Vernunft, die daraus logische Folgerung der Nützlichkeit ethischer Grundsätze

und das Anstreben eines individuell beglückenden Zu-
standes unerschütterlicher Seelenruhe. Ethisches Handeln führt zum vernünftigen Umgang mit sich selbst
und der Menschen untereinander.

Rund vierhundert Jahre nach Zenon brachte der griechische Sklave Epiktet in Rom diese stoische Philosophie
zu weiterer Blüte, indem er Lehrsätze von großer Klarheit
prägte, die zur Übereinstimmung mit sich selbst – dem
höchsten Ziel der stoischen Philosophie – führen sollen.
Alles Wesentliche im Leben führt er auf das zurück, was
erstens in der Macht des einzelnen Menschen steht und
zweitens was nicht in seiner Macht steht.

»In unserer Macht steht unser Denken, unser Handeln,
unser Begehren und unser Vermeiden – alles, was aus
uns selbst erzeugt und unser Werk ist. Nicht in unserer
Macht steht unser Körper, unser Besitz, unser Ansehen
und unsere äußere Position – alles das, was nicht von uns
selbst kommt.« Wer diese Kernsätze verinnerlicht, ist auf
dem Weg zur Gelassenheit der Seele. Als Epiktet acht-
undachtzigjährig starb, hinterließ er mit seinen Aphorismen ein Werk, das bis heute jeden, der sich damit beschäftigt, mit Kraft erfüllt.

Nicht die Dinge selbst beunruhigen die Menschen,
sondern die Vorstellung von den Dingen.
So ist zum Beispiel der Tod nichts Furchtbares ...
sondern die Vorstellung, er sei etwas Furchtbares,
das ist das Furchtbare.

Die Langsamkeit ist
das Geheimnis des Glücks.

Eric-Emmanuel Schmitt

Von allen Europäern werden die Franzosen am ältesten.
Warum das so ist, weiß niemand. Auch Gerontologen
 rätseln. Liegt es an der gu-
ten französischen Küche?
An der guten Altenbetreu-
ung? Am exquisiten Rot-
wein? Oder am lässigen
Leben? Jedenfalls sind die
Franzosen – zusammen
mit Japanern – Weltmeister im Altern. 15 000 Bürger
zwischen Nordsee, Mittelmeer, Rhein und Atlantik sind
über hundert Jahre alt. Und das ist erst der Anfang. Die
Hälfte aller Kinder des Jahrgangs 2007 soll laut Prognose
des staatlichen Statistikamts ein Durchschnittsalter von
hundertvier Jahren erreichen.

Der Pariser Versicherungsriese Axa sieht daran nichts
Bedrohliches. Im Gegenteil. Das Management rief Anfang 2011 das »Globale Forum für Langlebigkeit« ins
Leben. Hier sollen Wissen und Erfahrung der Senioren
einen neuen Stellenwert bekommen und auch die »boo-
mende Dienstleistungsbranche« von den vitalen Alten
profitieren. Denn die Franzosen werden als Meister der
Lebenskunst nicht nur außergewöhnlich betagt, sondern
gehen auch noch beinahe jugendfrisch in Rente. Vielleicht, so mutmaßen einige Gerontologen, kann das ein
weiterer Grund für die Langlebigkeit sein. In Frankreich
kommen auf 10 000 Bürger hundertzwei über Hundert-

jährige, in Spanien neunundachtzig, in Deutschland jedoch nur fünfundvierzig.

Der bislang bekannteste älteste Mensch der Welt war die Französin Jeanne Calment aus Arles, die 1997 »mit hundertzweiundzwanzig Jahren, fünf Monaten und vierzehn Tagen« starb. Das Rezept für ihr langes Leben soll literweise Olivenöl, pro Woche ein Kilo Schokolade und das regelmäßige Glas Rotwein gewesen sein. Das klingt nicht gerade nach Selbstkasteiung. Die Greisin genoss offenbar das Leben in vollen Zügen.

Die Angehörigen der hundertvierjährigen Klosterfrau Eugénie Blanchard, die im November 2011 starb, machten dagegen ein anderes Lebenselixier für die Langlebigkeit verantwortlich. Die Gottesbraut habe lebenslang keine Medikamente genommen und »ihre Jungfräulichkeit dem lieben Herrgott gewidmet«. Und wie so oft, hilft wohl auch bei der Langlebigkeit der Glaube.

Allerdings sind sich die meisten Altersforscher einig, dass eine »stabile Demokratie, eine wohlhabende Gesellschaft, ein ausgezeichnetes Gesundheitssystem und intakte Familien« für ein entspanntes Leben bis ins hohe Alter sorgen. »Man gräbt sich sein Grab mit den Zähnen«, heißt es so schön bildhaft bei den Franzosen. Eine Mahlzeit ist bei ihnen ein stundenlanges Ritual, dem mit Genuss das Beste der Küche geopfert wird. Und, abgesehen vom hektischen Paris, hat man in der Provinz vor Jahrhunderten den Segen der Langsamkeit entdeckt. So wird man alt und bleibt gesund.

Wer sich Zeit lässt,
hat in jedem Fall mehr vom Leben.

Alter ist meistens
nur eine Ausrede.

Rudolf Rolfs

Norman Mailer, der Autor des berühmten Romans »Die Nackten und die Toten«, wurde einmal in einem Interview gefragt, ob ihm denn mit zunehmenden Jahren das Schreiben nicht schwerfiele. Mailer antwortete sinngemäß, einerseits ja, andererseits nein. Die Konzentrationskraft nähme zwar ab, andererseits aber würde er das durch langjährige Erfahrung und Technik wieder ausgleichen. Mit dieser Lebenseinstellung verfasste er noch im Alter von dreiundachtzig, ein Jahr vor seinem Tod, seinen letzten Roman. Zu Beginn seiner Arbeit als Schriftsteller hatte er zur Selbstdisziplinierung täglich ein Pflichtpensum von dreitausend Wörtern geschrieben. Diese regelmäßige Übung sorgte für Klarheit seiner Gedanken und Eleganz seiner Formulierungen, was ihm sein ganzes Autorenleben lang zugutekam.

Einer meiner verstorbenen Nachbarn, ein Bauer, besaß zu seiner Freude bis ins hohe Alter eine Hühnerschar. Noch für den Neunzigjährigen war das fröhlich gackernde Völkchen seine Augenweide, die er täglich liebevoll hegte und pflegte. Sogar als ihm das Bücken schwerfiel und die Arbeit mühsamer wurde, versorgte er seine kleine Schar. Sein Sohn erzählte mir: »Wenn ich dem Vater die Arbeit abnehme, wird er vor Kummer sterben.«

Das zeigt, wie wichtig es ist, seinem Leben einen Sinn zu geben, indem man sich eine Aufgabe sucht und diese mit ganzer Kraft und ganzem Herzen erfüllt. Dabei ist es egal, ob man ein großes wissenschaftliches Werk zu Ende bringt und nach der letzten Korrektur zufrieden für immer die Augen schließt oder ob man täglich Yogaübungen macht und meditiert.

Einer meiner inzwischen verstorbenen Verwandten brachte noch mit fünfundachtzig die Disziplin auf, jeden Morgen eine halbe Stunde lang in einer Kombination aus schnellem Gehen und gemächlichem Joggen durch den Wald zu laufen. Er war so fit, dass wesentlich jüngere Begleiter bei seinem Morgenlauf aus der Puste kamen. Haberl, der Onkel meiner Nachbarin, ein ehemaliger Sport- und Englischlehrer, raste noch mit vierundachtzig wie ein Dreißigjähriger die Schneepisten hinab. Im Sommer erklimmt er immer noch frisch und munter Berge. Alter scheint für ihn ein Fremdwort zu sein.

Und Phänomene wie den Methusalem unter den Unterhaltungskünstlern, Johannes Heesters, kann man nur bestaunen. Ihn halten das Singen und das Verjüngungsbad im Kreis seiner Bewunderer fit. Die eben Genannten sind zwar den Jahren nach alt,

aber im Herzen, im Kopf und sogar in Gelenken und Kreislauf jung geblieben.

91. Lebensjahr

Die meisten Menschen sind
so glücklich, wie sie es
sich selbst vorgenommen haben.

Abraham Lincoln

Wie sein späterer Geistesverwandter, der Denker Karl
Popper, fühlte Lodovico Cornaro sich als alter Herr »als
der glücklichste Philosoph, der mir je begegnet ist«.
Bevor es aber dazu kam, führte er als Mitglied einer der
mächtigsten venezianischen Adelsfamilien ein so aus-
schweifendes Leben, dass er bereits als Vierzigjähriger mit
einem Bein im Grab stand. Nur mit Mühe gelang es den
Ärzten, den durch ständige Orgien nahezu ruinierten
Lebemann zu retten.

Knapp dem Tod entronnen, beschloss Cornaro, sein
Leben völlig zu ändern. Mit eiserner Disziplin sorgte er
für einen regelmäßigen Lebenswandel und unterwarf
sich einer strengen Diät. Nach zwei Jahren Askese erkannten ihn seine Freunde kaum wieder. Je älter und
griesgrämiger sie wurden, umso jünger sah Cornaro aus.
Das verdankte er seinem makrobiotischen Geheimnis.
Er ging regelmäßig mit den Hühnern zu Bett und stand
mit den Vögeln auf, machte täglich lange Spaziergänge,
nippte höchstens an Feiertagen am Wein, hielt mehrmals
am Tag Zwiesprache mit seinem Herrgott, aß viel fri-
sches Gemüse und keine fetten Speisen, verbannte düs-
tere Gedanken und erfreute sich an der Schönheit der
Natur. Er sang und lachte gerne, genoss Literatur und
Kunst und versuchte, seine Empfindungen in erlesene
Worte zu fassen. Als Dreiundachtzigjähriger machte Cornaro sich über sechzigjährige Tattergreise lustig, denn er

selbst flitzte beschwingt die Treppen und Hügel seines Anwesens auf und ab. Stets gut gelaunt, erfreute er sich an der Gestaltung seines schönen Anwesens. Im Frühling und im Herbst besuchte  er seine Freunde in den umliegenden Städten und lernte durch sie außergewöhnliche Leute kennen: Architekten, Maler, Bildhauer, Musiker, Literaten und Landökonomen. Mit kindlicher Freude lauschte er ihren Worten, ihrer Musik, betrachtete ihre neuesten Werke, und auf der Rundreise entzückte ihn die Schönheit der Landschaft, der Landhäuser, Gärten und Stadtanlagen.

»Und diese Genüsse werden mir nicht geschmälert durch Abnahme des Auges oder des Ohres: Alle meine Sinne sind Gott sei Dank in vollkommen gutem Zustand, auch der Geschmack, indem mir jetzt das Wenige und Einfache, was ich zu mir nehme, besser schmeckt als einst die Leckerbissen, zur Zeit, da ich unordentlich lebte. … Mein Leben ist also ein lebendiges und kein totes, und ich möchte mein Alter nicht tauschen gegen die Jugend eines solchen, der den Leidenschaften verfallen ist.« Sein berühmter Traktat vom »mäßigen Leben« wurde fast in alle europäischen Sprachen übersetzt. Der fröhliche Philosoph schloss zwischen 1566 und 1569 rund hundertjährig seine glücklichen Augen für immer.

Wer sich ständig freut,
hat mehr vom Leben.

Der Weg ist das Ziel.
Chinesische Weisheit

Erst heute Morgen im Halbschlaf ist mir die tiefe Bedeutung dieser Weisheit aufgegangen. Natürlich ist bei jeder Tätigkeit, egal ob es sich um Kindererziehung, das Ausüben eines Berufes, das Anlegen eines Gartens oder ums Reisen handelt – besonders da! –, der Weg das Ziel. Jedes Mal, wenn ein Ziel erreicht ist, stellt sich die Frage: »Was jetzt?« Denn nun beginnt eine neue Reise. Jeder Mensch ist ein Reisender.

Dadurch wird klar, warum es zum Beispiel große Südseeentdecker wie Captain James Cook oder Polarforscher wie Fritjof Nansen nach ihrer erfolgreichen Rückkehr wieder hinaustrieb in unbekannte Welten, um mehr über sie zu erfahren. Schriftsteller beginnen nach dem Schlusssatz eines Buches oft sofort mit dem nächsten Werk, das bereits in ihrem Geist Gestalt angenommen hat. Auch noch so große Erfolge halten kaum einen Menschen zurück, Weiteres oder noch Größeres in Angriff zu nehmen. Nach einer Erholungspause, bei der die Kräfte regeneriert werden, stürzt man sich voller Elan auf die neue Herausforderung. Dieses rastlose Reisen von Ziel zu Ziel ist für einige Naturvölker unverständlich. Was treibt die Mitglieder sogenannter zivilisierter Völker an, mit aller Energie und unter Einsatz ihres Vermögens und ihrer Gesundheit, mehr und mehr zu wollen?

Der Linguistikprofessor Daniel Everett verbrachte ab 1977 insgesamt acht Jahre im Amazonasdschungel beim Urvolk der Pirahã. Er wollte die Bibel in ihre Sprache übersetzen und die Indianer zum christlichen Glauben bekehren. Er lernte jeden Tag zehn Wörter, drang langsam in die Struktur ihrer Sprache ein und half seiner Frau beim Unterrichten der Kinder. Nach einem Jahr konnte er sich »am schönsten Platz der Welt« gut verständigen. Nur das Bekehren klappte nicht. Als er die Frage »Hast du Jesus gesehen?« verneinen musste, war für die Pirahã Everetts Missionseifer erledigt. Denn die Pirahã leben völlig in der Gegenwart. Was außerhalb ihrer direkten Erfahrung liegt, existiert für sie nicht. Sie kennen daher weder Zukunftsängste noch wehmütige Erinnerungen an Vergangenes. »Das macht sie völlig zufrieden«, meint Everett. »Sie sind glücklicher als wir. Sie kennen weder Depressionen noch Essstörungen. Dabei glauben sie nicht an Gott.« Und obwohl ihr Leben als Jäger und Sammler hart ist, »fühlen sie sich privilegiert. Sie sind überzeugt, an einem wunderbaren Ort zu leben, schöner als alle anderen Orte auf der Welt, und ein gutes Leben zu führen.« Und obwohl sie nicht an Gott glauben, haben die Pirahã keine Angst vor dem Tod.

> *Da ihr Lebensweg ihr Ziel ist,*
> *leben sie vollkommen in*
> *Übereinstimmung mit sich selbst.*

Ausdauer wird früher oder später
belohnt – meistens aber später.

Wilhelm Busch

Welch tröstlicher Satz unseres Altmeisters der Komik!
Martin Luther war dagegen der Ansicht, dass Menschen,
die mit fünfzig noch nicht reich beziehungsweise erfolgreich seien, es nicht mehr werden würden. Allerdings lebte
man zu Luthers Zeiten auch nicht so lange wie heute. Es
gibt eine ganze Reihe Erfolgreicher, die die Glückgöttin
erst spät verwöhnte.

Einer davon ist Stéphane Hessel.
Er wurde von ihr im dreiundneun-
zigsten Lebensjahr überrascht, als er
seine Streitschrift »Empört euch!«,
die zum gewaltlosen Widerstand gegen das immer arroganter werdende
Establishment aufruft, im Oktober
2010 vorlegte. Das zweiunddreißig
Seiten starke Büchlein sorgte in Frankreich sofort für
Furore. Innerhalb von drei Monaten wurde eine Million
Exemplare verkauft und »dazu Übersetzungen in der ganzen Welt«. Der Autor kritisiert darin den Raubtierkapi-
talismus, den empörenden Umgang mit Minderheiten
und den Abbau des Sozialstaates. Hessels Büchlein ist
eine Kurzbotschaft der Humanität, der Hoffnung und
des Handelns. Er lehnt Korruption, Gleichgültigkeit und
Denkfaulheit ab und tritt vehement für die zeitlosen Prinzipien der Ethik ein. »Im Kern bleiben sie unverrückbar:
Freiheit, Gerechtigkeit, Solidarität. Die Unantastbarkeit
der Menschenwürde und der Menschenrechte.«

Für diese Werte kämpft der letzte noch lebende »Mitverfasser der allgemeinen Menschenrechtserklärung der Vereinten Nationen«, die 1948 in Paris veröffentlicht wurde. 1917 in Berlin als Sohn des Schriftstellers Franz Hessel und der Journalistin Helen Grund geboren, wurde er 1937 nach seiner Flucht aus Deutschland französischer Staatsbürger. Er schloss sich der Résistance an, wurde von den Nazis ins KZ Buchenwald deportiert und entkam mithilfe des Kapos Eugen Kogon, der ihm die Identität eines Verstorbenen gab. Nach dem Krieg setzte Hessel sich als Diplomat für den Dialog der Kulturen ein.

Ein anderer von Fortuna spät Beglückter war sein »Onkel« Henri-Pierre Roché, der Freund seines Vaters und Liebhaber seiner Mutter, die eine Dreiecksbeziehung in leidlicher Harmonie lebten. Roché schrieb mit dreiundsiebzig seinen Romanerstling »Jim und Jules« über diese Ménage-à-trois, die ihn durch François Truffauts Verfilmung weltberühmt und wohlhabend machte.

Hessel, ein unverbesserlicher Optimist, wird in allen schwierigen Situationen des Lebens durch die Weisheit seines Lieblingsdichters Hölderlin geleitet:

Wenn das Schlechte kommt,
ist auch das Gute nicht mehr weit.

Je mehr ich die Menschen betrachte,
umso mehr liebe ich meinen Hund.

Blaise Pascal

Ob dieser oft zitierte Ausspruch wirklich von Pascal, dem großen französischen Mathematiker, Literaten und Philosophen, stammt, ist nicht belegt. Aber warum nicht? Ähnliches haben Shirley MacLaine (»Je mehr ich über Männer in Erfahrung bringe, desto mehr liebe ich meinen Hund«) oder der Komponist Erik Satie (»Je besser ich die Menschen kenne, desto mehr liebe ich die Hunde«) gesagt. Schön ist die Wärme, mit der Menschen von Tieren sprechen, die ihr Leben teilen.

Als meine dreiundneunzigjährige Mutter ins Seniorenheim kam, war sie zunächst unglücklich. Das bisher geführte Leben war vorbei. Sie war bis dahin Auto gefahren, hatte ihre Einkäufe selbst erledigt, ihr Essen gekocht, Reparaturen im und rund ums Haus selbst organisiert und ihre Katzen im Haus und die Vögel im Garten versorgt. Diese Tätigkeiten hatten sie frisch und aktiv erhalten. Nun hatte sie plötzlich keine Aufgabe mehr. Durchdrungen von preußischer Pflichterfüllung, nahm sie zwar »die Dinge, wie sie sind«, aber glücklich fühlte sie sich nicht. Bis sie eines Tages die Katze einer älteren Nachbarin zur Pflege übernahm. Das änderte ihr Leben und erfüllte sie mit neuer Freude. Die Katze wurde ihr »Ein und Alles«. Sie blühte nicht nur seelisch auf, sondern absolvierte auch kraftvoll ihr tägliches Trainingsprogramm auf dem Hometrainer.

Dass Tiere ideale Lebenspartner sein können, ist seit Urzeiten bekannt. Inzwischen werden sie von der mo-

dernen Medizin sogar als Seelenbetreuer gezielt eingesetzt. Vereinsamte Menschen legen ihr eigenbrötlerisches
Wesen ab. Sogar Misanthropen werden durch die Part-
nerschaft mit Vierbeinern menschenfreundlicher. Immunsystem und Kreislauf werden besser, und die Psyche
wird ausgeglichener. Pferde, Esel, Katzen, Hunde und
sogar Papageien sorgen für Bewegung, Freude, Zwiege-
spräch und körperliche Nähe.

Der Baron Haas von Hasenfeld liebte seine Haustiere
so sehr, dass er sie nach ihrem Ableben ausstopfen ließ
und in einem Saal seines Schlosses Vöttau in Südmähren
einquartierte – auch seine geliebte Löwin Mitzikatzi, die
ihr Leben lang frei im Schloss herumlaufen durfte. Der
Lebenskünstler Willy Frach lebte in einem Kärntner Bauernhof gemeinsam mit seinem äußerst sauberen Haus-
schwein Erna. Der Philosoph Schopenhauer liebte Pudel,
wie eine liebevolle Karikatur von Wilhelm Busch – im
Vorsatz dieses Buches – zeigt. Er forderte, »die Tiere
nicht mehr als rechtlose Wesen« zu betrachten, und bekämpfte engagiert Tierversuche. In seinem Testament
vermachte er seiner Hausdame neben einer lebenslangen
Rente zusätzlich eine Vergütung zur Pflege seines geliebten Hundes.

Wir lieben Tiere,
weil sie uns das Leben leichter machen.

Ich esse, was mir schmeckt,
und sterbe, wann Gott will.

Martin Luther

Chester Reed ist ein Phänomen, das man bei uns wahrscheinlich vergeblich suchen würde: Er schied mit fünfundneunzig Jahren aus dem aktiven Berufsleben aus

und reist bis zu seinem hundertsten Geburtstag mit seinem Sohn Richard durch die Welt. Reed ging als ältester Mitarbeiter der US-Post in Rente. Er arbeitete unter anderem siebenunddreißig Jahre lang im Postzentrum von Kalifornien als Gabelstaplerfahrer und war niemals krank. Solche Arbeitnehmer würden sich deutsche Chefs wünschen. Chester Reed, der außer Schwerhörigkeit keine altersbedingten Wehwehchen besitzt, führt seine ungebrochene Arbeitskraft auf seine gesunde Ernährung zurück. Er isst hauptsächlich Wassermelonen und täglich ein Zwiebelsandwich mit Mayonnaise. Dazu trinkt er literweise basisches Wasser. »Wenn alle in den USA Wassermelonen essen würden, brauchten wir die ganzen Ärzte nicht«, sagte er bei seiner Verabschiedungsparty. Reed hatte die Arbeit gefallen. Vor seiner Zeit als Postler war Reed fünfundzwanzig Jahre bei der US Air Force gewesen.

Jeder Mensch, der sich der Methusalemgrenze nähert, schwört auf sein eigenes Ernährungsgeheimnis. Die hundertachtjährige Helen »Happy« Kahn verabscheut Salat,

Gemüse, frühes Aufstehen und das gesunde Leben überhaupt. Sie schwärmt für kurz angebratene Hamburger, Schokolade, Cocktails, das Nachtleben von New York – und für Zigaretten, die sie geradezu in sich hineinfrisst.

Dr. John Cains, der Gründer des Caius College der Universität Cambridge, wurde ebenfalls uralt und verdankte seine Gesundheit im hohen Alter einer geradezu verblüffenden Ernährungsweise, wie Sir Samuel Pepys in seiner Tagebucheintragung vom 21. November 1667 schreibt: »Er wurde sehr alt, weil er sich nur von Frauenmilch ernährte, zunächst von einer bösen Frau, da wurde er auch böse und giftig. Danach ernährte er sich von einer gutmütigen, geduldigen Frau und nahm bald ebendiese Eigenschaften an.«

Der Wissenschaftler Richard Weindruch von der University of Wisconsin ist sich nach einer zwanzigjährigen Studie sicher, dass spartanische Kost das Risiko für altersbedingte Krankheiten um das Dreifache reduziert und für ein längeres Leben sorgt. Versuche an Mäusen, Fliegen, Würmern und Rhesusaffen zeigten, dass kalorienarme Kost Tumor- und Herz-Kreislauf-Erkrankungen ebenso reduziert wie Diabetes. Aber nicht immer, wie Happys Speiseplan zeigt.

> *Genauso wichtig*
> *ist ein fröhliches Herz.*

96. Lebensjahr

Frei ist, wer sterben kann.

Anonymus

Es gibt viele Definitionen über das, was Freiheit ist. Aber die obige ist die konsequenteste. Nun gibt es tatsächlich Heldinnen und Helden, die stolz und frei für ihre Überzeugung in den Tod gegangen sind, wie Rosa Luxemburg, die unbeugsame Frauenrechtlerin Olympe de Gouges oder die Widerstandskämpferinnen gegen den NS-Terror. Auf der männlichen Seite kämpften Freiheitshelden wie König Leonidas mit seinen siebenhundert Spartanern und ungezählte andere Aufrechte, die sich für Recht und Freiheit opferten, wie der Indianerhäuptling Tecumseh oder der schottische Freiheitsheld William Wallace.

Jeder Mensch muss irgendwann die letzte Reise antreten. Mancher kämpft bis zum Schluss dagegen, andere fügen sich in ihr Schicksal wie der römische Kaiser Marc Aurel.

Während meiner Studentenzeit in Salzburg verbrachte ich die Ferien häufig im damals noch sehr ursprünglichen Lungau. Ein weit über die Grenzen Salzburgs hinaus bekanntes Original war der Thomataler Pfarrer Valentin Pfeifenberger, der oft in der Tracht von Andreas Hofers Feldhauptmann Speckbacher herumlief. Die hatte ihm die Tiroler Gemeinde geschenkt, als er dort Pfarrer war. Voitl, wie er im Volksmund hieß, strahlte gütig und humorig wie der Dalai Lama und wurde überall hoch verehrt. Als mein alter Nachbar, der Bauer Fingerlos, im Sterben lag, nahm ihm Voitl die Beichte ab und gab ihm die Letzte Ölung. Darauf sagte der Alte lächelnd: »Jetzt kannst du das Licht ausmachen«, und schloss für immer die Augen, erzählte mir wenig später fröhlich lachend Voitl. Auch für Voitl war der Tod nichts Furchtbares. Am 4. April 2004, drei Monate vor seinem Tod, ritt der Neunzigjährige zum letzten Mal selbst den Esel bei der traditionellen Palmsonntagprozession in die Kirche. Diesen Brauch hatte er in Erinnerung an Jesu Einzug nach Jerusalem wiederbelebt. Vor ein paar Hundert Jahren wäre der »Bischof vom Lungau«, wie er inzwischen inoffiziell hieß, zum Heiligen befördert worden. Frei ist, wer sterben kann …

Genauso großartig ist Jim Batchelors Weisheit über das Loslassen nach dem Tod, die er dem Ethnologen Nigel Barley auf die Frage »Warum wollen Sie sich verbrennen und nicht begraben lassen?« kundtat. »Nun, ich glaube, dass es ein bisschen selbstsüchtig ist, sich begraben zu lassen. Man liegt da in dem kleinen Stück Erde, und die Ehefrau oder der Gatte … fühlt sich weiterhin an das kleine Fleckchen Erde gebunden, weil er/sie weiß, dass dein Körper hier liegt. Wenn man erst einmal verbrannt ist, dann war's das gewesen. Dadurch erhalten sie die Chance, ein neues Leben zu beginnen.«

Der Gedanke, anderen Menschen noch nach seinem Tod Freiheit zu schenken, zeugt von großer Humanität.

Ich denke niemals an die Zukunft.
Die kommt früh genug.

Albert Einstein

Bis kurz vor seinem Tod war der siebenundneunzigjäh-
rige Bluesstar Pintop Perkins noch als Pianist in amerikanischen Bluesclubs aufgetreten. Er lebte immer im
Hier und Jetzt und starb erfüllt von seiner wunderbaren
Musik.

Georgia O'Keeffe, die wohl bekannteste US-amerika-
nische Malerin des frühen 20. Jahrhunderts, zog 1949
mit zweiundsiebzig nach Abiquiu in New Mexico. Wie
seit eh und je unternahm sie allein ausgedehnte Wande-

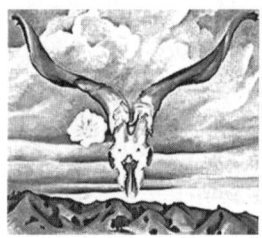

rungen durch die Wüste und
bestieg die Berge rund um Santa
Fe. In der menschenabweisen-
den Einsamkeit spürte sie medi-
tierend Motive für ihre Malerei
auf: von Sonne, Wind und Wetter gebleichte Tierknochen und
verwitterte Felsformationen. Je älter sie wurde, umso
mehr schärfte sich ihr Blick für kleinste Details. Dann geschah etwas Seltsames: Georgia O'Keeffe, deren Kraft-
quelle bisher das Umland ihrer Häuser bildete, begab
sich mit weit über achtzig Jahren auf ihre erste Weltreise.
Dabei entdeckte sie etwas völlig Neues in den Wolkenge-
birgen, die sich vor ihrem Flugzeugfenster auftürmten.
Fasziniert von der neuen Sicht des Himmels, malte sie –
unterstützt von ihrem Lebenspartner Juan Hamilton –
an ihren letzten Bildern. Je mehr sie an Sehschwäche litt,
umso riesiger wurden ihre Gemälde, die alle fantastische

Wolkenlandschaften zeigten. Als sie 1986 mit achtundneunzig Jahren starb, hinterließ sie ein Werk von über zweitausend Arbeiten.

Das Beispiel zeigt deutlich, dass die Kreativität im Alter nicht nachlassen muss und für den wissensbegierigen Geist ständig neue Entdeckungen möglich sind. Wer Augen und Ohren öffnet, erschließt sich bisher Unentdecktes für seine Seele.

Marcel Reich-Ranicki, der neunzigjährige Literaturpapst, denkt ebenfalls nicht nur nicht an die Zukunft, sondern verbannt sogar den Gedanken an Geburtstage aus seinem Gedächtnis: »Jaaaa – der Geburtstag, hören Sie auf, hören Sie auf! Fürchterlich!« Runde Geburtstage hasst er noch mehr und so fügt er sich irgendwie zeitlos in die Zeit, wie es Sebastian Haffner auf den Punkt brachte: »Er gehört, subjektiv jedenfalls, überhaupt zu keiner bestimmten Zeit, er lebt in dem Kontinuum der großen Literatur, die keine Zeit und keinen Tod kennt.« So nur in der Gegenwart lebend, scheint Reich-Ranicki seit Jahrzehnten beinahe alterslos zu sein. Weder sein Gang noch sein Intellekt weisen auf sein hohes Alter hin. In gewohnter Frische liefert er wöchentlich seine Kolumne per Fax bei der FAZ ab. Danach erwartet er den beinahe rituellen Anruf des Redakteurs, »um ein Lob zu hören oder Korrekturwünsche, Anmerkungen, jedenfalls eine Meinung dazu, die ihn nicht langweilt«.

> *Denn Langeweile,*
> *die tote Zeit zwischen zwei Ereignissen,*
> *ist für einen wachen Menschen das Schlimmste.*

Sterblichkeit ist jener Teil
der Unsterblichkeit, über den
wir Bescheid wissen.

Ambrose Bierce

Niemand weiß, was ihn nach dem Tod erwartet. Sokrates sah zwei Möglichkeiten: entweder der ewige Schlaf oder ein Versetztwerden an einen Versammlungsort aller Menschen, die je gelebt haben. Die christlichen Kirchen hüllen den Tod in dunkle Schleier. Den Verstorbenen soll entweder das Paradies, die Hölle oder die Zwischenwelt Fegefeuer erwarten.

Der englische Bestattungsunternehmer Don Moar meint, dass Begräbnisse vor allem für die Lebenden veranstaltet werden, um ihren Kummer auszudrücken. Es ist ein Ritual des feierlichen Abschlusses. Diese Aufgabe erfüllt im Leben der meisten die Kirche. Religion spielt dabei eine untergeordnete Rolle. Die seit Urzeiten festgelegte Zeremonie verwandelt das Unfassliche des Todes eines Menschen in ein Schauspiel, in dem wir Abschied nehmen und damit fertigwerden können. Ob gläubig oder ungläubig: Jeder kann daran teilhaben und eigenen Sinn darin finden. Die Frage, die die meisten Menschen bewegt, ist: Was bleibt nach dem Tod von mir übrig?

Dichter, Komponisten und andere Kreative versuchen konzentriert, vor ihrem Tod ihr letztes Werk zu beenden. Uralte Gelehrte halten oft so lange ihre Kraft aufrecht, bis sie die letzte Korrektur gelesen haben. Auch Joseph Haydn gelang es unter Aufbringung seiner letzten Kräfte, die letzten neun seiner Streichquartette zu komponieren. Trotz seines Alters schaute Haydn heiter in die Zukunft und schrieb: »Oh Gott, wie viel ist noch zu tun in dieser herrlichen Kunst!«

Andere Menschen wollen auf andere Weise für liebe Mitmenschen oder ihre Nachkommen weiterhin wirksam sein. Der eine bemüht sich, seinen Erben ein wohlgeordnetes Unternehmen zu hinterlassen, ein anderer beschenkt enge Freunde mit erlesenen Dingen, die ihm am Herzen liegen, ein Dritter schreibt auf dem Sterbebett seine Memoiren für seine Kinder. Mancher sorgt auch mit Stiftungen dafür, dass sein Name als der eines Wohltäters im Gedächtnis bleibt.

Theodor Fontane erzählt in einem Gedicht vom freigiebigen Herrn von Ribbeck auf Ribbeck im Havelland, der im Herbst an die Dorfkinder die Birnen des Baumes seines Gartens verschenkt. Da sein Sohn geizig ist, verfügt der alte Ribbeck bei Herannahen des Todes, dass ihm eine Birne mit ins Grab gelegt werde. Daraus sprießt ein neuer Baum, dessen Früchte die Kinder weiterhin erfreuen. Tatsächlich gab es den Gutsbesitzer Hans Georg von Ribbeck, aus dessen Gruft ein Birnbaum wuchs, der jedoch am 20. Februar 1911 von einem Sturm zerstört wurde. Das Gedicht endet mit dem wunderbaren Reim:

So spendet Segen noch immer die Hand
des Herrn von Ribbeck auf Ribbeck im Havelland.

Ein Mensch ist so lange nicht tot,
wie sich noch jemand an ihn erinnert.

Georgisches Sprichwort

Spätestens in den hohen Neunzigern sollte jeder sich
überlegen, wie er bestattet werden möchte. Bei Mitglie-
dern traditioneller Religionsgemeinschaften ist das geregelt. Atheisten, Pantheisten und andere Bekenntnislose
sollten jedoch die Abschiedsfeier von dieser Welt gut planen, weil sonst andere das Problem lösen müssen.

Weil der Maler Salvatore Dalí sein Bestattungsproblem
nicht gelöst hatte, wurde er – vermutlich gegen seinen
Willen – unter dem Fußboden seines eigenen Museums
begraben.

Der Autor Max Frisch hatte das Begräbnisritual testamentarisch geregelt: Seine Asche wurde bei einem Fest in
ein Freudenfeuer gestreut und stieg mit dem Funkenre-
gen zum Himmel auf. Eine schöne Art, doch mein Freund
Peter erschien die zweimalige Feuerbestattung unbehag-
lich. Peter möchte seine Asche unter einen frisch ge-
pflanzten Baum auf seinem Bauernhof betten. Das erinnert an Herrn Ribbeck zu Ribbeck im Havelland, der
sich eine Birne mit ins Grab legen ließ (siehe 98. Lebensjahr).

Der Romantiker Fürst Pückler
ließ seinen Körper in Salzsäure
auflösen, sein Herz aber in einer
Silberkapsel einschließen und
nachts bei Fackelschein über den
Parkteich zu seiner Wasserpyra-
mide rudern und dort einmauern.

*Fürst Pückler und seine
minderjährige äthiopische
Nicht-Sklavin Machbuba*

D. H. Lawrence, der Dichter der berühmten »Lady Chatterley«, kam dagegen in seinem Grab nicht zur Ruhe. Seine Frau ließ für ihn in Mexiko eine Art Mausoleum bauen. Als es fertig war, schickte sie ihren neuen Mann nach Frankreich, um Lawrence' sterbliche Überreste in Nizza ausgraben und verbrennen zu lassen. Nach hartem Kampf mit den französischen und mexikanischen Behörden durfte Frieda endlich die Asche am Bahnhof abholen. Nach dreißig Kilometern stellte sie fest, dass die Asche fehlte. Erstaunlicherweise stand die vergessene Urne unberührt am Bahnsteig. Sie wurde feierlich ins Mausoleum gebracht. Während Weihrauchschwaden die ergriffenen Gäste umwallten, erhielt Frieda den Blumenstrauß einer ehemaligen Rivalin. Auf der Grußkarte stand: »Sobald du tot bist, werde ich meinen Willen durchsetzen und die Asche zerstreuen.« Frieda zögerte nicht: Sie ließ die Asche mit Sand und Zement mischen und daraus einen tonnenschweren Betonaltar bauen. D.H.L. steht auf der Stirnseite. Ob sich der Dichter in der unfreiwilligen Betonumhüllung wohlfühlt, ist eine andere Frage.

Viele Menschen entscheiden sich für die Seebestattung, die inzwischen von Reedereien professionell organisiert wird.

Für welche Art der Bestattung man sich auch immer entscheidet:

> *Wichtig ist,*
> *dass man bei lieben Menschen*
> *in guter Erinnerung bleibt.*

Es wird Ernst!

… titelte die TAZ zu Ernst Jüngers hundertstem Geburtstag am 29. März 1995. Der Schriftsteller, Philosoph und Insektenkundler, berühmt vor allem durch seine Kriegstagebücher »In Stahlgewittern«, wurde gebührend gefeiert und nahm die Huldigungen souverän entgegen. Zuvor hatte Jünger einen revolutionären Entschluss gefasst. Mit hundert, meinte er, müsse er nicht mehr so viel Rücksicht auf seine Gesundheit nehmen, und zündete sich genießerisch eine Zigarette an. Welch ein Genuss nach den Jahrzehnten der Abstinenz! Drei Jahre genoss er noch den blauen Dunst, bis er gelassen Tabak und Leben hinter sich ließ.

Aktive Hundertjährige werden immer mehr. Auf der Party anlässlich ihres hundertsten Geburtstages feixte Lady Astor: »Verdammt, ich kann mein Alter nicht länger verleugnen!«, und genoss noch fünf Jahre fröhlich Kaviar und Champagner.

Luba Fishman wurde mit knapp hundert zum hundertsten Jubiläum des Internationalen Frauentages als Nachwuchsmodel entdeckt. Das Porträt der attraktiven Urgroßmutter warb in Israel auf Plakaten eines Hautcremeherstellers mit dem Slogan »Kennt wahre Schönheit ein Alter?«. Nein, denn Luba sieht tatsächlich schön aus. Den Modeljob verschaffte ihr die Ehefrau eines ihrer Enkelsöhne, die in einer Werbeagentur arbeitet. Nach anfänglichem Zögern sagte die Urgroßmutter von sieben Urenkeln: »Ich fand es sehr komisch in meinem Alter. Aber letztlich hat es sich gelohnt – ich fühle mich wie eine Königin.«

Der Brasilia-Erbauer Oscar Niemeyer ist mit über hundert Jahren immer noch als Architekt tätig und auch privat ganz dem Leben zugetan: Einen Monat vor seinem neunundneunzigsten Geburtstag heiratete er seine achtunddreißig Jahre jüngere Sekretärin Vera Lucia. Er ist bekennender Kommunist, weil »der Kommunismus eine besonders großzügige Haltung zum Leben offenbart. Wichtig ist, dass wir in unseren Herzen immer an eine bessere und gerechtere Welt glauben«. Das Leben ist für ihn ein Hauch, »eine Minute«, und seine Vorstellung, was nach dem Tod kommt: »Nichts.«

Niemeyer hält es mit dem Pianisten Arthur Rubinstein, der ebenfalls weder an Gott noch an ein Leben nach dem Tod glaubte, aber sagte: »Nein, aber wenn ich plötzlich sterbe und danach kommt noch etwas, wäre das doch eine nette Überraschung.«

Auf jeden Fall blickt der Hundertfünfjährige weiterhin voll Tatendrang in die Zukunft. Jeden Morgen um neun betritt er sein Büro und verlässt es abends um neun. Aufträge hat der begehrte Stararchitekt so viele, dass er, einmal von einem Journalisten befragt, wie er das denn alles schaffen wolle, lächelnd antwortete: »Dann muss ich eben schneller arbeiten.« Niemeyer sieht der Zukunft gelassen entgegen, denn er hält sich an Novalis' Weisheit:

Wohin reisen wir denn?
Immer nach Hause.

Eine deutsche Volksweisheit besagt, dass Katzen sieben Leben haben, also nicht nur Lebenskünstler, sondern sogar Überlebenskünstler sind.

Schiffskatzen waren seit der Antike Maskottchen der Seefahrer und wurden als Rattenfänger eingesetzt. Im und nach dem Zweiten Weltkrieg erlangten einige britische Bordkater Popularität und bekamen Verdienstorden für ihren Einsatz. Kater Simon, 1948 im Hafen von Hongkong vom Leichtmatrosen George Hickinbottom an Bord der »HMS Amethyst« gebracht, erhielt sogar mehrere Ehrenmedaillen für seinen Kampf gegen die chinesischen Kommunisten.

Als während des chinesischen Bürgerkriegs das britische Kriegsschiff zur Sicherheit britischer Diplomaten Nanking ansteuern sollte, wurde es auf dem Jangtse von Mao Tse-tungs Volksbefreiungsarmee beschossen und lief auf einer Sandbank auf. Beim Angriff wurde Schiffskater Simon verwundet. Der Schiffsarzt entfernte dem blutenden Tier mehrere Metallsplitter und versorgte die Wunden. Die Überlebenschance hielt er für gering. Aber wie gesagt: Eine Katze hat sieben Leben, und Simon bewies es, indem er kurz darauf seinen Dienst als Rattenjäger wieder aufnahm. Besonders eine von der Crew »Mao Tse-tung« getaufte Riesenratte sorgte an Bord für Ärger, bis Simon sie zur Strecke brachte. Die Siegesmeldung wurde per Funk an andere Kriegsschiffe verbreitet und Simon für seine Heldentat gefeiert. Nachdem die »HMS Amethyst« nach merry old England zurückgekehrt war, starb Simon kurze Zeit später an einer Darminfektion – er hatte das berüchtigte englische Essen nicht vertragen. Da hatte der Katzenkrieger bereits solche Sympathien gewonnen, dass man ihn postum mit der Dickin-Medaille ehrte. Das ist die höchste Auszeichnung, mit der das britische Militär besonders tapfere Tiere im Kriegseinsatz Ihrer Majestät auszeichnet.

Simon ist unter Pferden, Hunden und Brieftauben bis heute die einzige Katze, die so geehrt wurde. Die Erhebung Simons in den animalischen Adelsstand wurde damit begründet, dass er »trotz seiner Verwundung viele Ratten zur Strecke gebracht habe«.

Zur internationalen Berühmtheit brachte es der Kater Sam. Sein Ruhm begann am 13. November 1941, als das deutsche U-Boot U 81 den britischen Flugzeugträger »HMS Ark Royal« vor Gibraltar torpedierte. Die Mannschaft wurde gerettet, und das stark beschädigte Kriegsschiff sollte tags darauf in den nächsten Hafen geschleppt werden. Dazu kam es nicht, weil der Flugzeugträger vor den Augen der Abschleppcrew sank. Alles, was vom stolzen Flugzeugträger übrig blieb, waren ein paar Wrackteile und Kater Sam. »Er klammerte sich, verärgert, aber weitgehend unverletzt, an einen Balken«, erzählte der Marinesoldat, der Sam entdeckt hatte. Die Seeleute hievten den schiffbrüchigen Kater an Bord der »HMS Legion«, wo er mit dem Namen »Unsinkable Sam«, der unsinkbare Sam, bald zur Legende wurde.

Wie bei allen Mythen und Legenden ist einiges an Sams Biografie und sogar sein Name rätselhaft. Vielleicht wurde die Lebensgeschichte einiger Bordkater durch Weiterspinnen des Seemannsgarns zu einer einzigen Katzensaga verschmolzen.

Nach dem »Nautical Magazine« aus dem Jahr 1952 trat »Unsinkable Sam« 1941 seinen Dienst an. Wann und wie der britische Bordkater die Fahnen wechselte und an Bord des deutschen Schlachtschiffs »Bismarck« kam, verliert sich in den Nordseenebeln der Geschichte. Jedenfalls erlebte der Bordkater am 24. Mai 1941 den Angriff der »Bismarck« auf das britische Schlachtschiff »HMS Hood« mit, das mit mehr als 1400 Mann Besatzung in der Ewigkeit des Meeres versank. Die britische Admiralität schwor der »Bismarck« Rache und schickte dem damals größten Kriegsschiff der Welt eine Armada von Kriegsschiffen hinterher. Drei Tage später donnerten die Briten aus allen Rohren, und die »Bismarck« sank mit 2100 blauen Jungs auf den Meeresgrund. Die wenigen Überlebenden wurden von den Briten gerettet.

Der Zerstörer »HMS Cossack« fischte jedoch keinen deutschen Matrosen, sondern laut »Nautical Magazine« den »Nazi-Kater« aus den Wellen. Die tierliebe Crew taufte den Kater auf den Namen Oscar. Oscar setzte, vom Smutje und den Matrosen verwöhnt, fünf Monate seinen Dienst unter britischer Flagge fort, bis die »HMS Cossack« vom deutschen U-Boot 563 torpediert am 26. Oktober sank. Der Großteil der Mannschaft wurde gerettet. Darunter der überlebensstarke Bordkater, der nun auf die »HMS Ark Royal« kam und dort umgetauft den Ehrennamen »Unsinkable Sam« erhielt. Nachdem auch die »HMS Ark Royal« versenkt worden war, wollte kein Schiff mehr den »Unglückskater« in Dienst nehmen. Bordkater Oscar-Sam musste den aktiven Dienst quittieren und genoss in Belfast bis 1955 gemütlich seine Pensionierung.

Wenn das kein gelungenes Leben ist, meine Freunde …

Finis

Bildnachweis

Große Lebensweisheiten in kleinen Büchern

MICHAEL KORTH
Weniger ist mehr
Das Mantra der Bescheidenheit
€ [D] 7,99
€ [A] 8,30 / sFr 12,90
ISBN 978-3-548-74522-0

Wie wenig man zum glücklichen Leben wirklich braucht – geschildert in 14 ausführlichen Beispielen dafür, wie Bescheidenheit zu Unabhängigkeit führt – von Blaise Pascal über Mahatma Gandhi bis Zuckmayer und Epiktet.

Michael Korth, der Autor, geb. auf der magischen Linie des Weserberglandes zwischen Wilhelm Busch und dem Lügenbaron von Münchhausen, aus der Sicht Claus Pitters.

Arthur Schopenhauer, der Philosoph mit dem Pudel. Hinterrücks porträtiert von Wilhelm Busch.

Georg Christoph Lichtenberg, Physiker und Satiriker. Seine eigene Figur lache ihn aus, meinte er, und so hielt ihn G. H. Blumenbach für die Nachwelt fest.

Joh. Wolfg. Goethe, Dichterfürst, der mit 50 einer »hochschwangeren Frau« glich, wie der Sohn seiner Freundin Charlotte von Stein meinte.

Fürst Pückler, der Lebenskünstler, mit seiner »minderjährigen äthiopischen Nichtsklavin Machbuba«, karikiert von Alexander von Ungern-Sternberg.